COLUMBIA SLAVIC STUDIES

A SERIES OF THE

DEPARTMENT OF SLAVIC LANGUAGES
COLUMBIA UNIVERSITY

A MODERN CZECH GRAMMAR

A MODERN
CZECH GRAMMAR

WILLIAM E. HARKINS

DEPARTMENT OF SLAVIC LANGUAGES

COLUMBIA UNIVERSITY

ASSISTED BY

MARIE HNYKOVÁ

KING'S CROWN PRESS

NEW YORK

The preparation of this work for publication was origi-
nally made possible by a grant from the Rockefeller
Foundation to the Department of Slavic Languages of
Columbia University.

Vari-Typed by Marie Russell Stephens

ISBN 0-231-09937-1

Printed in the United States of America

20 19 18 17 16 15 14 13 12

*Clothbound editions of Columbia University Press books
are Smyth-sewn and printed on permanent
and durable acid-free paper.*

King's Crown Press is a subsidiary imprint of Columbia University Press
established for the purpose of making certain scholarly material available
at minimum cost. Toward that end, the publishers have adopted every rea
sonable economy except such as would interfere with a legible format.
The work is presented substantially as submitted by the author, without
the usual editorial and typographical attention of Columbia University
Press.

PREFACE

With the present textbook the author has attempted to fill a
long-felt need for a simple grammar of the Czech language on
the college level, with a balanced presentation in the form
of readings, vocabularies, grammatical explanations, and exer-
cises. The book has been planned as a complete, self-sufficient
introduction to the Czech language, and can be used for study
without a teacher. More attention has therefore been given to
difficult questions such as the use of the verbal aspects and
to rules of syntax than is customary in elementary grammars.
The lack of a second-year or review grammar of Czech has also
made this desirable.

The book is divided into thirty lessons, preceded by an in-
troduction on pronunciation, spelling, punctuation, and capi-
talization. Because of the amount of material presented, the
instructor may find it advisable to defer some of the last
lessons until the second year. Indeed, this is recommended
unless the class is unusually capable, or meets more often
than the three hours a week customary in American colleges.

The first reading selections are especially written for
simplicity, but easy texts from Czech literature and folklore
have also been included. In some cases, these have been abridged,
but rewriting has been avoided as much as possible; in a few
cases some very minor alterations have been made in the texts
of the originals.

The vocabulary totals about 1,200 words. In order not to
limit the scope of the readings too severely, a few more spe-
cialized words have been introduced from time to time as sup-
plementary vocabulary or as notes. These are not intended for
active learning. This has made it possible to eliminate infre-
quently used words from the basic vocabularies.

The exercises are more expanded than in most former Czech
grammars. Fill-in types have been used extensively, as well
as translations from English to Czech. Conversational exercises
have been avoided, however, since they are almost always arti-
ficial. It is believed that the instructor himself can be more
successful in this domain than any stereotyped textbook exer-
cise.

Not only are there reviews of many grammatical topics (de-
clensions, conjugations, numerals, etc.), but extensive review
exercises are given at the end of every sixth lesson.

Besides tables of noun and verb inflections, the appendices
include a listing of a number of common Czech idioms. Appendix C

contains divergent forms of verbs and nouns not customarily
included in dictionaries. This listing, unique for the Slavic
languages, should prove a valuable reference tool for the
student in his later work with a dictionary. It has been made
as complete as possible, and is not limited to the vocabulary
used in this book.

An annotated anthology of Czech literature is now in prepa-
ration, and should appear shortly. Besides presenting a survey
of Czech literature, it should fill the need for a reader for
intermediate and advanced courses.

The writer wishes to thank Miss Marie Hnyková for her great
assistance in the preparation of the grammar. To Professor
Ernest J. Simmons belongs credit for suggesting and inspiring
the preparation of such a work. The writer also wishes to
express his sincere thanks to Mrs. Marie Russell Stephens for
the difficult task of vari-typing the text, and to Mrs. Božena
Nosco, Mr. Rudolf Jilovský, Mr. Klement Šimončič, Mrs. Svatava P.
Jakobson, and Professor Leon Stilman for valuable help and ad-
vice in the preparation of various sections of the book.

W.E.H.

New York
June, 1952

CONTENTS

INTRODUCTION: THE PRONUNCIATION AND SPELLING OF CZECH

I. PRONUNCIATION OF CZECH SOUNDS

Czech spelling is among the most phonetic of all European languages. Indeed, certain Czech graphemes are used by phoneticians as symbols for sounds not specifically designated in other languages. In a limited number of cases Czech spelling is not perfectly phonetic, it is true, but any attempt at reform might lead to greater confusion than it would dispel.

The Czech alphabet has thirty-one characters, not counting q, w and x, which are used only in foreign words. These denote thirty different sounds. The Latin alphabet has been expanded to create this number of characters through the use of diacritical marks, called the čárka (´), kroužek (°), and háček (ˇ). The čárka (´) and kroužek (°) are used only with vowels, and indicate length. Long vowels are not considered separate characters and do not receive separate placing in the Czech alphabet. The practice of Czech dictionaries is by no means uniform, but the consonants č, š and ž are always listed as separate characters, following c, s and z. The consonants ď, ť and ň are always listed under d, t and n, however. Sometimes ř is listed under r, sometimes after it. The single vowel with the háček, ě, is sometimes listed with e, sometimes after it.

The digraph ch is considered as a single character and always follows h in the alphabet.

Czech has five vowels, a, e, i, o, u. Any of these vowels may be lengthened (á, é, í, ó, ú), though long ó is found only in foreign words. Ě (e with háček) has the sound of e; here the háček indicates that the sound of English consonantal y precedes the e sound. Y and ý are pronounced the same as i and í, though at times the writing of i or y does affect the pronunciation of the preceding consonant.

The main stress (accent) in Czech is always placed on the first syllable. Stress is independent of the length of vowels. The two Czech words milí (plural of milý, *dear*) and míli (accusative singular of míle, *mile*) are stressed the same, though the length of the vowels is different.

Vowel sounds are never slurred in Czech or altered in quality (unlike English); they are always pronounced with the sound given to them in the Czech alphabet, e.g., Czech doba (first syllable pronounced like English *dough*, but without diphthongization; second syllable as in English *balm*, but shorter; never as in English *bum*). Czech vowels are never diphthongized, as English vowels often are: contrast Czech mé with English *may*, in which the prolonged vowel *a* blurs into an *ee* sound.

The Czech Alphabet

Letter	Approximate Pronunciation in English	Czech Name
a	*a* as in *father*, but shorter	a (krátké a)
á	*a* as in *father*	á (dlouhé a)
b	*b* as in *bill*	bé
c	*ts* as in *eats*	cé
č	*ch* as in *cheese*	čé
d	*d* as in *door*	dé
ď	*d* as in *duty* (pronounced *dyooty*, not *dooty*	ďé
e	*e* as in *met*	e (krátké e)
é	*e* as in *bed*	é (dlouhé e)
ě	*ye* as in *yes*	ě
f	*f* as in *fate*	ef
g	*g* as in *gas*	gé
h	*h* as in *unhand*	há
ch	No English equivalent: *ch* as in German *noch*, Scottish *loch*	chá
i	*y* as in *funny*	měkké i (krátké i)
í	*i* as in *machine*	měkké í (dlouhé i)
j	*y* as in *year*	jé
k	*c* as in *tractor*	ká
l	*l* as in *million*	el
m	*m* as in *meet*	em
n	*n* as in *not*	en
ň	*ny* as in *canyon*	eň
o	*o* as in *omit*	o (krátké o)
ó	Found only in foreign words: sound of *o* in English *orb*, or French *dôme*	ó (dlouhé o)
p	*p* as in *apt*	pé

Letter	Approximate Pronunciation in English	Czech Name
q	Found only rarely in foreign words: *qu* in Czech is pronounced *kv*	kvé
r	Rolled *r* as in Scottish (see below)	er
ř	No English equivalent (see below)	eř
s	*s* as in *seat*	es
š	*sh* as in *ship*	eš
t	*t* as in *atlas*	té
ť	*t* as in *tune* (pronounced *tyoon*)	ťé
u	*u* as in *put*	u (krátké u)
ú	*u* as in *rude*	u s čárkou
ů	*u* as in *rude*	u s kroužkem
v	*v* as in *vine*	vé
w	Found only in foreign words: pronounced like *v*	dvojité vé
x	Found only in foreign words: often replaced by *ks*	iks
y	*y* as in *funny*	ypsilon
ý	*ee* as in *meet*	
z	*z* as in *zoo*	zet
ž	*s* as in *pleasure*	žet

The student must remember that the above equivalents are at best approximate. Each language has a sound system uniquely its own. At the beginning the student will interpret certain Czech sounds as sounds familiar to him in his own language, though actually they may be produced quite differently. The remarks which follow will help to correct certain mispronunciations. The student should not form any preconceptions of a sound, but learn it, if possible, by imitation of the teacher. At no point in the student's learning of the language should he cease the attempt to listen and imitate. Some students will plead that they have a "poor ear" for sounds; while this may to some extent be true, and new sounds will be more difficult for certain pupils than for others, still only those who have actual speech defects may find it impossible to produce any of the sounds of Czech.

On the other hand, too perfect a standard of pronunciation can scarcely be attained at the very beginning. Errors which may be very difficult for the student to correct at the outset prove simpler to overcome later on, as long as the teacher continues to place some emphasis on pronunciation.

Students and teachers ought not to forget that pronunciation of the individual sounds is far from the whole of pronunciation. Often the rhythm, accentuation and intonation of the entire sentence are more important for comprehension than a literally correct articulation of individual sounds. For this reason, attention to questions of pronunciation should not be neglected later in the course, since such matters as intonation can be learned only after some familiarity with the spoken language has been acquired.

Consonants

The consonant sounds b, m, f, v, z and ǧ are pronounced approximately as in English.

The consonants p, t, d, n, s, k and h are close to their English equivalents. Some differences exist, however.

T, d and ň are dental sounds, pronounced with the tip of the tongue against the upper teeth, not against the upper ridge of the mouth or the lower teeth, as often in English.

Practise:

to	do	doba	doǧa	na	nuda
ten	den	doma	dno	nebe	novina

Note: In these early exercises the student must remember to put the stress on the *first* syllable of the word. Check vowel pronunciation with the table given above.

P, t and k are often aspirated in English, that is, they are pronounced with a strong explosion of the breath. These consonants are pronounced without aspiration in Czech, as in French or German. Try to pronounce these sounds quietly and cleanly. A good test is to place the palm of the hand about three inches from the mouth. If a strong air stream can be felt on the palm while these sounds are pronounced, the degree of aspiration is excessive.

pak	opak	tu	to	ku
pata	mapa	tady	teta	ke
patka	povyk	ten	debata	kadet

H is always voiced in Czech, though normally not in English, except in strongly stressed position, as in the word *unhand* or in the sentence, *I have it,* pronounced with strong emphasis on the word *have*.

Practice:

hody	honba	pohon
hudba	hmota	pohled

Czech l is quite soft, like French or German *l*. Bring the tip of the tongue forward to the upper teeth to pronounce it.

Practise:

lama	lom	mlok	byl
leda	lok	dle	byla

Czech r is rolled as in Scottish, or in some French provincial dialects. The tongue must tap the ridge behind the upper teeth once during the articulation. English *r* or the Parisian uvular *r* must be avoided.

Practise:

rek	role	radio	pravidlo
rak	ruka	branka	mor

S is somewhat shorter, more "clear-cut," less "spread" than in English. Compare the English words *side* and *site*. The latter is closer to Czech S.

When S appears .between two vowels in words of Latin, Greek or Romance origin, it is pronounced according to the original pronunciation, e.g., fysika (pronounce as if spelled *fyzika*). This never occurs in native words, e.g., mísa (pronounce as if spelled *missa*).

Practise:

sup	sokol	siroba	student
sem	satyr	skon	pas

Ch is normally a voiceless sound. It is similar to the German *ch* in *Ach!*, but the friction is not so intense or harsh. Try pronouncing the English word *oak* with the mouth wide open, prolonging the word until the *ch* sound is heard.

Note that ch is a digraph. It is considered a single letter, and always follows h in the alphabet.

Practise:

chasa	chor	chmura	chrup	prach
chaos	chumel	chlap	ucho	duch

In pronouncing C the two elements *t* and *s* must be closely linked; like German *z* or English *it's me*.

Practise:

co	cena	cibule	cvik
car	celek	cudnost	ulice

Š is similar to English *sh*, but is less palatal, and has a deeper timbre than English *sh*.

Practise:

šach	šelma	špína	škvor	myš
šalba	šikmo	šlacha	šašek	listonoš

Č is similar to English *ch* as in *church*, but has a deeper timbre.

Practise:

čas	čisto	kočka
Čech	člen	ač

Ž is similar to English *s* as in *pleasure*, but again has a deeper timbre.

Practise:

žal	železa	život	žluč
žatva	žert	žluna	žvanec

Czech j is similar to the sound of *y* in English *year* (never to English *j*!). It is articulated somewhat more strongly and clearly than English *y*.

Practise:

je	jeho	její	kroj
Jan	jazyk	ejhle	stroj

Ť, ď* and ň. Ť is somewhat like *t* in English *tune* (pronounced as in British English). Ď is like *d* in *duty* (British pronunciation); ň like *ny* in *canyon*. All three of these sounds are pronounced with the central portion of the tongue pressed against the roof of the mouth; the tip of the tongue rests near the lower teeth.

Note that ť, ď, ň plus i are written ti, di, ni, without háček; ť, ď, ň plus e are written tě, dě, ně, with the háček over the e.

Practise:

tělo	ťápati	dělo	dělati	něco	niva
tisk	ťukati	ďábel	dětina	Němec	nit
títi	ať	divadlo	dítko	ňadra	dlaň

Ř is a Czech sound which has no equivalent in Western European languages. It is produced by the simultaneous articulation of r and ž (or, in certain positions š). Pronounce ž, then try to vibrate the tongue at the same time.

This is a very difficult sound to produce correctly. An approximate equivalent can be obtained by pronouncing rolled r and ž (or š) in quick succession (as in English pronunciation of the Czech name Dvořák), gradually bringing the r and the ž element closer together.

---

* The háček is modified for these two letters because of their height.

Practise:

řeč   řemen   řidič   přikročiti
řeka   říčka   řve   překřičeti
řada   řinčeti   třicet   pekař

L and ř are semi-vowels when they occur between two conso-
nants or at the end of a vowel following a consonant. L is
then pronounced as in English *cable*, ř as in *bird*, but rolled
and pronounced very clearly.

Practise:

vlk   mls   mohl   krk   krmiti   čtvrtek
vlna   plniti   brloh   vrba   brblati   mistr

Vowels

Czech has five vowels, each with a short and long variant.
Length is normally indicated by the use of the čárka (´);
with the vowel u both the čárka (ú) and the kroužek (ů) are
used.

I and y are pronounced like the *y* in English *country*. There
is no difference between the pronunciation of i and y in
Czech. After t, d, n the vowel y indicates that these letters
are hard or non-palatal (ty, dy, ny); the vowel i indicates
that they are soft or palatal (ť, ď, ň); ť plus i is written
ti, ď plus i is written di, ň plus i is written ni.

Í and ý are pronounced like English *i* in *machine*. The com-
binations tí, dí, ní are soft or palatal; tý, dý, ný, hard or
non-palatal.

U is pronounced like *u* in English *put*.

Ú and ů are pronounced like *u* in English *rude*. Ú (u s
čárkou) occurs only initially; in all other positions ů (u s
kroužkem) is used .

E is pronounced like e in English *met*.

É is longer than e, somewhat like the sound of *e* in English
bed. At times (especially in final position) it tends to be-
come more closed than short e, and then has the pronunciation
of ˯é in the word *fiancée*, but without diphthongization.

Ě occurs only after consonants, never initially. It indi-
cates that between the consonant and the sound of short e
there is the sound of English consonantal *y*. The Czech word
běl is pronounced as if spelled *byel* in English, běl must be
pronounced as a single, clear syllable, <u>not</u> as *bee-yel* (two
syllables).

Ě is always short. It has no long equivalent.

Ť, ď, ň plus e are always written tě, dě, ně, i.e., the
háček is placed over the vowel, not over the consonant. It is

the consonant which is palatal, or soft, however, and not the
vowel. The ď of dě is produced with the central portion of
the tongue pressed against the roof of the mouth, with the
tip of the tongue hanging free; this palatal ď is then joined
to the sound of e in *met*. The combinations tě and ně (ť plus
e; ň plus e) are pronounced with a tongue position similar to
that of ď.

In standard Czech m plus ě is pronounced mně (m plus ň plus
e); e.g., mě, pronounce "mně"; město, pronounce "mněsto."

Czech o is close to English *o* in *omit*.

ó occurs only in foreign words. It is close to English *o* in
orb, pronounced long.

A is pronounced like the *a* in the word *father*, but shorter.
An *a* sound which is too open (*a* in *act*), or too closed (*a* in
alms), must be avoided. The correct sound is halfway between
these two, and is short.

Á is longer than a and somewhat more closed. It is like the
a in English *father*, but without diphthongization.

Practise:

být	ulice	Eva	někam	ale
byt	umění	sever	těžba	pan
bíti	úloha	nelze	dělník	pán
býti	úroda	pero	mě	baba
míti	tuk	mléko	obava	bába
mýti	důvod	také	projeti	naplní
milí	průchod	věc	město	náplni
míli	roků	běl	ion	žena

Note the considerable part played by the length of Czech
vowels in distinguishing meaning, e.g., pan (*Mister*), pán
(*gentleman, lord*); baba (*old woman*), bába (*grandmother*); byt
(*apartment*), být (*to be*), etc.

Diphthongs

Diphthongs with j as a second element are similar to those
in English with the sound of *y* following a vowel.

The diphthongs ij, yj are like *ee* in English *flee*.

The diphthong uj is a combination of Czech u plus j.

The diphthong ej is like *ey* in English *they*.

The diphthong oj is like *oy* in English *boy*.

The diphthong aj is like *ai* in English *aisle*.

Also: íj, ýj, ůj, áj.

The j element of the diphthong is pronounced rather more
sharply and cleanly than English *y* with diphthongs.

Practise:

bij	října	můj	měj	ráj
myj	kupuj	dej	roj	háj

Three Czech diphthongs have –u as the second element:
The diphthong eu does not occur in English. It is a union
of Czech e and u.

The diphthong ou is pronounced like English *ow* in *mow*, pro-
longed considerably. This diphthong is much prolonged, and
is the longest Czech vowel sound. It begins with a clear
Czech o sound which gradually blends with Czech u, and ends
with a clear Czech u sound.

The diphthong au is pronounced like *ow* in English *cow*.

Practise:

eugenika	mouka	nesou	auto
neutrální	oblouk	ženou	pausa

II. AVOIDANCE OF HIATUS

When i is followed by another vowel, the sound of Czech
j (English *y*) is inserted between the two vowels. This also
occurs regularly in English.

Practise:

piano (pronounce 'pijano')
stadium (pronounce 'stadyjum')
radio (pronounce 'radyjo')

III. DIVISION INTO SYLLABLES

Czech syllables are divided so that each syllable will end,
if possible, in a vowel. Thus: že-na, mě-síc, ko-mo-ra,
Má-cha, pl-ný.

If two consonants occur together, they generally fall in
separate syllables: pil-ný, ob-nos.

Diphthongs are kept together in one syllable. Pairs of
vowels which are not diphthongs are separated: au-to, mou-ka,
nej-du, ra-di-o, záj-mu, na-u-ka (au is not a diphthong here),
ne-ú-pl-ný.

IV. DOUBLE CONSONANTS

Double consonants are generally avoided in Czech. They are
usually omitted from foreign words borrowed by Czech, e.g.,
profesor (*professor*). When they occur in native words, they
are pronounced as one short consonant, e.g., ssáti (pronounce
"sáti"); oddech (pronounce "o-dech").

V. VOICED AND VOICELESS CONSONANTS

Most consonants are paired in respect to whether they are
voiced or *voiceless*. The place of articulation is the same
for both members of the pair. With voiced consonants the
vocal cords vibrate; with voiceless consonants they remain
motionless. The difference can be detected by placing the
hands over the ears; if a buzzing is felt in the head, the
sound is voiced; if not, it is voiceless.

Pairs of Consonants: Voiceless and Voiced

Voiceless: p   f   t   ť   s   š   k   ch
Voiced: b   v   d   ď   z   ž   g   h

Thus, b is the voiced consonant corresponding to voiceless
p, d to t, ď to ť, etc. The other consonants (l, m, n, ň, r)
have no such correspondents.

VI. NEUTRALIZATION OF FINAL CONSONANTS

All final voiced consonants become voiceless:

dub is pronounced "dup"   buď is pronounced "buť"
řev is pronounced "řef"   mez is pronounced "mes"
hrad is pronounced "hrat"   bůh is pronounced "bůch"

VII. ASSIMILATION OF CONSONANTS

1. When a voiced consonant is followed by a voiceless con-
sonant, it likewise is pronounced as voiceless:

vstáti is pronounced "fstáti"
odpor is pronounced "otpor"
obsah is pronounced "opsach"

2. When a voiceless consonant is followed by a voiced one,
it likewise is voiced:

kde is pronounced "gde"
sběr is pronounced "zběr"
sděliti is pronounced "zděliti"

Exception: When the second consonant is V, it does not influ-
ence the pronunciation of the preceding consonant, e.g.,

svatý is pronounced "svatý"
zváti is pronounced "zváti"

3. When three consonants occur together, the third conso-
nant is determinative, e.g.,

vzchopiti is pronounced "fschopiťi," since ch is voiceless.

Exercise. Transcribe the following words as they are pronounced. Note that some may require no alternation.

chléb	věd	svůj	bez
led	vklad	lávka	až
let	kdo	lev	bůh
sleď	vládce	dav	sběh

These rules may seem somewhat difficult at first. But, with some familiarity with the spoken language, they soon become quite natural.

VIII. ORTHOGRAPHY

Czech consonants are divided, for purposes of spelling, into three groups: hard, neutral and soft. These terms have no precise phonetic significance, but the classification is extremely useful in its application to Czech orthography, and in the differentiation of the so-called hard and soft declensions of nouns and adjectives. Hence the classification should be learned by the student at the outset.

T, d, n, r, k, g, h, ch are "hard" consonants.

Ť, ď, ň, ř, š, ž, c, č, j (all consonants with the háček, and c and j) are "soft" consonants.

P, b, m, f, v, l, s and z are "neutral" consonants.

Rules for Orthography

1. A hard consonant must *not* be followed by i or í.
2. A soft consonant must *not* be followed by y or ý.
3. A neutral consonant may be followed by either i, í or y, ý.

Exceptions: In words of foreign origin hard consonants are sometimes followed by i, e.g., in titul, diktát, nikl, risiko, kilogram, historie, chirurg.

C is sometimes followed by y, e.g., cyclus (*cycle*), cylindr (*cylinder*), etc. But in native words c must be followed by i, í, e.g., cihla (*brick*), cíl (*goal*).

Neutral consonants (p, b, m, f, v, l, s, z) may be followed by either i, í or y, ý. In the majority of cases they are followed by i, í.

With the hard consonants t, d, n and the soft consonants ť, ď, ň, the choice of y, ý or i, í determines hardness or softness. Ť plus i, ď plus i, ň plus i are written ti, di, ni (without a háček). The presence of i, í tells us that the ť, ď, ň are soft (except in words of foreign origin). The combinations ty, dy, ny; tý, dý, ný are always hard.

The vowels e, ě have rules of their own:

1. Ę may follow any consonant.

2. Ě may be used only after neutral consonants to show
that the sound of ‿j (English *y*) occurs between the consonant
and the vowel e. Ě is never written after the hard consonants
r, k, h, ch, nor after the soft consonants ř, š, ž, c, č, j.
Nor is it used after three of the neutral consonants, l, s, z.

T, d, n are written with e when they are hard or non-palatal.
When they are soft or palatal (ť, ď, ň) they are written with
ě as tě, dě, ně, though by this háček we indicate that the
consonants are palatal; the vowel sound is that of e.

IX. STRESS

The primary stress in Czech is fixed on the first syllable
of a word. Words of more than two syllables have a secondary
stress on each odd syllable. Secondary stresses are weaker
than primary stresses.

The English-speaking foreigner may hear words of three syl-
lables pronounced as if their primary stress were on the
second, not on the first syllable. This is especially likely
with trisyllabic words when the first syllable is short and
the second long. Thus, words like po-lév-ka, ba-bič-ka, etc.,
often seem to be stressed on the second syllable. To a for-
eigner accustomed to a language having free stress (as Eng-
lish), the contrast of this pattern to the normal Czech stress
habit may make it seem that the stress is entirely on the sec-
ond syllable, though this is not the case.

The Czech stress is not very strong. It is weaker than that
of English or German, though stronger than the French stress.

A monosyllabic word which is a pronoun, auxiliary verb,
form of the verb *to be*, or adverb, and which follows the open-
ing stressed word or phrase of the sentence, is not stressed.
Such words used in this position are called *enclitics*. In
other positions such words are usually stressed.

Co je to?   What is that?

Co and to are stressed, since they come first and third in
the sentence. Je (*is*) occupies second position, and is un-
stressed.

Je to kniha?   Is that a book?

Here je (*is*) is stressed, since it comes first in the sen-
tence; to (*that*) is unstressed.

V Praze jsem žil dlouho.   I have lived a long time in
                           Prague.

V Praze (*in Prague*) is a single phrase; hence the auxiliary jsem is in second position, and unstressed.

Monosyllabic coordinating conjunctions a, i (*and*) are not stressed, no matter what position they occupy in the sentence.

X. GLOTTAL STOP

Czech words beginning with a vowel are preceded by a sound known as the glottal stop. This sound, produced by a suddenly released current of air passing through the glottis, resembles a very soft click. It is found regularly in German. Students who cannot produce this sound should practise saying the English words, *I am,* in a slow, clear whisper.

The function of the glottal stop is to prevent words beginning with vowels from being joined in liaison to preceding words (compare American pronunciation *rho disland* for *Rhode Island,* a pronunciation which lacks glottal stop).

Practise:

to okno (two distinct O's should be heard, not joined or
    slurred).
on a ona (<u>not</u> "ona ona")
ten Američan (<u>not</u> "te nameričan")
má úloha

XI. PRONUNCIATION OF PREPOSITIONS

Czech prepositions are pronounced together with their object as a single word.

If the preposition is a single consonant, it is joined in pronunciation to the object. Rules for assimilation of consonants apply:

k městu is pronounced "kměstu"
v Praze is pronounced "fpraze"

If the object of the preposition begins with a vowel, it is preceded by a glottal stop. The final consonant of the preposition is always voiceless:

v Americe is pronounced "f/americe" (with glottal stop).

If the preposition is a syllable or more, it takes the stress from the object. Rules for assimilation of consonant groups apply:

pod stolem is pronounced "potstolem"

Practise:

u bratra   do Prahy   s bratrem   v Anglii   k Brnu
v pokoji   přede mnou   pod stolem   z Prahy   vedle stolu

XII. INITIAL J

Initial j may be dropped if a consonant follows:

jdu is pronounced "du"
jsou is pronounced "sou"
but:
nejdu is pronounced "nej-du"
nejsou is pronounced "nej-sou"

Contrast: jitro, where a vowel follows the consonant j.

XIII. PUNCTUATION

Czech punctuation is in general like that of English. An important difference is that almost all subordinate clauses (clauses introduced by jak, *how*; kde, *where*; co, *what*; kdo, *who*; který, jenž, *who, which, that*; protože, *because*; poněvadž, *since*; že, *that*, etc.) are set off by commas. Only certain very short clauses form exceptions to this rule. This is in sharp distinction to English practise.

Quotation marks which indicate direct discourse („   " in Czech; <u>not</u> "   ") are preceded by a colon.

Bratr řekl: „Nemám čas".   Brother said, "I have no time."

Note also that commas and periods fall outside quotation marks in Czech. Question and exclamation marks fall inside quotation marks.

Commas are used to mark off millions, periods to mark off thousands, and raised periods to indicate decimals, e.g., 5,634.982·7 *(five million, six hundred and thirty-four thousand, nine hundred eighty-two and seven tenths).*

Ordinal numerals are indicated by periods:

20. listopadu   On the 20th of November

Centuries use Roman numerals:

v XIX. století   In the 19th century

Czech abbreviations often have only a single period:

atd. (a tak dále)   and so forth

XIV. CAPITALIZATION

Proper names are capitalized in Czech: Čechy *(Bohemia)*, Čech *(a Czech)*, Praha *(Prague)*, František Palacký *(man's name)*, Máj *(book title)*, etc. Only the first word of a compound title is capitalized: Česká akademie věd a umění *(Czech Academy of Sciences and Arts)*.

Adjectives formed from proper nouns are not capitalized in Czech: český *(Czech)*, pražský *(of Prague)*, etc.

Exception: So-called possessive adjectives ending in -ův, -ova, -ovo, -in, -ina, etc., and formed from proper nouns, are capitalized: Máchův Máj, *Mácha's* [poem] *"May."*

Names of relatives are not capitalized, even when used as proper nouns, e.g., bratr *(Brother, my brother)*, sestra *(Sister)*, etc.

Já *(I)*, pan *(Mr.)*, paní *(Mrs.)* slečna *(Miss)* are not capitalized; e.g., pan Novák. Other titles are not capitalized if used together with pan, paní, etc.: pan doktor Novák. But they are capitalized when used alone: Dr. Novák.

Bůh is capitalized when it denotes a monotheistic God. The adjective boží *(God's)* is not capitalized. Nor is the word bible, *the Bible.*

The first letter of a direct quotation is capitalized:

Bratr řekl: „Nemám čas". Brother said, "I have no time."

Days of the week and months of the year are not capitalized: pondělí, *Monday;* srpen, *August.*

ABBREVIATIONS USED

acc.	accusative case	intr.	intransitive verb
act.	active voice	iter.	iterative
adj.	adjective	lit.	literally
adv.	adverb	m.	masculine gender
an.	animate	n.	neuter gender
colloq.	colloquial	neg.	negative
conj.	conjunction	nom.	nominative case
dat.	dative case	part.	participle
dim.	diminutive	perf.	perfective aspect
encl.	enclitic	pers.	person
f.	feminine gender	pl.	plural
fut.	future tense	p.p.p.	past passive participle
gen.	genitive case	pr.	prepositional case
imp.	imperative	prep.	preposition
impf.	imperfective aspect	pres.	present tense
inan.	inanimate	sing.	singular
inf.	infinitive	subj.	subjunctive
ins.	instrumental case	trans.	transitive verb
irreg.	irregular	v.n.	verbal noun

CHAPTER ONE

The article. Demonstrative adjectives. To used as a pronoun.
The verb *to be*. Negation.

ČTENÍ: READING

Co je to? To je dopis. A co je to? To je škola. A co je to?
To je pero.

Kdo jsi? Jsem žák. A kdo je to? To je profesor.

Jste profesor nebo žák? Jsem žák. Tam je profesor.

Kde je zahrada? Zahrada je zde. A kde je les? Les je tam.

Je to park nebo zahrada? To je park.

Zde je obchod. A co je to? To je škola. A co je to tam? To
je stěna.

Je to zahrada? Ne, to není zahrada. To je les.

Žák a profesor jsou zde. Ale doktor zde není.

SLOVNÍČEK: VOCABULARY

a	and	obchod (m.)	store, shop, busi-
ale	but		ness
ano	yes	park (m.)	park
co?	what?	pero (n.)	pen
dopis (m.)	letter	profesor (m.)	professor
doktor (m.)	doctor	stěna (f.)	wall
kde?	where?	škola (f.)	school
kdo?	who?	tam	there
kočka (f.)	cat	ten, ta, to	that
les	woods, forest	zahrada (f.)	garden
město (n.)	city, town	zde	here
ne	no	žák (m.)	pupil (male)
nebo	or		

Verbs:

býti   to be

MLUVNICE: GRAMMAR

1. ABSENCE OF THE ARTICLE IN CZECH

Czech has no article. The word dopis means *letter, a letter, the letter,* depending on the sense.

2. GENDERS OF NOUNS, HARD DECLENSION

The Czech noun has three genders: masculine, feminine and neuter. To some extent these classes are arbitrary. Males are usually masculine in gender, however, and females usually feminine. Inanimate objects may be masculine, feminine or neuter.

The ending of the noun as given in the nominative singular usually indicates its gender:

Genders of Nouns, Hard Declension

Hard masculine nouns end in a hard or neutral consonant (see Introduction, Section VIII)	Hard feminine nouns end in –a	Hard neuter nouns end in –o
dopis	škola	město
park	kočka	pero
doktor	stěna	okno

3. DEMONSTRATIVE ADJECTIVES

The principal Czech demonstrative is ten, meaning *that.* Ten agrees with the noun which it modifies in gender, case and number. The endings in the nominative singular are those of the hard nouns:

The Demonstrative ten

Masculine	Feminine	Neuter
ten dopis	ta škola	to město
ten park	ta kočka	to pero
ten doktor	ta stěna	to okno

To, the neuter form of the demonstrative, also serves as an indefinite pronoun. It translates *this, that, it,* etc., with the verb "to be" when "to be" is followed by a predicate noun which is used for the first time.

Kdo je to? To je žák.   Who is that? That's a pupil.

Co je to tam? To je   What is that over there? It's a
stěna.   wall.

4. THE VERB BÝTI, "TO BE"

The Czech verb is conjugated by person and number. Pronoun
subjects are normally not expressed, since the verb endings
show which person and number are meant.

Conjugation of the Verb býti, "to be"

	Singular		Plural	
1st person:	jsem	I am	jsme	we are
2nd person:	jsi	thou art	jste	you are
3rd person:	je	he, she, it is	jsou	they are
	(jest, archaic)			

With the forms jsem, jsi, jsme, jste and jsou, the letter
j may be ignored in pronunciation (pronounce: "sem," "si,"
etc.).

The second person singular is an intimate form. It is used
in addressing God, members of one's family, close friends,
children, animals, etc. It may also be used among members of
certain social classes who do not require formal address from
each other (peasants, students, etc.). This does not mean
that outsiders may use this form in addressing members of
such groups. In general, the foreigner is advised to use the
plural form for both singular and plural.

In addressing several people with whom the speaker is famil-
iar, the plural form is of course used.

The English expressions *there is, there are* (when not used
to point something out) are translated into Czech by je and
jsou:

Je zde obchod? Ano, je.   Is there a store here? Yes,
                               there is.

Jsou zde obchody? Jsou.   Are there stores here? There are.

5. NEGATION

Verbs are made negative by prefixing ne-. The prefix ne- is
joined to the verb, and receives the stress:

Nejsem   I am not (pronounce: nej-sem)

Nejsme   We are not (pronounce: nej-sme)

Exception: The negative of je (third person singular of *to be*) is není.

CVIČENÍ: EXERCISES

I. Write out the present tense of býti in the affirmative and the negative.

II. Place demonstrative adjectives before the following nouns:

dopis	les	pero
park	město	žák
kočka	škola	zahrada
kniha	okno	bratr

III. Translate into Czech:
1. What is that? It's a store. 2. And what is that? It's a park. 3. No, it's not a park, it's a wood. 4. Is this a park or a garden? 5. It's a garden. 6. Who are you? 7. I am the doctor. 8. Isn't that a professor? 9. No, that's a pupil. 10. Who is there? 11. The pupil is there. 12. What is here? 13. There is (je) a wall here. 14. And what is over there? 15. There is (je) a city there.

CHAPTER TWO

Nominative and accusative singular of hard nouns. Demonstratives. Verb *to have*.

ČTENÍ: READING

Kde je stůl? Stůl je zde. Má ten student stůl? Ano, má. Ale ta studentka nemá stůl.

Kde je papír? Máš papír? Ne, nemám, ale tam je papír. A tam je kniha a tužka.

Máš zde pero? Ne, nemám zde pero. Mám pero doma. Ale mám tuto knihu.

Co je to? To je kniha. Máte tu knihu? Ne, ale mám tuto.

Kdo jsi? Jsem student. A kdo je toto? To je studentka.

Kde je ten žák? Je dnes doma.

Máte automobil? Ano, máme automobil.

Co je to? To je okno. A co je toto? To je tužka. Ne, to není tužka. To je pero.

Kdo je zde dnes? Tento žák je zde. Má zde hodinu. Ale onen žák není zde. Proč není zde? Protože nemá čas.

Kde je ten student? Je pryč. A kde je ta studentka? Je také pryč.

Kdo je tento pán? To je pan Novák.

SLOVNÍČEK: VOCABULARY

automobil (m.)	automobile,	stem vowel in	
or auto (n.)	car	pan)	Mr. Novák
čas (m.)	time	papír (m.)	paper
dnes	today	proč?	why?
doma	at home	protože	because
hodina (f.)	hour, lesson	pryč	away, gone
inkoust (m.)	ink	student (m.)	student (male,
kniha (f.)	book		high school or
okno (n.)	window		university)
onen, ona, ono	that, that one	studentka (f.)	girl student
pán (m.)	gentleman,	stůl (m.)	table, desk
	lord, master	také, taky	also, too
pan Novák		tento, tato,	
(note short-		toto	this, this one
ening of		tužka (f.)	pencil

Verbs:

míti   to have

MLUVNICE: GRAMMAR

6. NOMINATIVE AND ACCUSATIVE CASES

Czech nouns are declined according to their grammatical functions in the sentence. The nominative is the case of the subject of the sentence, of the predicate nominative (after *to be*), and of a noun standing alone (unless in direct address, or understood as part of an incomplete sentence). Nouns are listed in the vocabulary in the nominative case.

The accusative is the case of the direct object of transitive verbs, that is, it tells what person or object is directly affected by the action of the verb. It answers the questions: *Whom? What?*

Masculine inanimate* and neuter hard nouns have the same form in the accusative as in the nominative. Feminine nouns change the ending -a to -u:

Nominative and Accusative Singular of Hard Nouns

	Masculine Inanimate*	Feminine	Neuter
Nominative:	papír	kniha	okno
Accusative:	papír	knihu	okno

E.g., Mám papír. Mám knihu. Mám okno.

7. DEMONSTRATIVE ADJECTIVES

The demonstrative adjective ten must agree with the noun which it modifies in gender and case. Note that the feminine form changes from ta to tu in the accusative singular:

	Masculine	Feminine	Neuter
Nom. sing.	ten papír	ta kniha	to okno
Acc. sing.	ten papír	tu knihu	to okno

Sometimes the suffix -to is added to the demonstrative. It expresses *this* (object near the speaker). The suffix -to is not declined. It is added to the appropriate form of ten, ta, to, which is declined:

Tento papír a toto pero.   This paper and this pen.

Mám tuto knihu.   I have this book.

Similarly, the suffix -hle may be added to the demonstrative; -hle means *look!* and serves in the spoken language to point out an object in view:

Mám tuhle knihu.   I have this book here.

When both *this* and *that* are expressed in the same sentence, the demonstrative onen, ona, ono, declined like ten, ta, to, may be used to translate *that*. Ten or tento is then used for *this*. Onen should not be used alone, however:

Ten stůl a onen.   This table and that one.

---

* The accusative of animate masculine nouns (denoting persons or animals) is described in Chapter III.

but:
Ten stůl.   That table.

Notice that the demonstrative adjective may also be used as
a pronoun (*this one, that one*) when the reference is clear.

8. THE VERB MÍTI "TO HAVE"

	Singular		Plural	
1st person:	mám	I have	máme	we have
2nd person:	máš	thou hast	máte	you have
3rd person:	má	he, she, it has	mají	they have

Note that Czech has only one present tense. Mám may mean
I have, I am having, or *I do have,* depending on the sense.

CVIČENÍ: EXERCISES

I. Write out the present tense of míti in the negative.
II. Place demonstrative adjectives before the following
nouns:

automobil	čas	okno	stůl
auto	hodina	tužka	studentka

III. Fill in the blanks with the correct demonstrative ad-
jective or pronoun:

1. _____(This) kniha je zde a _____(that) kniha je
tam. 2. Kde je_____(this) stůl? 3. Mám _____(this)
tužku. 4. Zde je_____ (this) student, ale není zde_____
(that one). 5._____(That) žák je doma. 6._____(This)
pán je pan Novák.

IV. Translate into Czech:
1. I do not have a pen, but I have a pencil. 2. That pupil
is at home. 3. Where are you? 4. Where is he? He is not at
home. 5. What is that? 6. It is paper. 7. Is the student
here today? 8. Do you have a book? 9. No, I do not have a
book. 10. Where is the window? 11. Why isn't that student
here? 12. He does not have time. 13. I have paper, but I
don't have ink. 14. Where is the boy student and the girl
student? 15. They are away. 16. Who is this gentleman? It is
Mr. Novák.

CHAPTER THREE

Verbs *to go on foot* and *to ride*. Distinction between adverbs of motion and rest. Noun stems. Genitive singular of hard nouns. Uses of the genitive: possession, genitive with prepositions, and genitive with expressions of quantity. Accusative of animate masculine nouns. Use of the present tense for the future.

ČTENÍ: READING

Jdete dnes do divadla? Ne, nejdu. Nemám čas. Divadlo je příliš daleko. Proč nejedete? Vždyť máte auto! Nejedu, protože dnes má auto pan Novák. To je škoda![1]

Sestra jede dnes autem do biografu. Ale bratr tam nejde.

Kolik máte chleba? Málo, ale matka má mnoho. A kolik máte papíru? Jen trochu. Máte mnoho inkoustu? Ne, mám málo inkoustu.

Kde je dům pana Nováka? Je daleko od Prahy. Ale dnes pan Novák není doma. Dnes jede do Prahy.

Kam jdete? Jdu ven. Bratr už je venku. Jdeme do školy.

Dnes večer jede bratr z Prahy domů.

Kde je sestra? Už je pryč. Jede dnes do Prahy do divadla.

Jdete večer do bia? Ano. Ale sestra nejde. Má hodinu.

Máte bratra? Ano, a sestru mám také.

Note

[1] To je škoda! That's a pity! It's too bad!

SLOVNÍČEK: VOCABULARY

automobilem (autem)	by auto	do (gen.)	into, to
biograf (m.) or bio (n.)	movies, motion picture theater	domů	home, homewards (jíti domů, to go home)
blízko	near, close by	dům (gen. domu)	house
bratr	brother	chléb (gen. chleba)	bread
daleko	far, far away (daleko od with gen., far from)	jen, jenom	only
		kam	(to) where? whither?
divadlo	theater	kolik	how much? how many?

málo	little, few	večer (gen.	evening, in the
mnoho	much, many	večera)	evening
od (gen.)	from, away from	ven	out, to the
Praha	Prague		country
příliš	too, excess-ively	venku	outside, in the country
sem	(to) here, hither	vždyť	why, you know, surely (expresses
sestra	sister		surprise or in-
škoda	harm, damage		credulity)
trochu	a little, a few	z (ze) (gen.)	out of, from
už, již	already		

jíti   to go (on foot), to walk
jeti   to ride, go in a vehicle

MLUVNICE: GRAMMAR

9. VERBS "TO GO ON FOOT" AND "TO RIDE"

Conjugation of the Verb jíti, "to go on foot"

	Singular	Plural
1st person:	jdu I go	jdeme we go
2nd person:	jdeš thou goest	jdete you go
3rd person:	jde he, she, it goes	jdou they go

Conjugation of the Verb jeti, "to ride"

	Singular	Plural
1st person:	jedu I ride	jedeme we ride
2nd person:	jedeš thou ridest	jedete you ride
3rd person:	jede he, she, it rides	jedou they ride

Czech makes a sharp distinction between these two verbs. Before we can translate the English verb *to go*, we must know how the going is to be done.

The verb jíti is used when the going is done on foot. The verb jeti is used when the going is done in a vehicle or on horseback (whenever the person going does not move under his own power). Jeti is also used of the motion of a vehicle it-self (though not of a horse or other animal):

Žák jde do školy.	The pupil is going (walking) to school.
Jdu ven.	I am going out.
Matka jede domů autem.	Mother is coming home by car.
Automobil jede.	The automobile is going.

Note that Czech does not distinguish so sharply as English between *to go* and *to come*. Jíti and jeti may mean either, depending on the context.

Jíti is used in all idiomatic meanings of *to go*:

To nejde.	That is impossible (literally, that does not go).

10. MOTION AND REST

Czech distinguishes between adverbs of motion and of rest (place where). Contrast the following:

Kam jde?	Where (whither) is he (she, it) going?	Kde je?	Where is he (she, it)?
Jde sem.	He is coming here.	Je zde.	He is here.
Jde domů.	He is going home.	Je doma.	He is at home.
Jde ven.	He is going out.	Je venku.	He is outside.

Exception: Tam may mean *there* or *thither*.

Jde tam.	He is going there. (thither).	Je tam.	He is there.

11. NOUN STEMS

The stem of the noun is that form to which endings are added in declension to form various cases.

Normally the stem can be derived from the nominative singular, given in the vocabulary. To obtain the stem, we drop the final -a and -o of feminines and neuters. The entire masculine nominative is its stem:

	Masculine	Feminine	Neuter
Nominative case:	student/	knih/a	per/o
Stem:	student-	knih-	per-

In some cases, however, the stem of masculine nouns (and a few feminines and neuters) cannot be derived from the nominative case, since the form of this case is irregular. In this event the stem must be learned separately. The following nouns have stems distinct from the nominative:

Nominative	Stem
pes (dog)	ps- (vowel e of nominative drops out)
Čapek (proper name)	Čapk- (vowel e drops out)
stůl	stol- (stem vowel ů becomes o)
dům	dom- (stem vowel ů becomes o)
chléb	chleb- (stem vowel shortens)

Most masculine nouns with nominatives ending in e plus final consonant drop this e in the stem. This is called "movable e." E.g., tatínek, *father*--stem: tatínk-; Hašek (proper name)--stem: Hašk-.

The stem thus derived is used to form all cases of the noun other than the nominative (and accusative when it is like the nominative). Genitives of nouns having distinct stems will be listed in the vocabulary. The noun stem can then be formed from the genitive singular by dropping the ending of the genitive.

12. GENITIVE SINGULAR OF HARD NOUNS

The genitive case corresponds roughly to the English possessive *(father's, book's)*. But its use is much wider.

The genitive is formed by adding the following endings to the noun stem:

Masculine	Feminine	Neuter
-a (animate)	-y	-a
-u (inanimate)		
studenta (animate)	studentky	okna
papíru (inanimate)	knihy	pera
stolu (inanimate; gen. of stůl; stem: stol-)		

Note the special ending -a for animate masculines. Animate masculine nouns are nouns of masculine gender which denote human beings, animals, deities and spirits. Plants are not considered as animate. This distinction does not exist for animates of feminine or neuter gender.

Exceptions in the genitive: A small number of inanimate masculines have the animate ending -a in the genitive: večera, chleba, lesa, etc.

13. USES OF THE GENITIVE

A. Possession

The genitive is used to express possession. Thus it trans-
lates the English possessive case as well as most uses of
the preposition *of*.

Kniha pana Dvořáka	Mr. Dvořák's book
Divadlo města Prahy	The theater of the city of Prague

B. Genitive with Prepositions

The genitive is used after certain prepositions: do *(to,
into)*; z *(out of, from)*; od *(from, away from)*.

Jdu <u>do</u> divadl<u>a</u>.	I am going to the theater.
Jdu <u>z</u> divadl<u>a</u>.	I am coming from (out of) the theater.
Jdu <u>od</u> bratr<u>a</u>.	I come from Brother (Brother's).

The distinction between z and od is extremely important.
The primary meaning of z is *out of*. It also means *from* in the
sense of *from the inside of*:

Jdu z divadla.	I am coming <u>out of</u> the theater. Or: I am coming <u>from</u> the theater (inside which I have been).

<u>Od</u> means *away from* something <u>in which one has not been</u>:

Jdu od divadla.	I am coming away from the theater (inside which I have not been). Or: I am walking in a direction away from the theater.

Contrast:

Jedu z Prahy.	I come from Prague.
Jedu od Prahy.	I am travelling in a direction away from Prague.

Since od is used of objects in which one has not been been,
it is used with persons and certain objects in which one nor-
mally cannot be:

Jdu od bratra.	I come from Brother (Brother's).
Jdu od řeky.	I am coming away from the river.

Z řeky would mean *out of the river*.
The form ze replaces z before nouns or pronouns beginning

with the letters Z and S, or before certain (though not all)
words beginning with two or more consonants:

ze zahrady	out of the garden
ze stolu	out of the desk

Do means *into* or *to* something into which one can and will
go. Hence do may not ordinarily be used with persons:

do školy	to school, into the school
do města	to the city, into the city

Do also means *till, until, up to,* with expressions of time:

do večera	till evening

Od means *from* or *since* with expressions of time:

od rána do večera	from morning to evening

Pronunciation of Nouns with Prepositions. If a preposition
is a syllable or more in length, the object loses its stress
to the preposition. Prepositions consisting of a single con-
sonant are pronounced with the first syllable of their object:

od bratra	pronounce odbratra (stress on syllable od)
z domu	pronounce zdomu

Rules for the assimilation of consonant groups apply to
prepositions. E.g., z Prahy is pronounced sprahy. See Intro-
duction, Section XI.

C. Expressions of Quantity

The genitive is used in expressions of quantity.

mnoho papíru	much paper
málo papíru	little paper
kolik papíru?	how much paper?

14. ACCUSATIVE OF ANIMATE MASCULINE NOUNS

The endings of the genitive are also used for the accusa-
tive of animate masculine nouns in the singular:

	Animate Masculine	Inanimate Masculine
Nominative:	bratr	automobil
Genitive:	bratra	automobilu
Accusative:	bratra (like gen.)	automobil (like nom.)

Contrast:

Mám bratra.	I have a brother.
Mám automobil.	I have an automobile.

15. PRESENT TENSE USED IN PLACE OF FUTURE

As in English, the present tense is often used in place of the future in Czech:

Dnes večer jdu ven.	This evening I am going (shall go) out.

CVIČENÍ: EXERCISES

I. Memorize the following expressions:

To je škoda!	That's too bad.
Nemám čas.	I don't have time.
Jsme daleko od Prahy.	We are far from Prague.
Dnes večer.	This evening (today in the evening).

II. Change the words in parentheses to the genitive or accusative, as required:

1. Jdu od_____(dům)_____(pan Dvořák). 2. Jdeme do _____(škola). Máme tam_____(hodina). 3. Jedu dnes do _____(město Praha). 4. Sestra jde z_____(dům)_____(pan Novák). 5. Matka jde dnes do_____(bio.). 6. Auto_____ (pan Dvořák) jede od_____(město). 7. To je kniha_____ (pan Novák). 8. Máme málo_____(inkoust); máš_____ (inkoust)?

III. Translate the following expressions into English. Be sure to differentiate their meanings exactly:

1. (a) do stolu; (b) od stolu; (c) ze stolu.
2. (a) do biografu; (b) z biografu; (c) od biografu.
3. (a) od matky; (b) od bratra; (c) od sestry.
4. (a) do večera; (b) od večera; (c) večer.
5. (a) ven; (b) venku.
6. (a) jíti sem; (b) býti zde; (c) jeti tam.

IV. Insert proper forms of jíti or jeti or both, depending on the sense:

1. Pan Novák_____z domu pana Dvořáka. 2. Matka_____dnes

do Prahy. 3. Dnes mám auto a_____do divadla. 4. Kdo_____
dnes do bia? 5. Matka_____ze školy.

V. Translate into Czech:
1. Mr. Dvořák's brother is at home. 2. Where are you going?
To school. 3. Mr. Novák's book is there. 4. Who is going out?
5. Mr. Novák is already gone. 6. We have too little bread.
7. Mother, too, has too little. 8. Do you have bread? 9. Only
a little. 10. Where is the school? It is far away. 11. Broth-
er and Sister have a lesson this evening. 12. Who is coming
here? It is Mr. Dvořák. 13. Why don't you go to the movies?
Because it's too far, and I have no time. 14. Do you have a
sister? No, but I have a brother. 15. Mother is going to the
theater by car.

CHAPTER IV

First conjugation verbs. Adjectives. Agreement of adjectives.
Hard adjectives in nominative, genitive, accusative singular.
Word order. Questions. Prepositions with the accusative: pro,
mimo. Preposition with the genitive: u.

ČTENÍ: READING

Pan Smutný nemá čas. Ráno vstává. Nesnídá. Říká, že má
hodinu. Jde dolů.

Potom vstává sestra a jde dolů. Snídá velmi rychle a jde
pryč.

Potom vstává bratr. „Pan Smutný je dole?" „Ne, už je pryč!"
volá matka. Bratr hledá knihu. „Kde je ta kniha?" říká.
„Jakou knihu hledáš?" volám. „Tu českou. Je velká a černá.
Znáš tu knihu?" „Je dole, snad u krbu", odpovídám. Bratr jde
dolů, snídá a jde pryč.

„Je čas vstávat!" volá matka. „Už snídáme! Co tam děláš?"
Vstávám pomalu. Jdu dolů. Snídám rychle.

Když matka dává jídlo do ledničky, říká: „Kam jdeš?"
„Jdu do obchodu pro americkou knihu", odpovídám. „A potom
do školy".

„Proč tam? Dnes je svátek".

„Ano, ale dnes dává Český klub R.U.R. od Čapka".[1]

„Je to dobrá hra?"

„Ano, velmi dobrá a zajímavá".

„A kam jdeš potom?"

„Potom jdu do domu pana profesora Nováka. U profesora Nováka je nová kniha pro bratra, americký román od Steinbecka. A mimo to je tam také česká kniha pro sestru".

„Jaká je to kniha?"

„Je to román *Dobrý voják Švejk* od Haška. Znáš ten román?"

„Ano, znám. Je to velmi zajímavý román. A kam jdeš večer?"

„Večer jdu do biografu. Je tam nový český film".

„Máš tedy co dělat!"[2]

„Ano, mám", odpovídám. Vstávám a rychle jdu ven.

Notes

[1] R.U.R. od Čapka, R.U.R., a play by Čapek (note this additional use of the preposition od). R.U.R. means "Rossum's Universal Robots," a scientific fantasy.

[2] Máš tedy co dělat? So you have something to do? Co frequently means *something*; with negatives, *nothing*. Compare: Nemám co dělat, I have nothing to do (lit., I do not have what to do). Note that tedy *(so, therefore)* usually follows the first stressed word or phrase of the sentence, rather than beginning it.

SLOVNÍČEK: VOCABULARY

americký	American (adj.)	jaký?	what, what kind of?
černý	black		
český	Czech (adj.)	jídlo	food, meal
dobrý	good	když	when, while,
dole	downstairs, below (place where)		whenever (kdy? is used mostly in questions, direct and indirect)
dolů	down, downstairs (place to which)	klub	club
		krb	fireplace, hearth
film	film, movie		
hra	play	lednička	icebox

mimo (acc.)	by, past; be- sides, except	svátek (gen. svátku)	holiday, saint's day
nový	new	tedy	so, therefore
pomalu	slowly		(enclitic)
potom	then, next	u (gen.)	by, near, at the
pro (acc.)	for		house of
ráno	early morning (noun); early in the morning' (adv.)	velký velmi voják	big, great, large very soldier
román	novel	zajímavý	interesting
rychle	fast, quickly	že	that (conj.)
snad	perhaps, possibly		

dávati (I), to give, put
dělati (I), to make, do
hledati (I), to look for (with accusative)
odpovídati (I), to answer
říkati (I), to say, tell
snídati (I), to breakfast, eat breakfast
volati (I), to call, cry out, summon
vstávati (I), to get up, arise
znáti (I), to know, be acquainted with

MLUVNICE: GRAMMAR

16. FIRST CONJUGATION VERBS

Czech verbs may be divided into three conjugations, depend-
ing on the endings used in the present tense. The first con-
jugation has the following endings:

	Singular	Plural
1st person:	-ám	-áme
2nd person:	-áš	-áte
3rd person:	-á	-ají

Note that the vowel -á of the ending is long everywhere ex-
cept in the third plural ending (-ají).
First conjugation verbs with infinitives ending in -ati*

---

* -áti for two-syllable infinitives, e.g., znáti.

form present tense stems by dropping –ati. E.g., dělati,
present stem: děl–. To these stems are added the endings
given above:

	děl/ati, *to do*		zn/áti, *to know*	
	Stem: děl–		Stem: zn–	
	Singular	Plural	Singular	Plural
1st person:	dělám	děláme	znám	zname
2nd person:	děláš	děláte	znáš	znáte
3rd person:	dělá	dělají	zná	znají

Like dělati and znáti are conjugated all first conjugation
verbs ending in -ati (-áti).

Infinitives may end in -ti (as they are listed in the vo-
cabularies) or in -t only (pronounced hard). The shorter
form is preferred in colloquial style. Thus: býti or být, *to
be;* znáti or znát, *to know,* etc.

17. HARD ADJECTIVES

The Czech adjective agrees with the noun which it modifies
in gender, case and number. Adjectives are given in the vo-
cabulary in the nominative singular, masculine, which ends
in -ý. This -ý is replaced by the ending -á for feminines,
nominative singular; by -é for neuters, nominative singular,
etc.:

Nominative, Genitive and Accusative Singular of Hard Adjectives

	Masculine	Feminine	Neuter
Nominative:	velký dům (pán)	velká kniha	velké město
Genitive:	velkého domu (pána)	velké knihy	velkého města
Accusative:	velký dům (inanimate)	velkou knihu	velké město
	velkého pána (ani- mate, like genitive)		

Notice that the accusative of adjectives modifying animate
masculines is like the genitive, while the accusative of ad-
jectives modifying inanimate masculines is like the nomina-
tive. Notice also that the genitive of masculine and neuter
adjectives is the same. The neuter accusative of the adjec-
tive is the same as the neuter nominative.

The normal position of the adjective in Czech is before
its noun. Adjectives may also be used in the predicate after
the verb *to be:*

Velký dům.   A large house.

Dům je velký.   The house is large.

18. WORD ORDER

The order of the words in the Czech sentence is rather
flexible. Those words which are most important in the sen-
tence, or which receive the strongest emphasis, begin or end
the sentence:

Normal:

Žák jde dnes do školy.   The pupil is going to school
                            today.

Stressed:

Dnes žák do školy nejde.   *Today* the pupil *is not going* to
                            school (emphasis on *today* and
                            is not going, since an excep-
                            tion to the pupil's normal
                            habit of going is implied).

Normal:

Pan Novák zná pana   Mr. Novák knows Mr. Dvořák.
Dvořáka.

Stressed:

Pana Dvořáka zná pan   It is Mr. Dvořák whom Mr. Novák
Novák.   knows.

                            Or: Mr. Dvořák is known by Mr.
                            Novák.

Notice that the inverted order of the last sentence, made
possible by the distinction between the nominative and accu-
sative case in Czech, can often be translated by the passive
voice in English.

19. QUESTIONS

The order of the subject and verb may be transposed in a
question:

Bratr hledá knihu.   Brother is looking for a book.

Hledá bratr knihu?   Is Brother looking for a book?

Sometimes, however, the normal word order is retained in
questions. In this case the intonation rises on the last word
to show that the sentence is a question:

Bratr hledá knihu?   Is Brother looking for a book?

Znáte ten dům?   Do you know that house?

When there is an interrogative word (co? kdo? kdy? kde?
kam? proč? etc.), it usually stands first. The inverted
order is used:

Co hledá bratr?   What is Brother looking for?

In this case the normal sentence intonation (rising to the
middle of the sentence and falling at the end) is usually
retained.

20. PREPOSITIONS pro AND mimo WITH THE ACCUSATIVE

The prepositions pro *(for)* and mimo *(by, past, except)*
take the accusative case.
Pro means *for* in the sense of *for the sake of* as well as
for in the sense of *after*:

Dělám to pro bratra.   I am doing this for Brother
                           (i.e., for his sake).

Jdu do obchodu pro   I am going to the store for
   chléb.   (after) bread.

Mimo is both a preposition and an adverb in the sense of
past, by:

Auto jede mimo.   The car is going by.
Auto jede mimo dům.   The car is going past the house.

Otherwise mimo means *besides, except*:

Kdo je doma mimo bratra?   Who is at home besides Brother?

Note: mimoto, *besides that, in addition*

21. PREPOSITION u WITH THE GENITIVE

The preposition u means *by, near, at the house (office,
store,* etc.) *of*:

u Prahy   near Prague
u okna   by the window
u pana Nováka   at Mr. Novák's (at his house,
                              office)

CVIČENÍ: EXERCISES

I. Memorize the following expressions:
   Jdu do obchodu pro chléb. I am going to the store for
                                     bread.

Jaká je to kniha?   What book is that?

Jaká je ta kniha?   How is that book? (How did
                           you like that book?)

Román od Čapka.   A novel by Čapek.

Nemám co dělat.   I have nothing to do.

Je už čas jít.   It's time to go now.

II. Place suitable adjectives before the following nouns, making them agree in gender:

román	divadlo	film	pero	kniha	dům
hra	klub	okno	večer	bio	čas

III. Make questions of the following sentences:

1. Tam je kniha. 2. Dnes matka vstává ráno. 3. Ten pán nemá bratra. 4. Znáte město Prahu. 5. Ta kniha je od Čapka. 6. Sestra hledá dobrý film. 7. Dnes je svátek. 8. Snídáte pomalu.

IV. Supply suitable prepositions:

1. Hledám tu knihu_____bratra. 2. Jdu_____obchodu_____ chléb. 3. Jedeme dnes_____města. 4. Kdo jde_____domu pana Smutného? 5. Bratr jde_____domu ven. 6. Kdo je doma_____ matku? 7. Tato kniha je_____pana Dvořáka.

V. Translate into English, distinguishing shades of meaning as accurately as possible:

1. (a) Ze stolu. (b) Od stolu.

2. (a) Hledá bratr tu knihu? (b) Hledá tu knihu bratr?

3. (a) Do školy. (b) Mimo školu.

4. (a) Jdu dolů. (b) Jsem dole.

VI. Translate into Czech:

1. Brother and Sister are looking for that book. 2. Today I am getting up early. 3. We are riding past Mr. Novák's house. 4. Mr. Dvořák breakfasts very early. 5. Do you know this city? 6. I am going to the store for a book. 7. The table is by the window. 8. Sister is at Mr. Čapek's (house) today. 9. The English club is giving a play this evening. 10. What play is it? It's an American play by Anderson. 11. What sort of book are you looking for? It's a large, black Czech book. 12. What is Mother saying? She says that she is going to the new theater this evening. 13. Perhaps you have nothing to do? 14. Is that

a Czech novel? No, it's an English one. 15. Brother is coming
downstairs slowly.

CHAPTER FIVE

Second conjugation. Dative singular of hard nouns and adjec-
tives. Uses of the dative: indirect object, object of cer-
tain verbs, dative with impersonal expressions, dative with
the preposition k.

ČTENÍ: READING

Bydlíme velmi blízko u Prahy.[1] Máme krávu, kozu, husu a
kachnu. Kráva a koza dávají rodině mléko. Máme ohradu u
malého potoka pro husu a kachnu.

Máme také psa a kočku. Pes patří tatínkovi. Je velký a
hlídá dům. Slouží a pomáhá tatínkovi.

Černá kočka Macka je velmi líná. Pořád leží u krbu a spí.
Kočka patří mamince, ale nepomáhá a neslouží mamince.
Maminka hrozí malé Macce: „Proč pořád ležíš a spíš?"
Ale kočka nerozumí mamince a neposlouchá.

Dnes maminka zase hrozí kočce. Jdu k mamince a říkám:
Macce je zima. Proto leží u krbu". Maminka odpovídá:
Ano, ale kočka je líná. Je líná, protože nemá hlad.[2] Krmíš
Macku příliš často. Proto takhle leží a spí".

Ale Macka pořád leží. Snad si myslí:[3] Proč mi nedáváš
pokoj?"[4]

PŘÍSLOVÍ: PROVERBS

Sytý hladovému nevěří.
Hrozí myš[5] kočce, ale zdaleka.

Notes

[1] Blízko u (with gen.), near (to).
[2] Míti hlad, to be hungry (lit., have hunger).
[3] Myslí si, thinks to himself.
[4] Proč mi nedáváš pokoj? Why don't you let me alone?
Dávati pokoj, to let alone (with dative).
[5] Myš, mouse.

SLOVNÍČEK: VOCABULARY

bohatý	rich, wealthy	pořád	continuously,
často	often, fre-		all the time,
	quently		still
docela	quite, very	potok (gen.	
hlad	hunger	potoka)	stream, brook
hladový	hungry	pozor	attention
husa	goose	proto	therefore, for
k (ke, ku)			that reason
(dat.)	to, toward	rodina	family
kachna	duck	sytý	sated, full (of
kočka	cat		food)
koza	goat	tak	so, thus
kráva	cow		(takhle, in
líný	lazy		this way)
malý	small, little	tatínek (gen.	father, daddy
maminka	mother, mamma	tatínka)	(affectionate)
	(affectionate)	zase	again
mléko	milk	zdaleka	from afar
ohrada	pen, enclos-	zima	winter, cold
	ure, fence		(noun)
pes (gen. psa)	dog		

Verbs:

bydliti (II), to dwell, live

hlídati (I), to watch, guard

hroziti (II), to threaten (with dat.)

krmiti (II), to feed

ležeti (II), (3rd pl. leží), to lie, be lying

patřiti (II), to belong to (with dat.)

pomáhati (I), to help (with dat.)

poslouchati (I), to listen to; to obey (with accus.)

rozuměti (II), (3rd pl. rozumějí), to understand (with dat.)

sloužiti (II), to serve (with dat.)

spáti (irreg., present tense: spím, spíš, etc.), to sleep

věřiti (II), to believe (with dat.)

MLUVNICE: GRAMMAR

22. SECOND CONJUGATION VERBS

Second conjugation verbs with infinitives ending in -iti
have the vowel í (note lengthening of this vowel) throughout
their present endings:

	Singular	Plural
1st person:	-ím	-íme
2nd person:	-íš	-íte
3rd person:	-í	-í

mluv/iti, *to speak*
Stem: mluv-

	Singular	Plural
1st person:	mluvím	mluvíme
2nd person:	mluvíš	mluvíte
3rd person:	mluví	mluví

Second conjugation verbs with infinitives ending in -eti
or -ěti have the same endings as those ending in -iti. But the
third plural of these verbs may end in -í, or in -ejí (-ějí).
The correct ending must be memorized. Note that infinitives
ending in -eti have the ending -ejí or -í in the third plural;
infinitives ending in -ěti have -ějí or -í. Also note that
the ending -í is somewhat less common than -ejí (-ějí).

lež/eti, *to lie*
Stem: lež-

	Singular	Plural
1st person:	ležím	ležíme
2nd person:	ležíš	ležíte
3rd person:	leží	leží

ház/eti, *to throw*   rozum/ěti, *to understand*
Stem: ház-   Stem: rozum-

	Sing.	Plural	Sing.	Plural
1st person:	házím	házíme	rozumím	rozumíme
2nd person:	házíš	házíte	rozumíš	rozumíte
3rd person:	ház3í	házejí	rozumí	rozumějí

The correct form of the third person plural for verbs with
infinitives ending in -eti or -ěti will always be given in

the vocabularies. Note that verbs in -iti have only the end-
ing -í in the third plural.

23. DATIVE SINGULAR OF HARD NOUNS AND ADJECTIVES

Endings of the Dative Singular, Hard Nouns

Masculine	Feminine	Neuter
-ovi, -u (animate)	-e (-ě)	-u
-u (inanimate)		

pan<u>u</u> Novák<u>ovi</u> (animate)	škol<u>e</u>	měst<u>u</u>
dom<u>u</u> (inanimate)	hodin<u>ě</u>	okn<u>u</u>

The masculine animate endings (-ovi and -u) are alternates.
The ending -ovi is more common when the noun stands alone.
When several nouns are used together, -ovi is used only once:

Dávám knihu pan<u>u</u>   I am giving the book to
  Novák<u>ovi</u>.   Mr. Novák.

Dávám knihu českému stu- I am giving the book to the
  dent<u>u</u> (student<u>ovi</u>).   Czech student.

The feminine dative ending (-e or -ě) is palatalizing or
"softening." Stems ending in t, d, n,* p, b, v, f, m take the
ending -ě. Stems ending in other hard consonants palatalize
the final consonant:

final h and g become z   final k becomes c

final ch becomes š   final r becomes ř

These palatalized stems then add -e.
Stems ending in the three neutral consonants s, z, l add -e.

Dative Singular of Feminine Nouns

Nominative	Dative
hodin<u>a</u>	hodin<u>ě</u>
stěn<u>a</u>	stěn<u>ě</u>
škod<u>a</u>	škod<u>ě</u>
knih<u>a</u>	kni<u>ze</u> (final h becomes z)
mat<u>ka</u>	mat<u>ce</u> (final k becomes c)
studentka	student<u>ce</u> (final k becomes c)
sestr<u>a</u>	sest<u>ře</u> (final r becomes ř)
škol<u>a</u>	škol<u>e</u>

---

* Note that t, d, n are pronounced as ť, ď, ň before ě.
See Introduction, Section VIII.

Hard Adjective Endings: Dative Singular

Masculine	Feminine	Neuter
-ému	-é	-ému
českému klubu	dobré matce	velkému městu

24. USES OF THE DATIVE

A. Indirect Object

The dative is the case of the indirect object. It tells for whose benefit the action is performed and answers the question: *to whom?* and, occasionally, *for whom?* Note that the prepositions *to* and *for* are not always expressed in English:

> Dávám bratrovi knihu.   I give my brother a book (i.e., to my brother).

Some verbs which may take an indirect object are:

> dávati   to give
> odpovídati   to answer
> říkati   to say

B. Object of Certain Verbs

The dative is used with certain verbs as a single object:

hroziti:	Pes hrozí kočce.	The dog threatens the cat.
patřiti:	Kniha patří bratrovi.	The book belongs to Brother.
pomáhati:	Často pomáhám matce.	I often help Mother.
rozuměti:	Nerozumím panu Čapkovi.	I don't understand Mr. Čapek.
sloužiti:	Sluha slouží matce.	The servant serves Mother.
věřiti:	Nevěřím bratrovi.	I don't believe my brother.

C. With Certain Impersonal Expressions

The dative is used in Czech with certain adjectives (occasionally nouns) to form impersonal expressions:

> Sestře je líto, že....   Sister is sorry that....
> Matce je zima.   Mother feels cold.

Such expressions are very characteristic of Czech and must be learned as they occur.

D. Dative with the Preposition k

The dative is used with the preposition k (ke before words

beginning with k or a group of consonants; ku before the labials p, b, m followed by a second consonant (e.g., ku Praze, *towards Prague*), though its use is rather archaic.

K means *toward, to the vicinity of, in the direction of, to the house (office, store,* etc.) *of.* Thus its use corresponds to that of u and od with the genitive:

Jdu k bratrovi.	I go to Brother (Brother's).
Jsem u bratra.	I am at Brother's.
Jdu od bratra.	I come from Brother (Brother's).
Jedu k městu.	I go towards the city (but not into it).
Jsem u města.	I am near the city.
Jedu od města.	I come away from the city (but have not been in it).

In expressions of time k means *toward*: k večeru, *toward evening*.

CVIČENÍ: EXERCISES

I. Memorize the following expressions:

Bratr nedává matce pokoj.	Brother doesn't let Mother alone.
Sestra nedává pozor.	Sister is not paying attention.
Venku je zima.	It's cold outside.
Tatínkovi je zima.	Father is cold.
Mám velký hlad.	I'm very hungry.

II. Place the words in parentheses in the proper case:

1. Student jede do_____(Praha) k_____(sestra). 2. Nerozumím _____(pan Novák), když tak rychle mluví. 3. Dávám tuto knihu_____(studentka). 4._____(Žák) je zima. 5. Hledám _____(tužka) pro_____(matka). 6. Nevěřím_____(bratr), když říká, že nemá čas. 7. Toto pero patří_____(pan profesor). 8. Nemám čas pomáhat_____(tatínek). 9. Dnes večer jdu k_____(pan Čapek). 10. Dáváte tento_____(román) _____(pan profesor)?

III. Differentiate the meanings exactly in English:

1. (a) ke stěně; (b) od stěny; (c) do stěny; (d) ze stěny.

2. (a) do Prahy; (b) z Prahy; (c) ku Praze; (d) od Prahy.

3. (a) k bratrovi; (b) od bratra; (c) u bratra.

4. (a) k večeru; (b) do večera; (c) od večera.

5. (a) k ránu; (b) do rána; (c) od rána.

IV. Supply the correct verb forms:

1. Sestra a bratr_____(rozuměti) profesorovi. 2. Tatínek _____(říkati), že tato hra není dobrá. 3. Kdo_____(mysliti), že škola není zajímavá? 4. Student a studentka_____(věřiti) profesorovi. 5. Pes a kočka už_____(spáti).

V. Translate into Czech:

1. The dog doesn't understand when Mother speaks. 2. But the dog does understand Dad. 3. The satisfied (man) doesn't understand the hungry (one). 4. This morning Sister has a lesson at Mr. Novák's. 5. She is sleeping. 6. She is always sleeping! She is very lazy. 7. But it's cold outside. Sister is cold. 8. The lazy student does not help the professor. 9. Father says that a good dog doesn't threaten a cat. 10. I pay attention when Mother speaks. 11. I am giving this novel to a rich gentleman. 12. This new novel isn't interesting. 13. The professor is telling the student that Prague is a large city. 14. I feed the cat when it is hungry.

CHAPTER SIX

Third conjugation verbs, monosyllabic stems. Verb jísti, *to eat*. Distinction between moci and uměti. Vocative singular of hard nouns. Possessive adjectives, nominative and accusative singular. Review exercises.

ČTENÍ: READING

Dnes je matka doma. Peče chléb. Máme vždycky svůj chléb a pečivo.

„Matko, mám velký hlad", volám ze dvora. „Kdy mohu jíst?"

„Vždycky máš hlad! A pořád jíš! Ale teď nemůžeš jíst. Nemám čas; peku chléb a bílé pečivo".[1]

„Ale, matko, mám velký hlad a nemám co jíst".

„Teď nemám čas!"

Nalévám si[2] trochu mléka ze džbánu a piji. Ale nepomáhá

to; ještě mám hlad. Jdu ven. Venku je tatínek. Blízko u
tatínka leží naše černá kočka.

„Tatínku, mám velký hlad! Maminka říká, že ještě nemohu
jíst. Ale nemohu už déle[3] čekat".

Tatínek hned neodpovídá. Konečně říká: „Tvá kočka má také
hlad, Honzo.[4] A nemá co žrát. Proč ne?"

„Macek žere příliš často! To říká matka pořád!"

„A matka říká také, že jí příliš často i náš syn Honza!"

„Ale Macek není člověk. Vždyť neumí ani psát, ani číst.[5]
Neumí ani mluvit. Necítí svůj hlad tak silně".

„Můj mladý synu Honzo! Jsi už tedy veliký a dospělý člověk
a píšeš a čteš tak dobře, že neděláš ani jednu chybu?"[6]

Neodpovídám. Nesu džbán z domu a nalévám kočce trochu
mléka. Kočka vstává a pije mléko. Vidím, jak tatínek nese[7]
z domu velký kus čerstvého pečiva. Konečně mohu jíst.

ROZMLUVA: CONVERSATION

Dobrý večer, pane profesore!

Dobrý večer, Karle! Vidím, že máš knihu.

Ano, pane profesore, mám.

A jaká je to kniha?

Je to román od Boženy Němcové.[8]

Je to snad její „Babička?"

Ano, pane profesore. Je to velmi zajímavý román.

A kam neseš tu knihu?

Nesu knihu panu Dvořákovi. Kniha není moje; je jeho.

A co čteš teď, Karle?

Dnes nemohu číst. Píši svou domácí úlohu.[9] Je velmi dlouhá
a není zajímavá.

Pro koho[10] píšeš tu úlohu?

Pro vás,[10] pane profesore.

Na shledanou, Karle![11]

Na shledanou, pane profesore!

Notes

[1] Bílé pečivo, white pastry, anything made of white flour. [2] Si, for myself. [3] Déle, longer. [4] Honzo, vocative of Honza, diminutive of Jan (John). Note that certain masculine nouns take the form of feminines. [5] Ani...ani, neither...nor. [6] Neděláš ani jednu chybu, you make not a single mistake. The use of ani makes the negative more emphatic. [7] Vidím, jak tatínek nese, I see Father carrying (lit., I see how Father carries). [8] Božena Němcová, a famous Czech woman novelist of the mid-nineteenth century. Notice that family names which are nouns add the suffix -ová for women (Novák, Nováková). This form is then declined like a feminine adjective. [9] Domácí úloha, homework. [10] Pro koho, for whom; pro vás, for you. [11] Na shledanou! Good-bye!

SLOVNÍČEK: VOCABULARY

ani...ani	neither...nor	jejich (in-	
babička	grandmother	decl.)	their, theirs
bílý	white	ještě	still, yet
čerstvý	fresh	kdy	when?
člověk	person, human being, man	konečně	at last, finally
		který	which? which one?
dobře	well	kus	piece
dospělý	adult, grown-up	mladý	young
dlouhý	long	můj, má, mé	my, mine
dvůr (gen.		náš, naše	our, ours
dvora)	yard, court	pečivo	pastry
džbán	pitcher, jug	silný	strong (silně,
hned, ihned	at once, immediately		strongly)
		svůj, svá, své	one's own
chyba	error, mistake	tvůj, tvá, tvé	thy, thine
i	and, also, even, as well	váš, vaše	your, yours
		veliký	tall, high,
jak	how, as		great
jeho (indecl.)	his, its	voda	water
její	her, hers	vždy, vždycky	always

Verbs:

cítiti (II), to feel, sense, smell
čekati (I), to wait

čísti (III: čtu), to read

jísti (irreg.: jím, jíš, ... jedí), to eat

moci (III: mohu, můžeš ... mohou), to be able (;with infin.)

nalévati (I), to pour

nésti (III: nesu), to carry, take, bring

péci (III: peku, pečeš, ... pekou) to bake, roast

píti (III: piji), to drink

psáti (III: píši), to write

uměti (II: 3rd pl.: umějí), to know how to (with inf.)

viděti (II: 3rd pl.: vidí), to see

žráti (III: žeru), to eat (of animals only)

25. THIRD CONJUGATION VERBS -- MONOSYLLABIC STEMS

Third conjugation verbs have the following endings:

	Singular		Plural	
	Hard Stems	Soft Stems	Hard Stems	Soft Stems
1st person:	-u	-i (-u, colloq.)	-eme	-eme
2nd person:	-eš	-eš	-ete	-ete
3rd person:	-e	-e	-ou	-í (-ou, colloq.)

Hard stems are stems ending in a hard or neutral consonant. Soft stems are stems ending in a soft consonant (specifically: ř, š, ž, c, č, j). Note that the endings for the two types of stems differ only in the first person singular and third person plural. And in the colloquial language the endings -u and -ou may almost always correctly replace -i and -í, with no difference between hard and soft stems. Since the student must be prepared, however, to recognize the soft endings -i and -í, used more frequently in writing, the latter have been used throughout this book.

Third conjugation verbs with infinitives of two syllables often have present stems which differ from the infinitive in vowel length, consonant mutation, etc. The student is advised to learn both the infinitive and the first person singular, which is always given in the vocabularies. If this is done, almost all these verbs will be found to be quite regular.

Hard Stems

	čísti, *to read*		nésti, to carry	
	Present stem: čt-		Present stem: nes-	
	Sing.	Plural	Sing.	Plural
1st person:	čtu	čteme	nesu	neseme
2nd person:	čteš	čtete	neseš	nesete
3rd person:	čte	čtou	nese	nesou

Soft Stems

Third conjugation soft stems have present stems ending in ř, š, ž, c, č, or j.

psáti, *to write*
Present stem: píš-

	Singular	Plural
1st person:	píši (píšu, colloq.)	píšeme
2nd person:	píšeš	píšete
3rd person:	píše	píší (píšou, colloq.)

A large group of soft stems is comprised by infinitives of two syllables ending in -íti or -ýti (occasionally other endings). Vowel length almost always disappears, and the soft consonant j is inserted in the stem:

píti, *to drink*
Present stem: pij-

	Singular	Plural
1st person:	piji (piju, colloq.)	pijeme
2nd person:	piješ	pijete
3rd person:	pije	pijí (pijou, colloq.)

A few third conjugation verbs which have infinitives of two syllables and which end in -ci have a hard stem in the *first person singular* and *third person plural,* but a soft stem *in all other forms:*

	moci, *to be able*		péci, *to bake*	
	Present stems: moh-, můž-		Present stems: pek-, peč-	
	Sing.	Plural	Sing.	Plural
1st person:	mohu	můžeme	peku	pečeme
2nd person:	můžeš	můžete	pečeš	pečete
3rd person:	může	mohou	peče	pekou

For such verbs the first person singular, second person singular, and third person plural will be listed in the vocabularies. *All other forms can be derived from the second person singular.*

26. PRESENT TENSE OF jísti, "TO EAT"

	Singular	Plural
1st person:	jím	jíme
2nd person:	jíš	jíte
3rd person:	jí	jedí

Note that, with the exception of the third plural, this verb is inflected like the second conjugation.

Jísti, *to eat,* is applied only to human beings. Žráti (žeru), *to eat, feed,* is used of animals.

27. VERBS moci AND uměti DISTINGUISHED

Moci means *to be able to*; uměti means *to know how to*. Moci refers to physical opportunity; uměti to acquired skill or ability. Both verbs are followed by the infinitive.

Umím číst, ale teď nemohu; nemám čas.	I know how to read, but I can't now; I have no time.
Umím psát, ale nemohu, protože nemám tužku.	I can write, but I am not able to, because I have no pencil.

28. VOCATIVE SINGULAR OF HARD NOUNS

The vocative is the case of direct address. It is used in addressing persons or objects.

Endings of the Vocative Singular of Hard Nouns

Masculine	Feminine	Neuter
–e, –u	–o	–o

Hard masculine nouns with stems ending in –k, –h, –ch add –u in the vocative. All other hard masculine nouns add –e.
Hard masculines ending in consonant plus r change the r to ř before adding –e. Hard masculines ending in vowel plus r add the –e without change: bratře, but profesore. Syn *(son)* has the irregular vocative synu. Člověk *(person)* has the irregular vocative člověče.
Hard feminines add –o to the stem in the vocative.
Neuters are the same in the vocative as in the nominative.

Nominative	Vocative
pan profesor Novák	pane profesore Nováku
bratr	bratře
tatínek	tatínku
syn	synu
matka	matko
sestra	sestro

Adjectives, including possessive adjectives, have the same form for the vocative as for the nominative:

Můj dobrý bratře!   My good brother!

29. POSSESSIVE ADJECTIVES -- NOMINATIVE AND ACCUSATIVE SINGULAR

	můj *my, mine*	tvůj *thy, thine*	svůj *one's own*
Masculine nominative and accusative (inanimate):	můj	tvůj	svůj
Feminine nominative:	má, moje	tvá, tvoje	(svá, svoje)
Feminine accusative:	mou, moji	tvou, tvoji	svou, svoji
Neuter nominative and accusative:	mé, moje	tvé, tvoje	své, svoje

	náš *our, ours*	váš *your, yours*
Masculine nominative and accusative (inanimate):	náš	váš
Feminine nominative:	naše	vaše
Feminine accusative:	naši	vaši
Neuter nominative and accusative:	naše	vaše

Jeho, *his, its,* and jejich, *their, theirs,* are indeclinable. Její, *her, hers,** does not change in the nominative and accusative singular, all genders, except in the masculine animate accusative.

The possessive adjectives may also be used as pronouns:

Ta kniha je moje.   That book is mine.

---

* Její can also mean *its* when an inanimate object of feminine gender is the possessor. Similarly, jeho can mean *its* when referring to a noun of masculine or neuter gender.

The alternate forms given for feminine and neuter (má, moje;
mou, moji, etc.) are interchangeable. The longer forms are
more common for the possessive pronouns.
Svůj means *one's own*. It refers back to the subject of the
sentence or clause in which it appears:

Mám svou knihu.   I have my book.

Bratr má své pero.   Brother has his own pen.

Contrast:
Bratr má jeho pero.   Brother has his (someone else's)
                               pen.

CVIČENÍ: EXERCISES

I. Memorize the following expressions:

Dobrý den!   Good day!

Dobrý večer!   Good evening!

Dobré jitro!   Good morning!

Na shledanou!   Good-bye!

S bohem!   Good-bye!

II. Supply the vocative case of the nouns in parentheses
and fill in the correct verb forms:

1. _____(Sestra), kam_____(nésti) ten papír? 2. _____
(Matka), proč_____(čísti) ten román? 3. _____(Pan profesor),
můj bratr_____(nemoci) čekat. 4. _____(Babička), proč_____
(jísti) toto jídlo? 5. _____(Syn),_____(uměti) dobře
psát? 6. _____(Bratr), matka dnes_____(péci). 7. _____
(Tatínek), pes_____(nežrati). 8. _____(Pan Čapek),_____
(uměti) psát?

III. Distinguish exactly in English:

1. (a) Umím číst. (b) Mohu číst.

2. (a) Bratr jí. (b) Kočka žere.

3. (a) Studentka vidí svou matku. (b) Studentka vidí
      její matku.

IV. Supply the correct forms of the possessive adjectives:
1. Bratr má_____(his own) tužku. 2. Nemám zde_____(my)
pero; toto je_____ (yours). 3. Sestra má_____(my) papír;
tento je_____(hers). 4. Znáte pana Nováka a pana Dvořáka?

To je_____(their) dům. 5. Mají_____(their own) dům.
6. To auto není_____(ours); patří bratrovi. 7._____(Your)
matka nemá_____(her) kočku. 8. Teď čtu_____(his) knihu.
9. Matka peče_____(our) chléb. 10. Ten profesor dobře
nezná_____(his own) kurs.

V. Translate into Czech:
1. Good day, Honza! Where are you going today? 2. I am go-
ing to Grandmother's. I am taking this book there. 3. I can
not read this book; it is too long. 4. My grandmother is
baking fresh bread today. 5. Do you see how (jak) strong our
dog is? 6. Which one? Your young one? 7. Grandmother gives
the dog a piece of fresh bread. 8. She pours milk from the
jug and gives the milk to the dog. 9. But her dog doesn't
drink. 10. I give the milk to the cat. 11. I still don't
know your sister. 12. My sister isn't grown-up yet. 13. Our
dog eats very much. 14. This gentleman has no son. 15. Good-
bye! I see my father coming here (jak tatínek sem jde).

REVIEW EXERCISES

I. Fill in the blanks with prepositions and place the words
in parentheses in the proper case:
1. Jdu_____(past)_____(váš dvůr). 2. Nesu tento chléb
_____(to)_____(babička). 3. Dnes večer jedeme_____(to)
_____(město). 4. Jdu teď_____(to)_____(obchod)_____
(for)_____(pečivo). 5. Nesu tu knihu_____(from)_____
(škola). Liji mléko_____(from)_____(džbán).

II. Place the nouns in parentheses in the proper cases,
dative or accusative:
1. Rozumím_____(profesor Hašek), ale váš profesor
mluví příliš rychle. 2. Píši_____(svoje úloha);
píšete_____(svoje)? 3. Jíme_____(chléb) a pijeme_____(voda).
4. Nemohu teď jíst; pomáhám_____(matka). 5. Babička dává
_____(svá kočka)_____(matka). 6. Matka odpovídá_____
(tatínek): „Nesu_____(džbán) ven". 7. Neznám_____(Praha).
8. Říkám_____(tatínek), že jdu do bia. 9. Sestra hledá_____
(pero) pro_____(bratr). 10. Nalévám_____(voda)_____(kočka).

III. Translate into Czech:

1. I cannot help Mother today, because I am going to the city. 2. I am looking for Professor Hašek's house. 3. He lives near Mr. Dvořák. 4. This book belongs to Grandmother. 5. I cannot read her book, because I am not yet grown up. 6. I get up very early and go downstairs. 7. Grandmother gives Karel a piece of fresh bread. 8. Your pencil is lying near a large Czech book. 9. Today I am bringing a novel home from school. 10. It's too bad that you aren't going to the theater this evening.

CHAPTER SEVEN

Prepositional case singular of hard nouns and adjectives. Preposition na with prepositional and accusative; prepositions v, o, po with the prepositional. Past tense. Third conjugation verbs ending in -ovati. Present and past tenses of věděti, *to know.* Věděti and znáti distinguished.

ROZMLUVA: CONVERSATION

Dobrý den, Honzo! Kam jdeš tak rychle?

Dobrý den, pane doktore! Byl jsem na poště a teď jdu domů. Mám dopis pro matku.

Ale proč pospícháš?

Protože už dlouho čekáme[1] na tento dopis. Je od babičky z Prahy.

Nevěděl jsem, že tvoje babička ještě žije[2] v Praze.

Ano, navštěvujeme babičku každý rok. Ale loni jsme nemohli jeti do Prahy, protože tatínek celý rok pracoval. Ale letos můžeme jeti. Babička píše, že už čeká na náš příjezd.

A kdy jedete?

To nevím, protože tatínek ještě pracuje. Je možné, že velmi brzo.

A myslíš často na Prahu, že ano?[3]

Velmi často, pane doktore. V Praze jsme jednou byli v městském divadle; a jak to bylo krásné! A jednou jsme šli na procházku na pražský hrad a do chrámu svatého Víta.[4] Z chrámu jsme měli pěkný pohled na řeku Vltavu i na celé město.

Matka a sestra měly strach, když jsem po prvé jel sám[5] elektrikou. Velmi miluji Prahu, pane doktore. Babičku miluji také.

Znal jsem tvoji babičku dobře. Studoval jsem na universitě, když tam byla. Ale to je už dávno. Po universitě jsem jel do New Yorku a potom jsem cestoval po Americe. Mluví ještě tvoje babička o doktoru Čapkovi?

Je možné, že ano.[6] A kam teď jdete, pane doktore?

Jdu na městský úřad. Na shledanou, Honzo!

Na shledanou, pane doktore!

Notes

[1] **Protože už dlouho čekáme**, because we have been waiting for a long time. The Czech present is used for the English perfect when a period of time is given, e.g., **Žiji v Praze už dlouho**, I have been living in Prague for a long time. Compare French and German in this respect. [2] **Nevěděl jsem, že tvoje babička ještě žije**.... Note that Czech, unlike English, does not require sequence of tenses. The present tense is used in subordinate clauses whenever the meaning is present. [3] **Že ano?** Isn't it so? Compare French *n'est-ce pas?* German *nicht wahr?* [4] **Svatý Vít**, St. Vitus, patron saint of the Prague cathedral. [5] **Sám**, alone; **elektrikou**, by streetcar. [6] **Že ano**, that she does. Contrast with Note 3.

SLOVNÍČEK: VOCABULARY

Amerika	America	jednou	once
brzo, brzy	soon	každý	each, every;
celý	whole, entire		each one
den	day	krásný	beautiful, hand-
dávno	long ago		some
dlouho	long, a long time	letos	this year
		loni	last year
elektrika	streetcar, tram	městský	city (adj.)
		možný	possible
hrad	castle, fortress	na (acc. and pr.)	on, onto, to, at, for
chrám	cathedral	o (pr.)	about, concerning

pěkný	fine, pretty	příjezd	arrival
po (pr.)	after; around, through	rok	year
		řeka	river
pohled	view, sight	s (se) (gen.)	down from, off, from the top of
po prvé	for the first time	strach	fear, terror
pošta	mail; post office	svatý	holy, saint(ly)
		universita	university
pražský	Prague (adj.)	úřad	office, agency
procházka	walk, stroll	v (ve) (pr.)	in, within

kupovati (III), to buy

cestovati (III), to travel

milovati (III), to love

navštěvovati (III), to visit

pospíchati (I), to hurry, hasten

pracovati (III), to work

studovati (III), to study

věděti (irreg.: vím, víš ... vědí), to know

žíti (III: žiji), to live

MLUVNICE: GRAMMAR

30. PREPOSITIONAL CASE SINGULAR OF HARD NOUNS AND ADJECTIVES

The prepositional case has the following hard endings in the singular:

Masculine	Feminine	Neuter
–ovi, –u (animate)	–e, (–ě)	–e, –u
–e (–ě), –u (inanimate)		

Note the similarity of these endings to those of the dative singular.

The endings –ovi and –u for hard masculine animates are alternates; –ovi is the more common. When several nouns stand together, –ovi is used only once:

Mluvím o panu profesoru   I am speaking about Professor
    Novákovi.   Novák.

The endings –e, (–ě), –u of the masculine inanimate are not alternates. Most stems ending in –r, –k, –g, –h and –ch add

-u. Other hard stems usually add -e (-ě after the consonants
p, b, v, f, t, d, m, n); more rarely they take -u. A few
stems ending in -r, -k, -ch may also take the ending -e. In
this case r becomes ř, k becomes c, and ch becomes š:

potok	v potoku / v potoce	in the brook
dům	v domě	in the house
chléb	v chlebě	in the bread
stůl	na stole	on the table
pes	o psovi / o psu	about the dog
tatínek	o tatínkovi / o tatínku	about Father

The feminine prepositional singular is exactly like the
feminine dative: -ě is used after p, b, v, t, d, m, n;
otherwise the ending is -e. Final r becomes ř, k becomes c,
h and g become z, and ch becomes š:

škola	ve škole	at the school
husa	o huse	about the goose
kráva	o krávě	about the cow
koza	o koze	about the goat
Praha	v Praze	in Prague
kočka	o kočce	about the cat
hra	na hře	at the play

The neuter endings -e (-ě) or -u are like those for the
masculine inanimate. Neuters in -ro, -ko, -ho and -cho
almost invariably add -u. Others take -e (-ě after p, b,
v, t, d, m, n); rarely -u:

mléko	v mléku (v mléce)	in the milk
pero	v peru	in the pen
město	v městě	in the city
jídlo	v jídle	in the food
okno	v okně	in the window

Hard adjectives have the following endings in the preposi-
tional singular:

Masculine	Feminine	Neuter
-ém	-é	-ém

E.g., o velkém psu, *about the big dog;* ve velké škole, *in
the big school;* ve velkém městě, *in the big city.*

31. USE OF THE PREPOSITIONAL CASE

As its name implies, the prepositional case is used only after certain prepositions.

The preposition V (ve before nouns beginning with V- or certain double consonants) means *in, inside of, within,* or *at* (in the sense of *within*). It corresponds to the use of do with the genitive to show motion into:

Jdu do školy.	I am going to school.
Jsem ve škole.	I am at school, in school.

The preposition na means *on, on top of, on the surface of:*

na stole	on the table
Contrast:	
ve stole	inside the table
na knize	on top of the book

Na is also used with the accusative to show motion to the top or surface of something (*onto*):

Dávám knihu na stůl.	I put the book on the table.

Its opposite is S (se), *from the top of,* with genitive:

Kniha spadla se stolu.	The book fell off the table.

Na is used with events or activities which are considered as places:

Jdu na hodinu.	I am going to the lesson.
Jsem na hodině.	I am at the lesson.
Jdu na návštěvu.	I am going on a visit.
Jdu na procházku.	I am going for a walk.

Note that the accusative case is used when there is motion, the prepositional when there is no motion.

Na frequently means *to* (with accusative) or *at* (with prepositional), when used with certain places which are considered for the moment as events or activities, rather than places:

Jdu na poštu.	I am going to the post office.
Jsem na poště.	I am at the post office.
Jdu na úřad.	I am going to an office (on business).
But:	
Jdu do úřadu.	I am going to the office (where I work).

Also:

na universitu	to the university
na universitě	at the university

Na with the accusative is used after certain verbs:

mysliti na:	to think about:
Myslím na sestru.	I am thinking about my sister.
čekati na:	to wait for:
Čekáme na profesora.	We are waiting for the professor.

Po with the prepositional means *after*; also *through, over, around*:

po hodině	after the lesson
po hře	after the play
Cestoval po Americe.	He travelled around America.

O with the prepositional means *about, concerning*:

Mluvíme o bratrovi.	We are talking about Brother.

32. PAST TENSE

The Czech past tense is a compound tense. It is formed by the use of a special past participle, which agrees with the subject of the sentence in gender and number, together with the auxiliary verb býti, conjugated in the present tense.

The past participle employed in the Czech compound past is formed by dropping the infinitive ending –ti, and adding the following endings, according to the gender and number of the subject:

	Masculine		Feminine	Neuter
	Animate	Inanimate		
Singular:	–l	–l	–la	–lo
Plural:	–li	–ly	–ly	–la

Thus, dávati has the past form dával (–a, –o, –i, –y,–y, –a); viděti has viděl (–a, –o, etc.) Note the special plural form for masculine animates.

These forms are used together with the present tense of the verb býti. Thus, dával jsem means *I gave, was giving* (of a man); dávala jsem would be said of herself by a woman; dávali jsme would be said of themselves by several men (or men and women together); dávaly jsme would be said by several women; dával jsi would be said to a single man; dávala jsi to a single woman, etc. The participial form agrees with

the subject in gender and number, but not in person. The
auxiliary agrees in person and number, but not in gender. In
the third person singular and plural the auxiliary is omitted.
Dával would be said of a single man; dávala of a single woman,
etc.

Conjugation of jeti, *to ride,* in the Past Tense

Singular

	Masculine	Feminine	Neuter
1st person:	jel jsem	jela jsem	
2nd person:	jel jsi	jela jsi	(jelo jsi)
3rd person:	jel	jela	jelo

Plural

	Masculine		Feminine	Neuter
	Animate	Inanimate		
1st person:	jeli jsme		jely jsme	
2nd person:	jel jste*		jela jste*	
	jeli jste	(jely jste)	jely jste	(jela jste)
3rd person:	jeli	jely	jely	jela

Viděl jsi babičku?	Did you see Grandmother?
Byli jsme dnes v Praze.	We were in Prague today.
Bylo pero na stole?	Was the pen on the table?

The auxiliary verb jsem, jsi, etc. is an enclitic. This
means that it is never stressed, and that it almost invari-
ably follows the first stressed word or phrase of the sen-
tence or clause in which it occurs (the conjunctions a, i,
ale are not stressed). For special emphasis of certain words
which are placed at the beginning of the sentence, the usual
order (participle followed by auxiliary) is reversed:

Stressed order:
V Praze jste už byl?   Have you been in *Prague?*
Normal order:
Byl jste už v Praze?   Have you been in Prague?
                            (Without emphasis on Prague.)

---

* In the second person plural the participle is singular
when one person only is addressed.

Stressed order:

A do Ameriky jsme jeli.   And we went to *America*.

Normal order:

A jeli jsme do Ameriky.   And we went to America.
                           (Without emphasis on America.)

Note that in all these sentences the auxiliary is always in second position, though the other elements of the sentence vary according to which of them is the more emphasized. In the third sentence the unstressed conjunction a is not counted and the words do Ameriky form a single phrase, so that the auxiliary jsme is in second position.

Infinitives of two syllables usually shorten the stem vowel in the past:

býti, *to be*	byl, byla, etc.
znáti, *to know*	znal, znala, etc.
spáti, *to sleep*	spal, spala, etc.
nésti, *to carry*	nesl, nesla, etc.

The following verbs have irregular past:

moci, *to be able*	mohl, mohla, etc.
čísti, *to read*	četl, četla, etc.
péci, *to bake*	pekl, pekla, etc.
jísti, *to eat*	jedl, jedla, etc.
míti, *to have*	měl, měla, etc.
jíti, *to go, walk*	šel, šla, šlo; šli, šly, šly, šla

(Note the insertion of moveable e in the masculine singular.)

The negative prefix ne- is added to the participle:

Nejedl jste?   Haven't you eaten?

In masculine singular past forms ending in consonant plus l (mohl, nesl, četl, etc.) the l is frequently not pronounced in colloquial style: moh', čet', etc.

33. THIRD CONJUGATION VERBS IN -ovati, PRESENT AND PAST

Many third conjugation verbs have the infinitive ending -ovati. The infix -ova- changes to -uj- in the present tense. The soft endings are preferred in literary style:

pracovati, *to work*

Present stem: pracuj-

	Singular	Plural
1st person:	pracuj<u>i</u> (colloq.: pracuj<u>u</u>)	pracuj<u>eme</u>
2nd person:	pracuj<u>eš</u>	pracuj<u>ete</u>
3rd person:	pracuj<u>e</u>	pracuj<u>í</u>

These verbs have their past tense in -oval, -ovala, etc.:

Pracoval jsem.   I worked.

34. PRESENT AND PAST TENSE OF věděti, "TO KNOW"

	Singular	Plural
1st person:	vím	víme
2nd person:	víš	víte
3rd person:	ví	vědí

Note the similarity in conjugation to jísti, *to eat*. The past tense of věděti is regular: věděl, etc.

Věděti means *to have knowledge of, to know a fact* (compare French *savoir*, German *wissen*). Znáti means *to be acquainted with a person, place or thing* (compare French *connaître*, German *kennen*):

Vím, že bratr není doma.   I know that Brother is not at home.

Znám pana Čapka.   I know Mr. Čapek.

Znám toto město.   I know this city.

Znám fysiku.   I know physics.

CVIČENÍ: EXERCISES

I. Memorize the following expressions:

Čekám na sestru.   I am waiting for Sister.

Myslím na babičku.   I am thinking about Grandmother.

Mám strach.   I am afraid.

To je možné.   That is possible.

Je možné, že ....   It is possible that....

Jíti na procházku.   To go for a walk.

Jíti na poštu, na úřad,   To go to the post office, to
  na universitu.   an office, to the university.

II. Insert the proper case forms, accusative or prepositional, after the preposition:

1. Kniha a pero leží na_____(stůl). 2. Dávám tužku na_____
(stůl). 3. Váš dopis je na_____ (pošta). 4. Dnes jdu na_____
(úřad). 5. Jejich syn bydlí v_____(dům) pana Nováka.
6. Mluvíme o_____(kočka). 7. Po_____(hodina) sestra šla
domů. 8. Byl jsem loni na_____(universita). 9. Dnes nejdu na
_____(universita). 10. Myslím často na_____(Amerika).

III. Distinguish exactly in English:

1. (a) na stůl; (b) na stole; (c) do stolu; (d) ve stole;
   (e) ze stolu; (f) od stolu; (g) se stolu.
2. (a) na úřad; (b) na úřadě; (c) do úřadu.

IV. Change the following verb forms to the past tense:

1. Jedeme dnes do divadla. 2. Sestra nerozumí, když mluvím.
3. Matka a sestra jdou do biografu. 4. Dnes nemám hlad.
5. Tatínek a bratr letos nepracují. 6. To pero je na stole.
7. Babička není doma. 8. Profesor nemluví rychle. 9. Studuješ
na universitě? 10. Nemohu dnes pracovat. 11. Čteš tuto knihu?
12. Spím dobře.

V. Insert the proper verb forms, present and past tense:

1. Bratr_____(studovati) na universitě. 2. Sestra mnoho
_____(nepracovati). 3. Doktor Smutný_____(cestovati)
po Americe. 4. Dobrý syn_____(milovati) matku. 5. Letos
tatínek_____(navštěvovati) babičku. 6. Víme, že doktor
_____(jeti) do města.

VI. Translate into Czech:

1. When we were in Prague, we went for a walk to the Prague
castle. 2. Father could not go, since he was working. 3. We
walked to (k) the river Vltava. 4. From the river we had a
fine view of (na) the castle and the cathedral. 5. How did
you go to the theater? By car? 6. No, I went on the street-
car. 7. Do you know that Dr. Čapek is in the city? 8. No, I
did not know that. 9. You know Dr. Čapek? 10. Not very well,
but I did know his sister long ago. 11. Where is my book?
12. It is lying on the table. 13. I often think about my
mother. 14. We were speaking about Mother today after the
lesson.

CHAPTER EIGHT

Instrumental singular of hard nouns and adjectives. Uses of
the instrumental: means or agent, motion where. Preposition
with the instrumental: s. Prepositions with the instrumental
and accusative: mezi, nad, pod, před, za. Declension of de-
monstratives in the singular. Review of hard nouns and adjec-
tives in the singular. Third conjugation verbs in -nouti.

ČTENÍ: READING

Dnes jedeme autem do Stromovky. Stromovka je městský park
u Vltavy. Za Stromovkou je pražská zoologická zahrada.

Při jízdě parkem říká tatínek mamince:

„Mluvila jsi s paní Novákovou?"

„Ne, nebyla doma. Není v městě".

„To je škoda, protože zná zoologickou zahradu velmi
dobře. Pracovala v malém obchodě před bránou do zahrady.
Víš, kde to je, že ano?"

„Ano, vím, ale myslím, že její obchod není u brány. Nevím
už,[1] kudy jsme tam šli, ale myslím, že cesta k tomu obchodu
vedla do vršku. Odtamtud jsme měli krásný rozhled na řeku a
na Prahu v dálce. Padal sníh a bylo to krásné".

„Máš asi pravdu.[2] Její obchod byl nad zahradou, ne pod
zahradou. Když jsem tam byl, viděl jsem do zoologické zahrady
a do velké ohrady se lvem".

„A neměl jsi strach, tatínku, když jsi viděl lva?"

„Ne, Honzo, lev byl za ohradou".

„Měl jsem velký strach, když jsem viděl lva po prvé. Trhal
velký kus masa. Ale už nemám z toho lva strach, protože prý[3]
stárne a slábne. A lev je stejně jen velká kočka".

Bratr říká: „Ty jsi hloupý, Honzo! Myslíš, když můžeš bít
malého Macka, že nemusíš mít strach před lvem?"

„Biji Macka jen když neposlouchá".

„A jak víš, že neposlouchá? Vždyť ti[4] ani nerozumí!"

„Když mluvím na Macka,[5] rozumí".

Na to matka říká: „Honzo, už dost!"

Tatínek kývá hlavou. „Ano, Honzo, už dost! Zdali tě[6]
matka vždycky bije, když nerozumíš nebo neposloucháš?"

„Ale, tatínku...‴

„Honzo, dost!‴

Už mlčím. Po chvíli[7] říkám: „Ale, tatínku...‴

„Dost, Honzo!‴

„Ale, tatínku, nejedeme správnou cestou! Zoologická zahrada je vlevo za řekou. Jezdívali[8] jsme tam přes most‴.

Jedeme zpět. Tatínek a maminka mlčí.

Notes

[1] Nevím už, I no longer know. Už ne means *no longer, no more*. [2] Míti pravdu, to be right. [3] Prý, they say, it is said, he says, etc. Prý may indicate that the speaker is sceptical of the reported utterance: Ten rozhled prý je velmi krásný, They say (but it is not necessarily so) that that view is very beautiful. Prý is enclitic, usually occupying second position in the sentence. [4] Ti, you (dat.). [5] Když mluvím na Macka, When I speak to Macek. Mluviti usually takes s and the instrumental, in the sense of *to hold a conversation with*, but here na and the accusative are necessary, since the cat cannot, of course, reply. [6] Zdali, used here to introduce an emphatic question, to which a yes or no answer is expected; tě, you (acc.). [7] Po chvíli, after a while, [8] Jezdívali, used to go.

SLOVNÍČEK: VOCABULARY

asi	probably (encl.)	maso	meat, flesh
		mezi (instr.	
brána	gate	and acc.)	between, among
cesta	way, road	most	bridge
dálka	far-off ex-	nad (instr.	
	panse, distance	and acc.)	over, above
dost, dosti	enough, suffi-	nebo, anebo	or
	cient(ly)	odtamtud	from there
hlava	head	paní (indecl.	Mrs., lady, mis-
hloupý	foolish, stupid	in sing.)	tress
jízda	trip, ride		
kudy	by what route?	pod (instr.	
les (gen.		and acc.)	beneath, under
lesa)	wood, forest	pravda	truth

prý	they say, it is said (encl.; see Note 3 above)	správný	right, correct
		stejně	likewise, anyway, all the same
před (instr. and acc.)	before, in front of	světlo	light
přes (acc.)	through, across	tudy	by that route
při (pr.)	during; in the presence of, near	vlevo	on the left, to the left
rozhled	view	vršek (gen. vršku)	hill (do vršku, up the hill)
ruka	hand, arm	za (instr.	
s (se) (instr.)	with, together with	and acc.)	behind, beyond
		zahrada	garden
sníh (gen.		zoologický	zoological
sněhu)	snow	zpět	back (adv.)

Verbs:

bíti (III: biji), to strike, beat
kynouti (III), to beckon (with dat.)
kývati (I), to nod (kývati hlavou, to nod one's head)
mlčeti (II; 3rd pl.: mlčí), to be silent
musiti/museti (II; 3rd pl.: musí/musejí; past: musil/musel),
    to have to, must (with inf.)
padati (I), to fall
slábnouti (III), to become weak, weaken
stárnouti (III), to become old, age
táhnouti (III), to pull
trhati (I), to tear, pull, pluck
vésti (III: vedu; past: vedl, vedla, etc.), to lead

MLUVNICE: GRAMMAR

35. INSTRUMENTAL SINGULAR OF HARD NOUNS AND ADJECTIVES

The instrumental case has the following hard endings in the singular:

Masculine	Feminine	Neuter
—em	—ou	—em

Nominative	Instrumental
bratr	bratrem
dům	domem
matka	matkou
kniha	knihou
pero	perem
město	městem

Hard adjectives have the following endings in the singular:

Masculine	Feminine	Neuter
-ým	-ou	-ým

E. g., s velkým psem, *with the big dog;* s mladou sestrou, *with the young sister;* s velkým oknem, *with the big window.*

36. USES OF THE INSTRUMENTAL

A. **Means or Agent.** The instrumental is used to express the means, instrument or agent by which an action is performed:

Žák píše <u>tužkou</u>.	The pupil writes <u>with a pencil</u>.
Jedeme <u>autem</u> do Prahy.	We are going <u>by car</u> to Prague.
Bratr kývá <u>hlavou</u>.	Brother nods <u>(with) his head</u>.

B. **Place of Motion.** When motion occurs in, on or through a certain place, the noun denoting that place is often put into the instrumental:

Jeli jsme <u>parkem</u>.	We drove <u>in (through) the park</u>.
Šel jsem <u>lesem</u>.	I walked <u>in (through) the woods</u>.
<u>Kterou cestou</u> jste jel do Prahy?	<u>By what road</u> did you go to Prague?

The interrogative kudy? means *by what route?, by what way?* The demonstrative adverb tudy means *by this (that) route (way).*

C. **Instrumental with Prepositions.** The instrumental case is used with the prepositions s (se before words beginning with s-, z-, or certain double consonants), to mean *with, along with:*

Šel jsem s bratrem do bia.	I went with Brother to the movies.

This use must be sharply distinguished from the use of the instrumental without preposition to express instrument, also translated by *with* in English. S is used with the instrumental in Czech when the English word *with* may be replaced by *together with*:

Píši perem.   I am writing with a pen.

But:

Bydlím s bratrem.   I live with (together with) my brother.

The prepositions mezi, nad, pod, před and za take the instrumental case to indicate place where, the accusative to indicate motion:

Paní Čapková žije za   Mrs. Čapek lives outside (lit.,
městem.   beyond) the city.

Dnes jedeme za město.   Today we are going out of
                             (lit., beyond) the city.

Tatínek je před domem.   Father is in front of the
                             house.

Tatínek jde před dům.   Father goes in front of the
                             house.

Kniha leží pod stolem.   The book is lying under the
                             table.

Kniha padá pod stůl.   The book falls under the table.

37. DECLENSION OF DEMONSTRATIVES IN THE SINGULAR

	Masculine	Feminine	Neuter
Nominative:	ten	ta	to
Genitive:	toho	té	toho
Dative:	tomu	té	tomu
Accusative	ten (toho, an.)	tu	to
Prepositional:	o tom	o té	o tom
Instrumental	tím	tou	tím

Like ten is declined onen, ona, ono, *that* (see Chapter II).

38. REVIEW OF HARD NOUNS AND ADJECTIVES IN THE SINGULAR

Masculine

Animate	Inanimate
Nom.: ten dobrý bratr	ten dobrý film
Gen.: toho dobrého bratra	toho dobrého filmu[1]

Masculine

	Animate	Inanimate
Dat.:	tomu dobrému bratru (-ovi)	tomu dobrému filmu
Acc.:	toho dobrého bratra	ten dobrý film
Voc.:	dobrý bratře![2]	dobrý filme![2]
Prep.:	o tom dobrém bratru (-ovi)	o tom dobrém filmu[3]
Instr.:	tím dobrým bratrem	tím dobrým filmem

	Feminine	Neuter
Nom.:	ta dobrá kniha	to dobré pero
Gen.:	té dobré knihy	toho dobrého pera
Dat.:	té dobré knize[4]	tomu dobrému peru
Acc.:	tu dobrou knihu	to dobré pero
Voc.:	dobrá kniho!	dobré pero!
Prep.:	o té dobré knize[3]	o tom dobrém peru[3]
Instr.:	tou dobrou knihou	tím dobrým perem

Notes

[1] Chléb, potok, večer, les, etc. have -a in the genitive singular. [2] Tatínku, pane, profesore, etc.: see Section 28. [3] See Section 30. [4] See Section 23.

39. THIRD CONJUGATION VERBS IN -nouti; PRESENT AND PAST

Many third conjugation verbs have infinitives ending in -nouti. These drop -outi (retaining the consonant n in the stem), and take the hard endings of the third conjugation:

táhn/outi, *to pull*

Present stem: táhn-

	Singular	Plural
1st person:	táhnu	táhneme
2nd person:	táhneš	táhnete
3rd person:	táhne	táhnou

If the infinitive ends in a consonant plus -nouti, the past is formed by dropping the n and adding -l, -la, -lo, etc.: táhl, táhla, táhlo, etc. But if the infinitive ends in a vowel plus -nouti, the ending of the past is -nul, -nula, -nulo, etc.: kynouti, *to beckon;* past: kynul, kynula, etc.

CVIČENÍ: EXERCISES

I. Memorize the following expressions:

Sestra mluvila s doktorem. Sister spoke with the doctor.

Šel jsem do vršku. I walked up the hill.

Máte pravdu. You are right.

Nemáte pravdu. You are wrong.

II. Supply correct forms of the instrumental:

1. Matka kývá_____(hlava). 2. Ve škole píši_____(tužka).
3. Za_____(ta krásná zahrada) je les. 4. Jedeme_____
_____(městský park). 5. Dnes večer jdu do divadla se_____
(sestra). 6. Jedeme_____(auto) do Brna. 7. To město je za
_____(řeka). 8. Mezi_____(ten dům a onen) je zahrada.
9. Profesor kyne žákovi_____(ruka). 10. Jeho auto je před
_____(dům). 11. _____(Která cesta) jsme jeli loni do
Prahy? 12. Pod_____(tato kniha) leží váš papír.

III. Place the nouns in parentheses in the correct case,
instrumental, accusative or prepositional:

1. Dávám papír pod_____(stůl). 2. Papír leží pod_____
(stůl). 3. Mezi_____(tento vršek) a oním je potok.
4. Sestra jde za_____(dům) do zahrady. 5. Tužka padá pod_____
(okno). 6. Tužka leží na_____(stůl). 7. Auto je před_____
(škola). 8. Auto jede před_____(škola). 9. Pero leží na
_____(kniha). 10. Pero padá na_____(kniha).

IV. Distinguish carefully in meaning:

1. (a) ten stůl; (b) tento stůl; (c) ten stůl a onen.
2. (a) v knize; (b) za knihou; (c) nad knihou; (d) pod
   knihou.

V. Supply demonstratives:

1. Mluvím s_____profesorem. 2. Jedeme do____bia. 3. Znám
(ten) žáka, ale neznám_____(onen). 4. Pod_____knihou je
papír. 5. Před_____(tento) domem je malý park. 6. V_____
knize je hra od Čapka. 7. Rozumíte_____profesorovi?
8. Bydlíte v_____domě?

VI. Translate into Czech:

1. Mother is speaking to (with) the doctor. 2. Our grand-
mother is getting old and feeble. 3. Today we are going to
the park by car. 4. I do not know how (by what way) we are
going. 5. We walk through the woods. 6. Beyond this wood is
a hill. 7. Below that hill there is a small stream. 8. Beyond
the stream is the zoological garden. 9. No, you are wrong;
the garden is between the woods and the stream. 10. I have
not yet been in this zoological garden. 11. By what road did
we go there last year? 12. I no longer know, but I think that
we went this way. 13. Snow was falling, and Mother was cold.
14. "We must go home at once!" Mother says. 15. "You are
right," Father nods (his) head. 16. We walked up the hill,
and from there we had a fine view of (na) the garden, with
the river in the distance.

CHAPTER NINE

Personal pronouns, first and second person singular. Reflex-
ive and reciprocal verbs with se and si. Use of the reflexive
for the passive voice. Third conjugation verbs in -ati.

ČTENÍ: READING

Dnes si kupuji nový kabát. Vstávám časně. Potom se koupu a
češi. Ale maminka říká, že jsem pořád ještě špinavý a musím
se znovu mýti.

Jdu dolů a snídám. Maži si chléb máslem a ptám se maminky:
„Jde Honza se mnou nakupovat?"

„Opravdu potřebuje nový kabát. A právě si hraje na dvoře
se psem a skáče. Myslím, že nechce jít s tebou teď, když se
tak dobře baví".

„To je dobře. S Honzou se špatně nakupuje".

„Ale Milada chce jít s tebou".

Sestra a já jdeme do města. Cestou se mě sestra ptá:
„Do kterého obchodu chceš jít?"

„Chci jít k Dostálovi".

„Dobře, ale Dostál prodává jen pánské obleky.[1] Já chci jít
k Haškovi".

„Ale tam se prodávají jen dámské šaty". [2]

Sestra se směje: „Musíme jít do obchodu, kde se prodávají i pánské obleky, i dámské šaty".

„Takový obchod neznám".

„Říká se, že na Eisenhowerově třídě[3] je nový obchod, kde se prodávají i pánské obleky, i dámské šaty".

„Ano, ale ten prý je příliš drahý".

„To si myslíš ty, protože neumíš kupovat. Já vím, jak se kupuje levně".

„Ty to víš, protože jsi dívka. Dovedeš nakupovat celý den.[4] Já na to nemám čas".

„Ach, tvůj čas je velmi cenný, že?[5] Myslíš si, že jsi už dospělý! Dobře jsem slyšela, jak ti maminka říkala dnes ráno, že jsi ještě špinavý!"

Hlasitě kašlu. „No, maminka je také jen žena".

Sestra se mi směje a mlčí. Konečně říká: „Hádáme se, ale vždycky se udobříme, že?"[6]

PŘÍSLOVÍ: PROVERBS

Kdo mnoho slibuje, málo dává.

Had se chválí, že je dlouhý, a liška, že je krátká.

Kdo mlčí, přiznává se.

Notes

[1] Pánské obleky, men's clothing. [2] Dámské šaty, women's clothing. [3] Eisenhowerova třída, Eisenhower Avenue, a street in Prague. [4] Dovedeš nakupovat celý den, you know how to spend the whole day shopping (lit., you know how to shop the whole day). [5] Že?, shortened form of že ano? [6] Vždycky se udobříme, we always become reconciled.

SLOVNÍČEK: VOCABULARY

Ach!	Oh! Ah!	drahý	dear, expensive
cenný	valuable	had	snake
časně	early (adv.)	hlasitě	loudly
dívka	girl	i ... i	both ... and

já	I	právě	just, just now
kabát	coat, overcoat	špatný	bad (špatně,
krátký	short, brief		badly)
levný	cheap, in-	špinavý	dirty
	expensive	takový	such, such a
	(levně,	třída	avenue, boule-
	cheaply)		vard
liška	fox	ty	thou, you (in-
no	well		timate)
opravdu	indeed, actu-	znova	again, anew
	ally	žena	woman, wife

Verbs:

baviti (II), to amuse, entertain

baviti se, to have a good time

česati se (III: češi se), to comb one's hair

hádati se (I), to quarrel

hráti si (III: hraji si; past: hrál si), to play

chtíti (III, irreg.: chci, chceš...chtějí;* past: chtěl),
    to want (with inf.)

chváliti (II), to praise

kašlati (III: kašlu), to cough

koupati se (III: koupu se), to bathe oneself

mazati (III: maži), to grease, spread

mýti (III: myji), to wash

mýti se, to wash oneself

nakupovati (III), to shop

potřebovati (III), to need

prodávati (I), to sell

přiznávati (I), to admit, confess

přiznávati se, to admit one's guilt

ptáti se (I), to ask, question (with gen.)

skákati (III: skáči), to jump

---

* The hard endings (-u, -ou) may never be used with this
verb.

slibovati (III), to promise
slyšeti (II; 3rd pl. slyší), to hear
smáti se (III: směji se; past: smál se), to laugh at (with
  dat.)

MLUVNICE: GRAMMAR

40. PERSONAL PRONOUNS -- FIRST AND SECOND PERSON SINGULAR

	First Person Singular	Second Person Singular
Nominative:	já	ty
Genitive:	mne, mě (rare)	tebe, tě (rare)
Dative:	mně, mi	tobě, ti
Accusative:	mne, mě	tebe, tě
Vocative:	...	ty!
Prepositional:	o mně	o tobě
Instrumental:	mnou	tebou

The nominative forms, já and ty, are normally omitted,
since the ending of the verb tells us which person is indi-
cated. Já and ty may be used, however, for special emphasis,
contrast, or when the verb is omitted:

Já nejsem profesor,   I am not a professor; I am a
  jsem doktor.   doctor.

Já jedu dnes do Prahy,   I am going to Prague today,
  a ty jedeš do Brna.   and *you* are going to Brno.

Kdo jede do Ameriky? Ty?   Who is going to America? *You?*

When the personal pronoun is stressed in the past tense,
the past auxiliary is often omitted as superfluous: Já to
vždycky říkal! (Instead of: Já jsem to vždycky říkal!)

All pronouns except the nominative are normally unstressed.
They are enclitics, and are therefore usually placed after
the first stressed word or phrase in the sentence:

Profesor Novák mě včera   Professor Novák saw me in the
  viděl v biu.   movies last night.

If an enclitic auxiliary is present, the pronoun follows it:

Včera jsme tě viděli   We saw *you* in the theater
  v divadle.   yesterday.

For special emphasis or contrast the pronoun may be
stressed. It can then be removed from second position:

O tobě jsme mluvili, a   We spoke *about you*, and not
   ne o mně!   *about me*!

But:
Mluvili jsme o tobě   We talked about you yesterday.
   včera.   (Unstressed position.)

To nevím.   That I don't know. (Stressed
                               position.)

But:
Nevím to.   I don't know that. (Unstressed
                               position.)

Of the two forms for the genitive, dative and accusative, the first is always stressed, and the second is always unstressed and has enclitic (second) position:

Stressed:
Profesor odpovídá mně,   The professor is answering me,
   a ne tobě.   and not you.
Unstressed:
Profesor mi odpovídá.   The professor is answering me.

The stressed form is also used after prepositions which take the genitive, dative or the accusative.

Ke mně jde doktor Čapek.   Dr. Čapek is coming to see me.

Mimo mne je zde paní   Besides me, Mrs. Dostál is
   Dostálová.   here.

41. REFLEXIVE AND RECIPROCAL VERBS

Reflexive verbs are verbs which have as both subject and object one and the same person, e.g., I wash myself; they give to themselves, etc.

Se is the Czech reflexive direct object pronoun; Si is the indirect object pronoun. Se and Si are invariable for all persons and both numbers.

Conjugation of mýti se, "to wash oneself"

	Singular	Plural
1st person:	myji se	myjeme se
2nd person:	myješ se	myjete se
3rd person:	myje se	myjí se

Note that the reflexive pronoun is often omitted in English: *I wash (myself)*, etc. It is never omitted in Czech.

Se and Si are both enclitics, taking second position. They follow the auxiliary, but precede other unstressed pronouns:

Smáli jsme se dlouho.	We laughed for a long time.
Hrál jsem si u tebe.	I played at your house.
Říkám si, že dost nepra- cuji.	I tell (to) myself that I don't work enough.
Kupuji si nový kabát.	I am buying a new coat (for myself).

Si is used whenever an indirect object reflexive is required. Note that si is often required in Czech when it is superfluous in English. Kupuji kabát might leave some doubt for whom the coat is intended.

The reflexive is extremely common in Czech, and is used with many verbs which are not reflexive in English:

Ptám se matky, kde je můj kabát.	I am asking Mother where my coat is.
Bratr se mi směje.	Brother is laughing at me.

The dative si is frequently used idiomatically to indicate that an action is performed for one's own benefit or pleasure:

Sestra si hraje na dvoře.	Sister is playing in the yard.
Nalévám si trochu vody.	I pour out a little water (for myself).

With certain reciprocal verbs (English verbs with *each other, one another*) se and si may also be used:

Milujeme se.	We love each other.
Učitel a žák se často stýkají.	The teacher and the pupil see each other often.

42. USE OF THE REFLEXIVE FOR THE PASSIVE VOICE

The reflexive with se is frequently used to express the passive voice in Czech, when the agent is not specified:

V tomto obchodě se prodává chléb.	Bread is sold in this store.
Knihy se tisknou.	Books are printed.
Říká se, že ten román je zajímavý.	It is said that that novel is interesting.

This use is very extensive in Czech, extending to many idioms:

Tady se dobře jí a pije.	Here one eats and drinks well (lit., Here is eaten and drunk well).

V tomto městě se žije dobře.　　People live well in this town.

Já vím, jak se kupuje levně.　　I know how to buy things cheaply (lit., how it is bought cheaply).

43. THIRD CONJUGATION VERBS IN -ati, PRESENT AND PAST

A number of verbs with infinitives ending in -ati belong to the third conjugation rather than to the first. We have already seen this in the case of infinitives of two syllables (hráti si, smáti se, etc.), and with infinitives ending in -ovati (děkovati, etc.). Besides these groups, there is a third class of verbs in -ati which take the endings of the third conjugation, frequently with change (palatalization) of the final stem consonant. The student should learn the first person singular of such verbs as well as the infinitive:

mazati, *to grease*

Present stem: maž- (z becomes ž)

	Singular	Plural
1st person:	maži (mažu, colloq.)	mažeme
2nd person:	mažeš	mažete
3rd person:	maže	maží (mažou, colloq.)

There is also a group of verbs in -ati which have present stems ending in hard consonants (specifically p, b, m and l), and take the *hard* endings of the third conjugation, without change of stem consonant:

kašlati, *to cough*

Present stem: kašl-

	Singular	Plural
1st person:	kašlu	kašleme
2nd person:	kašleš	kašlete
3rd person:	kašle	kašlou

These verbs form their pasts in the ordinary way: mazal, mazala, etc.; kašlal, kašlala, etc.

CVIČENÍ: EXERCISES

I. Memorize the following expressions:

Ráno se myji a češu.　　In the morning I wash and comb my hair.

Kupujeme si nové auto.   We are buying a new car.

Bratr si hraje na dvoře.   Brother is playing in the yard.

Bavíme se dobře.   We are having a good time.

Sestra se směje bratrovi.   Sister is laughing at Brother.

Ptám se maminky: I ask Mother:

Jdu do města.   I am going downtown.

II. Insert the correct case of the pronouns já and ty:

1. ____umím psát, a____neumíš. 2. Chcete se____(já) mluvit?
3. Sestra nejde k ___(ty). 4. Kdo se____(já) smál? 5. Ten
pán___(já) prodává dům. 6. Mluvili jsme o ___(ty). 7. Matka
___ (já) říká, že ___(ty) nechceš jít se___ (já) do bia.
8. Kdo u___(ty) bydlí? 9. Hráli jsme si včera u___(ty).
10. Ta kniha je pro___(ty). 11. Profesor____(já) chválí.
12. Doktor____(ty) viděl, a____(já) ne.

III. Insert the reflexive pronoun se or si:

1. Milada___hraje venku. 2. Myji___každý den. 3. V tomto
obchodě___ prodává maso. 4. Myslím___, že ještě nejsem
dospělý. 5. Nalévám___trochu mléka. 6. Bratr____ptá tatínka,
kde je ta kniha. 7. Dnes___koupeme. 8. Proč___kupuješ
knihu? 9. To___nedělá! 10. Matka___směje synovi.

V. Translate into Czech:
1. We get up early and take a bath. 2. Then I comb myself.
3. Mother says that Brother must wash himself again. 4. Then
we eat breakfast slowly. 5. Brother wants to play in the
park, but Mother says that we must go downtown. 6. Sister
asks where I want to go. 7. It is said that there is a new
store on this avenue. 8, I want to go to Novák's, but you
(ty) want to go to Dostál's. 9. At Dostál's meat is sold.
10. Yes, but milk is expensive at Dostál's. 11. I don't want
to shop with you! You make fun of me (laugh at me)! 12. We
always quarrel when we are shopping. 13. I want to go home.
14. At your house I always have a good time. 15. I do not
need a new coat.

CHAPTER TEN

Declension of personal pronouns, first and second person plural. Declension of the interrogative pronouns kdo and co. Declension of possessive adjectives in the singular. Negatives: nikdo, nic, žádný, nikde, nikam, nijak, ani. Review of verbs, present and past.

ČTENÍ: READING

„Dobrý den, pane Smithe. Mám dopis o vás od našeho společného známého v Americe, profesora Nováka. Píše, že zde chcete studovat českou literaturu".

„Ano, pane profesore. Proto jsem v Praze. Chci studovat u vás".

„A co víte o naší literatuře?"

„Téměř nic, bohužel. Na naší universitě nebyl žádný kurs české literatury".

„To je špatné. A nikdo nepřekládá českou literaturu v Americe?"

„Velmi málo. Viděl jsem hru R.U.R. od Čapka v divadle, ale mimo Čapka nebylo nic z české literatury přeloženo,[1] totiž téměř nic".

„Ale čtete česky,[2] že ano?"

„Ano, ale pomalu".

„U koho jste studoval češtinu?"

„U nikoho, pane profesore. Jsem samouk".

„To je báječné! Ani jste s nikým česky nekonversoval?"

„Ne, s nikým, ale často jsem poslouchal české vysílání[3] z Prahy. Zprvu jsem nerozuměl ničemu, ale brzy se to zlepšilo. Ale nikdy jsem nerozuměl slovenskému vysílání".

„Ale slovenština není těžká pro toho, kdo[4] umí česky. Znáte ještě nějaký jiný slovanský jazyk mimo češtinu?"

„Umím trochu rusky, ale neumím ani polsky, ani srbsky".

„A umíte německy, že ano?"

„Německy neumím docela nic. Když se snažím mluvit česky s Čechem, obyčejně mi odpoví[5] německy".

„Téměř každý Čech umí aspoň trochu německy a myslí, když mluví s cizincem, že každý cizinec musí umět německy. Němčina není u nás teď v oblibě, ale přesto mluvíme německy. Kde bydlíte, pane Smithe?"

„Ještě nikde, bohužel. Totiž, bydlím v hotelu, ale je to příliš drahé bydlet tam natrvalo".

„Ovšem. A chcete bydlet u nás? Máme pěkný, velký pokoj a nikdo v něm[6] nebydlí. Co tomu říkáte?"

„Děkuji vám mnohokrát. Cítil jsem se v Praze dost opuštěný, protože dosud neznám nikoho kromě vás. Ale teď se zde cítím jako doma".

Notes

[1] Přeloženo, translated. [2] Česky (adv.), in Czech. Note this use of the adverb where English prefers the noun: číst česky, to read Czech; psát česky, to write Czech, etc. [3] Vysílání, broadcast. [4] Pro toho, kdo umí, for one who knows (lit., for that one who knows). Note this method of joining clauses in Czech through the use of ten, kdo. [5] Odpoví, will answer (future). [6] V něm, in it.

SLOVNÍČEK: VOCABULARY

ani	not even, nor	literatura	literature
aspoň	at least	mnohokrát	many times
báječný	marvelous,	my	we
	wonderful	natrvalo	for a long time,
bohužel	unfortunately		permanently
Čech	a Czech (male)	nějaký	some, any (adj.)
česky	in Czech (adv.)	němčina	German language
čeština	Czech language	německy	in German (adv.)
dosud	until now, be-	nic	nothing
	fore now	nijak	not at all, in
hotel	hotel		no way
jazyk (gen.	language,	nikam	nowhere, to no
jazyka)	tongue		place
kromě (gen.)	besides, except	nikde	nowhere (place
kurs	course		where)

nikdo	no one	slovenština	Slovak language
obliba	favor, popularity	společný	mutual, in common
obyčejně	commonly, usually	těžký	heavy, difficult
		téměř	almost, nearly
ovšem	of course	totiž	that is
přes (acc.)	across, over, in spite of	vy	you
		známý	known, famous
přesto	nevertheless		(adj.); acquaintance (adj.
rusky	in Russian		used as a noun)
	(adv.)	zprvu	at first
slovanský	Slavic (adj.)	žádný	no, not any
slovenský	Slovak (adj.)		(adj.)

Verbs:

děkovati (III), to thank (with dat.)
konversovati (III), to converse, hold conversation
poslouchati (I), to listen to (with acc.), to obey
překládati (I), to translate
snažiti se (II), to try, attempt (with inf.)

SUPPLEMENTARY VOCABULARY

cizinec	foreigner	samouk	self-taught person
opuštěný	deserted, lonely	srbsky	in Serb
		vysílání (n.)	broadcast
pokoj	room	zlepšiti se	to improve, be improved
polsky	in Polish		

MLUVNICE: GRAMMAR

44. DECLENSION OF PERSONAL PRONOUNS -- FIRST AND SECOND PERSONS PLURAL

	my, *we*	vy, *you*
Nominative:	my	vy
Genitive:	nás	vás
Dative:	nám	vám

	my, *we*	vy, *you*
Accusative:	nás	vás
Vocative:	...	vy!
Prepositional:	o nás	o vás
Instrumental:	námi	vámi

The nominative forms are used only for particular emphasis, contrast, or where the verb is omitted:

<u>My</u> jedeme do Ameriky, a   We are going to America, but
<u>vy</u> ne.   you are not.

Like most personal pronouns, these forms are enclitics (except for the nominative forms my and vy, which are always stressed). Hence they are normally placed after the first stressed word or phrase of the sentence unless greater emphasis is desired:

Pan Novák <u>vás</u> nezná.   Mr. Novák does not know you.

45. DECLENSION OF THE INTERROGATIVE PRONOUNS, kdo AND co

	kdo, *who?*	co, *what?*
Nominative:	kdo	co
Genitive:	koho	čeho
Dative:	komu	čemu
Accusative:	koho	co
Prepositional:	o kom	o čem
Instrumental:	kým	čím

46. DECLENSION OF POSSESSIVE ADJECTIVES IN THE SINGULAR

	Masculine	Feminine	Neuter
Nominative:	můj	má, moje	mé, moje
Genitive:	mého	mé	mého
Dative:	mému	mé	mému
Accusative:	můj (mého, an.)	mou, moji	mé, moje
Vocative:	like nominative		
Prepositional:	o mém	o mé	o mém
Instrumental:	mým	mou	mým

	Masculine	Feminine	Neuter
Nominative:	náš	naše	naše
Genitive:	našeho	naší	našeho
Dative:	našemu	naší	našemu
Accusative:	náš	naši	naše
Vocative:		like nominative	
Prepositional:	o našem	o naší	o našem
Instrumental:	naším	naší	naším

Tvůj *(your, yours)* and svůj *(one's own)* are declined like můj. Váš *(your, yours)* is declined like náš. Jeho *(his, its, m. and n.)* and jejich *(theirs)* are indeclinable. Její *(her, hers, its, f.)* is unchanged in the feminine singular.

47. NEGATIVES

Some Czech negative expressions are:

nikdo	no one
nic	nothing
žádný	no, not any (adj.)
nikde	nowhere (place where)
nikam	nowhere (motion)
nijak	in no way, not at all
ani	not even, nor, and ... not
ani ... ani	neither ... nor

When these negatives are used in a sentence, the verb must be prefixed by ne-.

Nikdo tam nebyl.	No one was there.
Dnes nedělám nic.	Today I am not doing anything.
Sestra nemá žádný papír.	Sister has no paper.
Teď už nikde nepracuji.	I'm not working anywhere now.
Dnes nikam nejdeme.	We are not going anywhere today.
Není nijak bohatý.	He isn't rich by any means.
Bratr ani nejedl.	Brother did not even eat.
Nejedl ani nepil.	He did not eat and he did not drink.
Nemám ani pero, ani tužku.	I have neither a pen nor a pencil.

The prefix ne- can be omitted only when the verb is omitted:

Co tam děláš? Nic.   What are you doing there? Noth-
                             ing.

Several negatives may be used in one sentence:

Nikdo tam nikdy nebyl.   No one has ever been there.

Nikdo *(no one)* is declined like kdo (gen., nikoho, etc.).
Nic *(nothing)* is declined like co (gen. ničeho, dat. ničemu,
acc. nic, pr. o ničem, inst. ničím). Žádný *(no, not any)* is a
hard adjective.

48. REVIEW OF VERBS, PRESENT AND PAST TENSE

First Conjugation

Consists of verbs with infinitives ending in -ati (-áti):

dáv/ati, *to give*

	Singular	Plural
1st person:	dáv**ám**	dáv**áme**
2nd person:	dáv**áš**	dáv**áte**
3rd person:	dáv**á**	dáva**jí**

Second Conjugation

Consists of verbs with infinitives ending in -iti (-íti),
-eti (-ěti). Those in -iti (-íti) have only -í in the third
person plural; those in -eti (-ěti) have -í or -ejí (-ějí).
The correct ending must be learned:

mluv/iti, *to speak*   um/ěti, *to know how to*

	Singular	Plural	Singular	Plural
1st person:	mluv**ím**	mluv**íme**	um**ím**	um**íme**
2nd person:	mluv**íš**	mluv**íte**	um**íš**	um**íte**
3rd person:	mluv**í**	mluv**í**	um**í**	um**ějí**

Third Conjugation

These are divided into hard stems and soft stems, with the
following present tense endings:

	Singular		Plural	
	Hard stems	Soft stems	Hard stems	Soft stems
1st person:	-u	-i (-u, colloq.)	-eme	-eme
2nd person:	-eš	-eš	-ete	-ete
3rd person:	-e	-e	-ou	-í (-ou, colloq.)

Most infinitives of two syllables belong to the third con-
jugation, regardless of infinitive ending. Since these verbs
often have two distinct stems, one for the infinitive and
past, the other for the present, both the infinitive and the
first person singular of the present tense must be learned:

vésti, *to lead*   žíti, *to live*

Present stem: ved–   Present stem: žij–

	Singular	Plural	Singular	Plural
1st person:	vedu	vedeme	žiji (žiju, colloq.)	žijeme
2nd person:	vedeš	vedete	žiješ	žijete
3rd person:	vede	vedou	žije	žijí (žijou, colloq.)

For infinitives ending in –ci (moci, péci, etc.), the
first person singular, second person singular and third per-
son plural must be learned, since the present stem varies.
See Section 25.

Infinitives in –ovati belong to the third conjugation.
They have the infix –uj– in the present tense:

milovati, *to love*

Present stem: miluj–

	Singular	Plural
1st person:	miluji (miluju, colloq.)	milujeme
2nd person:	miluješ	milujete
3rd person:	miluje	milují

Infinitives in –nouti are third conjugation, with the con-
sonant n retained in the present. They are all hard stems:

slábn/outi, *to grow weak*

	Singular	Plural
1st person:	slábnu	slábneme
2nd person:	slábneš	slábnete
3rd person:	slábne	slábnou

Third conjugation verbs with infinitives in –ati include
both hard and soft stems. Soft stems arise through mutation
(palatalization) of the final stem consonant. Hence for these
verbs the first person singular should be learned in addition
to the infinitive:

Hard stems			Soft stems	
koup/ati, *to bathe*			mazati, *to grease*	
			Present stem: maž–	
	Singular	Plural	Singular	Plural
1st person:	koup<u>u</u>	koup<u>eme</u>	maž<u>i</u> (mažu, colloq.)	maž<u>eme</u>
2nd person:	koup<u>eš</u>	koup<u>ete</u>	maž<u>eš</u>	maž<u>ete</u>
3rd person:	koup<u>e</u>	koup<u>ou</u>	maž<u>e</u>	maž<u>í</u> (maž<u>ou</u>, colloq.)

In colloquial style, third conjugation verbs often have the ending –em instead of –eme in the first person plural (žijem, milujem, koupem, etc.). This form is not recommended.

Past tenses are formed by dropping the infinitive ending –ti (–nouti when this ending is preceded by a consonant) and adding the past endings: -l, -la, -lo; -li, -ly, -ly, -la. Vowels usually shorten when the infinitive has only two syllables (exception: hráti, past: hrál; smáti se, past: smál se).

	Infinitive	Past
First conjugation:	dělati	dělal
Second conjugation:	mluviti	mluvil
	ležeti	ležel
	uměti	uměl
Third conjugation:		
Infinitives of two syllables:	nésti	nesl
	píti	pil
Infinitives in –nouti:		
Consonant stems:	táhnouti	táhl
Vowel stems:	kynouti	kynul
Infinitives in –ovati:	děkovati	děkoval
Infinitives in –ati:	koupati	koupal
	mazati	mazal

For verbs with irregular past tenses, see Section 32.

CVIČENÍ: EXERCISES

I. Memorize the following expressions:

Mluviti česky (německy, rusky, etc.).   To speak Czech (German, Russian, etc.).

Psát (číst, uměti)   To write (read, know) Czech.
   česky.

Dlouho studoval, ale   He studied for a long time,
   přesto neumí česky.   but still (in spite of that)
                                   he does not know Czech.

Děkuji vám mnohokrát.   Thank you very much.

To je dobré (špatné).   That is good (bad).

II. Insert the correct forms of the pronouns já, ty, my, vy, kdo, co:

1. U___(kdo) jste bydlel v Praze? 2. K___(vy) jde pan Novák. 3. Mám dopis od___(ty). 4. S___(kdo) mluvíte? 5. Viděl jsem___(ty) včera. 6. U___(my) bydlí ten starý pán. 7. Babička___(já) nevěřila. 8.___(Kdo) mohu pomáhat? 9. O___(co) jsme mluvili? 10.___(Vy) máte psa, a___(my) máme kočku. 11. Matka___(ty) kupuje nové pero. 12. Nevím,___(co) mohu dělat. 13. Vaše sestra si hraje u___(my) na dvoře. 14. Pan profesor se ptá na___(vy). 15. Babička na___(my) často myslí.

III. Insert the correct forms of the indicated possessives:

1. Tato kniha je___(můj), a ona je___(váš). 2. S___(váš) matkou nechci mluvit. 3. Dávám toto pero___(váš) bratrovi. 4. Byli jsme včera u___(jeho) doktora. 6. S___(můj) bratrem se špatně nakupuje. 7. Nečetl jsem nic z___(tvůj) knihy. 8. Pan profesor píše___(svůj) perem. 9. V___(náš) městě je nové divadlo. 10. Proč chcete___(můj) tužku? Nemáte___(svůj)? 11. Cítím se ve___(váš) městě opuštěný. 12. Nevíte nic o___(svůj) literatuře? 13. Kromě___(tvůj) matky neznám zde nikoho. 14. Proč nikdy nenavštěvujete___(svůj) babičku? 15. Ve___(váš) hotelu se dobře žije.

IV. Insert negative pronouns, adjectives or adverbs as required:

1. Nevím___(nothing) o vašem městě. 2. Zde neznám___(no one). 3. Nemám___(no) papír. 4. Neznám___(neither) pana Nováka,___(nor) pana Dvořáka. 5. Nejdeme___(nowhere). 6. Ve škole nebyl___(not even) Honza. 7. Nepomáháš___(in no way) matce. 8. Nemáte___(no) tužku? 9. Ten

pán nebydlí u _____(no one). 10. Nemohu pomáhat_____(no one).
11. Ten člověk_____(no one) nevěří. 12. Moje kniha není
_____(nowhere).

V. Translate into Czech:
1. Our mutual acquaintance in America, Dr. Čapek, knows a
great deal about Czech literature. 2. He is translating a
Czech novel. 3. He reads Czech very well, but he does not
speak Czech. 4. He knows Russian and Polish. 5. Almost no
one in our town knows German. 6. Czech is a difficult lan-
guage. 7. Yes, but German is also difficult. 8. I have been
studying German for a long time (use UŽ with the present
tense), but still I cannot read anything in German. 9. That's
bad. You must try to read at least a little. 10. I do not be-
lieve you when you say that you cannot read Czech. 11. At our
school there is no course in (of) English literature. 12. At
first I could not read this letter. 13. In this letter my
acquaintance writes that she is studying Russian language and
literature. 14. But she cannot converse with anyone, because
she cannot speak Russian yet. 15. Thank you very much. Good-
bye.

CHAPTER ELEVEN

Soft masculine and neuter nouns in the singular. Pronouns of
the third person. Review of personal pronouns. Indefinite ex-
pressions with the prefix ně-.

ČTENÍ: READING

Dnes jdu se svým přítelem na procházku za město.[1] Můj
přítel studuje na Karlově universitě[2] v Praze. Jeho otec je
učitelem[3] v našem městě a můj přítel je nyní doma na návštěvě.

Jdeme přes městské hřiště ven do přírody. Na hřišti si
hraje nějaký chlapec se svým psem: hází psu míč a pes jej
přináší zpět chlapci. Za hřištěm jdeme přes pole a přeska-
kujeme[4] potok. Potom jdeme lesem. Je už poledne a stín lesa
je velmi příjemný. Za lesem pozorujeme, že se obloha náhle
zatahuje.[5] Velký mrak zakrývá slunce. Pojednou se spustí[6]
prudký déšť.

„Musíme se jít někam schovat",[7] volá můj přítel.

Ale nadarmo. Brzy přestává[8] pršet a slunce zase svítí. Jsme v dobré **náladě**, a když potkáváme hezkou venkovskou dívku, můj přítel s ní začíná flirtovat. Ona nějak poznává,[9] že je student a odmítá s ním mluvit. „Teď nejsi v Praze, ale na venkově", směji se mu. „Víš, že je to v Praze stejné?" odpovídá zamračeně. „Některé dívky se nechtějí bavit se studentem. Buď je pro ně příliš chudý, nebo příliš vážný, nebo příliš inteligentní".[10] „A jaký jsi ty?" „Příliš chudý, příliš vážný a příliš inteligentní, ovšem", odpovídá žertovně. „Takový je studentský život".

PŘÍSLOVÍ: PROVERBS

Mladý lhář, starý zloděj.

Kdo chce, ten může.

Co na srdci, to na jazyku.

Notes

[1] Za město, beyond the city, i.e., to the country. Compare **za městem** (with ins.), out of town. [2] Karlova universita, Charles University, in Prague, so named after its founder, Emperor Charles IV, who established it in 1348. [3] Učitelem, ins. Predicate nouns are placed in the instrumental when they denote a person performing a certain function or serving in a certain capacity. [4] Přeskakovati (III), to jump over. [5] Zatahovati se (III), to become clouded. [6] Spustí se, falls. [7] Schovati se, to take shelter. [8] Přestává, it stops. [9] Poznává, recognizes. [10] Inteligentní, intelligent.

SLOVNÍČEK: VOCABULARY

buď ... anebo	either ... or	chudý	poor
dešť (m. soft)	rain	lhář (m. soft)	liar
hezký	pretty, fine, nice	míč (m. soft)	ball
		mrak	cloud
hřiště (n. soft)	playground	nadarmo	in vain
chlapec (gen. chlapce)	boy, fellow	náhle	suddenly, unexpectedly
		nálada	mood, spirit

návštěva	visit	přítel (m.	
nějak	somehow, in	soft)	friend
	some way	slunce (n.	
nějaký	some sort	soft)	sun
	of, some	srdce (n.	
někam	(to) some-	soft)	heart
	where	stejný	equal, of the
některý	a certain,		same kind
	some, certain	studentský	student (adj.)
nyní	now, at	učitel (m.	
	present	soft)	teacher
obloha	sky	vážný	serious
otec (gen. otce,		venkov (gen.	countryside,
voc. otče!)	father	venkova)	country
pojednou	all at once,	venkovský	country (adj.)
	suddenly	zamračeně	gloomily
pole (n. soft)	field	zloděj (m.	
poledne (n.		soft)	thief
soft)	noon	žertovně	jokingly
příroda	nature, coun-	život (gen.	
	try, open air	života)	life

Verbs

flirtovati (III), to flirt
házeti (II: 3rd pl.: –ejí), to throw, cast
odmítati (I), to refuse to (with inf.)
potkávati (I), to meet, pass
pozorovati (III), to observe, notice
pršeti (II), to rain (prší, it is raining)
přinášeti (II: 3rd pl.: –ejí), to bring
svítiti (II), to shine
začínati (I), to begin, start (with inf.)
zakrývati (I), to cover

MLUVNICE: GRAMMAR

49. SOFT MASCULINE AND NEUTER NOUNS IN SINGULAR

Soft nouns end in soft or neutral consonants or in soft vowels.

Soft masculines end in a soft consonant (ť, ď, ň, ř, š, ž, c, č, j) or in a neutral consonant (l, rarely s and z). All **animate** nouns ending in -tel (e.g., učitel, *teacher*) are soft. Some masculine nouns ending in l, s or z are, of course, hard.

Soft masculines ending in a soft consonant	Soft masculines ending in a neutral consonant
otec	učitel
míč	přítel
dešť	

Declension of Soft Masculines in the Singular

Compare the declension of hard masculines:

	Animate	Animate
Nominative:	přítel	bratr
Genitive:	přítele	bratra
Dative:	příteli (přítelovi)	bratru (bratrovi)
Accusative:	přítele	bratra
Vocative:	příteli!	bratře!
Prepositional:	o příteli (přítelovi)	o bratru (bratrovi)
Instrumental:	přítelem	bratrem

	Inanimate	Inanimate
Nominative:	míč	park
Genitive:	míče	parku
Dative:	míči	parku
Accusative:	míč	park
Vocative:	míči!	parku!
Prepositional:	o míči	v parku
Instrumental:	míčem	parkem

Soft neuters end in -e or -ě in the nominative singular: pole, slunce, hřiště, etc.

Declension of Soft Neuters in the Singular

	Neuters in –e	Neuters in –ě	Compare the hard neuter declension:
Nominative–Vocative:	pole	hřiště	okno
Genitive:	pole	hřiště	okna
Dative:	poli	hřišti	oknu
Accusative:	pole	hřiště	okno
Prepositional:	o poli	na hřišti	v okně
Instrumental:	polem	hřištěm	oknem

50. DECLENSION OF PERSONAL PRONOUNS OF THE THIRD PERSON

Singular

	Masculine	Feminine	Neuter
Nominative:	on	ona	ono
Genitive:	jeho, ho	jí	jeho, ho
Dative:	jemu, mu	jí	jemu, mu
Accusative an.:	jeho, ho, jej	ji	je
Accusative inan.:	jej		
Prepositional:	o něm	o ní	o něm
Instrumental:	jím	jí	jím

Plural

	Masculine	Feminine	Neuter
Nominative an.:	oni	ony	ona
Nominative inan.:	ony		

All Genders

Genitive:	jich
Dative:	jim
Accusative:	je
Prepositional:	o nich
Instrumental:	jimi

The nominative forms are used for emphasis, contrast, or when the verb is omitted. They are also used for necessary distinction of gender:

Otec a matka jsou doma.   Father and Mother are at home.

<u>On</u> píše a <u>ona</u> čte.   He is writing and she is reading.

Of the two forms for the genitive, dative and accusative singular (masculine and neuter), the first is stressed and emphatic; the second is unstressed and always enclitic:

Stressed:
To je pan Novák a jeho   This is Mr. Novák and his wife.
žena. Znám <u>ji</u>, ale   I know *her*, but I do not know
neznám <u>jeho.</u>   *him*.

Unstressed:
To je pan Novák. Neznám   This is Mr. Novák. I do not
ho.   know him.

Other forms are normally unstressed and enclitic. Thus they fall after the first stressed word or phrase in the sentence (not counting a, i and ale). For emphasis, however, they may be removed from second position:

Unstressed:
Mluvili jsme o nich.   We talked about them.

Stressed:
O <u>nich</u> jsme mluvili, a   We talked *about them*, and not
ne <u>o vás.</u>   *about you.*

After prepositions the initial consonant j– of the third person pronouns becomes ň– . The stressed form only may be used:

u něho   at his house
k ní   to her
mimo ně   besides them
s nimi   with them

51. REVIEW OF PERSONAL PRONOUNS, FIRST AND SECOND PERSONS

Singular

	1st person	2nd person
Nominative:	já	ty
Genitive:	mne, mě	tebe, tě
Dative:	mně, mi	tobě, ti
Accusative:	mne, mě	tebe, tě
Vocative:	...	ty!
Prepositional:	o mně	o tobě
Instrumental:	mnou	tebou

Plural

	1st person	2nd person
Nominative:	my	vy
Genitive:	nás	vás
Dative:	nám	vám
Accusative:	nás	vás
Vocative:	...	vy!
Prepositional:	o nás	o vás
Instrumental:	námi	vámi

The use of these forms is like that of third person pronouns (see above). Note that the genitive case of the pronoun is not used to express possession, since this function is taken by the possessive adjectives (můj, náš, etc.).

52. INDEFINITE PRONOUNS, ADJECTIVES AND ADVERBS FORMED WITH PREFIX ně-

The prefix ně- is added to interrogatives to form indefinite expressions. Contrast the meaning of such compounds with the negatives formed with the prefix ni-:

Interrogative		Indefinite Positive		Negative	
kdo?	who?	někdo	someone	nikdo	no one
co?	what?	něco	something	nic	nothing
jaký?	what kind of?	nějaký	some, some sort of	nijaký	of no kind
který?	which one?	některý	some, a certain	nikterý	none (archaic, replaced by žádný)
jak?	how?	nějak	somehow, in some way	nijak	in no way
kde?	where?	někde	somewhere	nikde	nowhere
kam?	whither?	někam	somewhere	nikam	nowhere
kolik?	how much, how many? (with gen.)	několik	some, several, a few		

Někdo and něco are pronouns, declined like kdo and co. Nějaký and některý are hard adjectives. The others are adverbs, and invariable.

CVIČENÍ: EXERCISES

I. Memorize the following expressions:

Prší.	It is raining.
Slunce svítí.	The sun is shining.
Jsem v dobré (špatné) náladě.	I am in a good (bad) mood.
Nějaký pán na vás čeká.	A gentleman is waiting to see you.

II. Fill in the correct form of the indicated soft nouns:

1. _____(The boy) si hraje na_____(the playground).
2. Házím mu_____(a ball). 3. U mého_____(friend) bydlí
náš_____(teacher). 4. Na_____(father) čeká nějaký pán.
5. S_____(a friend) jsem šel za město. 6. Dívka si hraje
na_____(the sun). 7. V_____(noon -- acc.) musím jít
k_____(the teacher's). 8. Za tím_____(field) je les.
9. Náš_____(teacher) šel k mému_____(father).

III. Distinguish exactly in English:

    1. (a) Nikdo zde není. (b) Někdo je zde.
    2. (a) Nemáte pro mne nic. (b) Nemáte pro mne něco?
    3. (a) Někdy nevím, co mám dělat. (b) Nikdy nevím, co
        mám dělat.
    4. (a) Otec jde někam. (b) Otec nikam nejde.

IV. Replace the noun in capital letters with the correct
form of the third person pronoun:

1. Navštěvuji BABIČKU. 2. U BABIČKY se dobře jí. 3. Dříve
jsem nikdy nejel k BABIČCE. 4. V NAŠEM MĚSTĚ není hřiště.
5. OTEC A MATKA jsou na návštěvě a my jsme doma. 6. S HONZOU
A MILADOU si hraje malý Karlík. 7. Ten chlapec nepomáhá SVÉ
MATCE. 8. Neznáme TOHO PÁNA. 9. Jdeme k POTOKU. 10. Mrak
zakrývá SLUNCE. 11. Jedeme do Brna AUTEM. 12. Mám dopis od
SVÉHO UČITELE. 13. Přináším domů NOVOU KNIHU A PERO. 14. Pod
TOU KNIHOU leží vaše tužka.

V. Translate into Czech:
1. My friend and I are going to the country (beyond the
city) for a walk. 2. On the way (ins.) we meet our teacher.

3. He tells us that a friend of his (his friend) from America
is visiting him. 4. "I haven't seen him for a long time," he
says. 5. In the field someone meets us and begins to speak
with us. 6. We do not know him, but we are in good spirits,
and talk with him for a long time. 7. My friend notices that
it is beginning to rain, and wants to go home. 8. "We must
go somewhere," I answer (to) him. 9. He refuses to go with me
to my teacher's. 10. "I don't know him," he says gloomily.
11. It is pleasant to go for a walk in the sun, but not in
the rain. 12. A (some) gentleman wants to talk with you.
13. He says he is a friend of your father. 14. He wants to
talk either with you or with Mrs. Novák. 15. Such is life!

CHAPTER TWELVE

Soft feminine nouns in the singular. Soft adjectives in the
singular. Relative pronoun který. Review exercises.

ČTENÍ: READING

Dnes jíme v restauraci, ve které otec někdy obědvá. Maminka
jela na venkov k babičce na návštěvu.

Číšník nám podává jídelní lístek a my jej prohlížíme.
Nejdříve si objednáváme předkrm. Otec a já si objednáváme
rybu a bratr vejce v nějaké omáčce. „Dobrou chuť", říkáme
otci, když začínáme jíst.

Jako příští chod si objednáváme polévku. Číšník doporučuje
bílou polévku,[1] ale my s ním nesouhlasíme. Otec a já si
objednáváme hnědou polévku[1] a bratr rybí.

„Jaké maso si přejete?", ptá se číšník. „Pečeně je dnes
velmi dobrá; je to hovězí pečeně". Já si ji objednávám, ale
tatínek chce telecí a bratr šunku. Hovězí a šunka jsou
výborné, ale tatínek říká, že má jenom kost. K masu jíme
zeleninu: kapustu, špenát a salát.

„Jaký nápoj si přejete?", ptá se číšník. Tatínek si objed-
nává černé pivo a bratr světlé. Chci také černé pivo, ale
tatínek myslí, že pivo není dobré pro malou dívku. Já musím
pít kávu. Objednáváme také chléb a pečivo. Jako desert si

objednáváme sýr, který je čerstvý a výborný. Bratr si objednává moučník, a říká o něm, že není čerstvý. Kývá na vrchního a dlouhá rozmluva se začíná. Konečně se moučník vrací do kuchyně, číšník přináší jiný moučník, a ten bratr sní.[2] Otec se směje a kývá na vrchního: „Platit, prosím".[3]

Vrchní nám dává účet. Otec jej prohlíží a říká:

„Já nevím, čí je tenhle účet, to není náš. Nikdo z nás neměl víno".

Vrchní se omlouvá[4] a dává nám správný účet. Otec platí, nechává číšníkovi zpropitné a všichni[5] vycházíme z restaurace.

Notes

[1] Bílá polévka is thick (light) soup, and hnědá polévka is clear soup. [2] Sní, eats up. [3] Platit, prosím! The check, please! Note the use of the infinitive: chci platit is understood. Prosím, lit., *I ask,* is used for *please.* [4] Omlouvati se, to apologize. [5] Zpropitné, a tip; všichni, all.

SLOVNÍČEK: VOCABULARY

čí?	whose?	moučník	pastry
číšník	waiter	nápoj (m. soft)	beverage
desert	dessert	omáčka	sauce, gravy
hnědý	brown	pečeně (f.)	roast meat
hovězí	beef (adjective, often used as noun)	pivo	beer
		polévka	soup
		předkrm	hors d'oeuvres, appetizer
chod	course (of a meal)	příští	future, next
chuť (f.)	appetite, taste	restaurace (f.)	restaurant
kapusta	kale	rozmluva	conversation
káva	coffee	ryba	fish (noun)
kost (f. soft)	bone	rybí	fish (adj.)
kuchyně (f.)	kitchen	salát	lettuce, salad
lístek (gen. lístku)	ticket, note, sheet	světlý	light, bright
jídelní lístek	menu	sýr (gen. sýra)	cheese
		špenát	spinach

šunka	ham	vrchní	upper, chief;
telecí	veal (adjec-		headwaiter
	tive; often		(used as noun)
	used as noun)	výborný	fine, excellent
účet (gen.		zelenina	vegetables
účtu)	bill, account		(collective
vejce (n.)	egg		noun)

Verbs

doporučovati (III), to recommend

nechávati (I), to leave, let, let alone

obědvati (I), to dine, eat dinner

objednávati (si) (I), to order

platiti (II), to pay

podávati (I), to hand, pass, serve

prohlížeti (II; 3rd pl.: -ejí), to look over, through

přáti (III: přeji; past: přál), to wish (with acc. of thing
    wished and dat. of person to whom wished)

přáti si, to wish (for oneself)

souhlasiti (II), to agree (with S and ins.)

vraceti (II: 3rd pl.: -ejí), to give back, return (trans.)

vraceti se, to return, go back, come back (intr.)

vycházeti (II: 3rd pl.: -ejí), to go out (on foot), leave

MLUVNICE: GRAMMAR

53. SOFT FEMININE NOUNS IN THE SINGULAR

Soft feminine nouns end in -e (-ě), or in a soft or neutral
consonant (ť, ď, ň, ř, š, ž, c, č, j; v, l, s, z). Many nouns
ending in -st are also soft feminines.

Declension of Soft Feminines Ending in -e or -ě

Singular

	Feminines in -e	Feminines in -ě	Compare hard feminines
Nominative:	restaurace	kuchyně	kniha
Genitive:	restaurace	kuchyně	knihy

Singular

	Feminines in –e	Feminines in –ě	Compare hard feminines:
Dative:	restauraci	kuchyni	knize
Accusative:	restauraci	kuchyni	knihu
Vocative:	restaurace!	kuchyně!	kniho!
Prepositional:	v restauraci	v kuchyni	ve knize
Instrumental:	restaurací	kuchyní	knihou

Declension of Soft Feminines Ending in a Consonant

Singular

		Compare hard feminines:
Nominative:	kost	tužka
Genitive:	kosti	tužky
Dative:	kosti	tužce
Accusative:	kost	tužku
Vocative:	kosti!	tužko!
Prepositional:	v kosti	v tužce
Instrumental:	kostí	tužkou

54. SOFT ADJECTIVES, SINGULAR

Soft adjectives end in –í in the masculine singular, nominative case. Their declension is similar to that of hard adjectives, but all the endings contain the soft vowel –í:

Declension of Soft Adjectives, Singular

příští, *future, next*

	Masculine	Feminine	Neuter
Nominative-Vocative:	příští	příští	příští
Genitive:	příštího	příští	příštího
Dative:	příštímu	příští	příštímu
Accusative:	příští (příštího, an.)	příští	příští
Prepositional:	o příštím	o příští	o příštím
Instrumental:	příštím	příští	příštím

The feminine possessive adjective její (*her, hers, its*) is a soft adjective.

55. THE RELATIVE PRONOUN který

Besides its use as an interrogative adjective (*which one?*), který also serves as a relative pronoun, meaning *who, which,* or *that.* Který is declined as a hard adjective. Its gender and number are determined by its antecedent (i.e., the noun which it replaces). Its case, however, is determined by its function in the clause in which it stands:

Ten žák, který zde není, je můj přítel.

The student who isn't here is my friend.

Ten pán, kterého neznáte, je náš učitel.

That gentleman, whom you don't know, is our teacher.

Kniha, kterou čtete, je moje.

The book which you are reading is mine.

Pero, kterým píšete, je špatné.

The pen with which you are writing is a bad one.

Note that the clauses containing který, like other subordinate clauses, are set off by commas.

56. TRANSLATION OF "WHOSE?"

Interrogatively, *whose?* is translated by the adjective čí, declined as a soft adjective:

Nevíte, čí je ten dům?

Don't you know whose house that is?

Čím perem píšete?

With whose pen are you writing?

CVIČENÍ: EXERCISES

I. Memorize the following expressions:

Platit, prosím!

Check, please!

Co si přejete?

What do you wish?

Dobrou chuť!

Good appetite!

II. Fill in with the correct form of the relative pronoun, který:

1. Znáte toho člověka, s_____pracujete? 2. To je učitel, _____jsme včera viděli. 3. Zde je park, ve_____jsem si nikdy nehrál. 4. Pero,_____píšeš, je špatné. 5. Znáte město,

_____je za řekou? 6. Dům, z_____jde ten pán, je náš.
7. Restaurace, ve_____obědvám, není drahá. 8. Jídlo,_____
jíme, má dobrou chuť. 9. To je pán, u_____bydlím. 10. Jeho
paní,_____asi neznáte, je teď v Praze. 11. Maso,_____nám
číšník podává, je telecí. 12. Pán, ke_____jdeme, je profesor.

III. Fill in with the correct forms of the indicated nouns
or adjectives:
  1. Dnes jíme v_____(restaurant). 2. Není žádné maso na té
_____(bone). 3. Jím s dobrou_____(appetite). 4. Jako_____
(the next) chod si objednávám salát. 5. Jíme_____(fish)
polévku. 6. Otec dává zpropitné_____(to the headwaiter).
7. Číšník nám podává_____(the menu). 8. Na_____(the menu)
čteme, že se doporučuje_____(veal) maso. 9. Objednáváme si
_____(beef roast). 10. Číšník nám přináší polévku z_____
(the kitchen). 11. K_____(fish) polévce jím chléb.
12. Slyšeli jsme dlouhou_____(conversation) u_____(a
friend) mého bratra. 13. Na_____(the sun) je příjemně, ale
ne ve stínu. 14. Číšník podává_____(to Father)_____(veal
roast).

IV. Translate into Czech:
  1. When we eat in a restaurant, I always have a good appe-
tite. 2. Mother is in the country on a visit, and therefore
we are eating dinner today at the restaurant in which Father
often eats. 3. Father wishes us (dat.) a good appetite.
4. The waiter gives us the menu. 5. I do not know him, but
Milada, who often plays with his daughter, knows him well.
6. We order hors d'oeuvres and soup. 7. I eat light (white)
soup, and Father dark (brown) soup. 8. "What kind of meat do
you wish?" asks the waiter. 9. Brother orders beef, but says
that it is all (samá) bone. 10. A long discussion begins with
the headwaiter. 11. The beef returns to the kitchen, and the
waiter brings Brother veal. 12. He eats salad with (k with
dat.) his meat. 13. I order pastry as dessert, but it isn't
fresh. 14. Father leaves a tip (zpropitné), pays, and we go
out of the restaurant.

REVIEW EXERCISES

  I. Insert the proper form of the verb indicated, present or
past:

1. Honza si_____(wanted to play) dnes se svým přítelem.
2. _____(He went) ke Karlíkovi a_____(talked) s jeho matkou.
3. Karlík_____(must work) dnes, _____(says) jeho matka.
4. Matka_____(hurries) domů a_____(begins to wash) podlahu.
5. _____(I am taking, i.e., leading) sestru k doktorovi.
6. Profesor_____(praises) svého žáka. 7. Sestra a bratr se
_____(quarrel). 8. _____(We need) chléb, a já_____(must go)
do obchodu. 9. Ale v tomto obchodě se chléb_____(is not sold).
10. _____(I thank) vám mnohokrát, pane učiteli! 11. Sníh_____
(was falling), když_____(we were returning) domů. 12. Matka
říká, že se musím_____(bathe and comb myself). 13. Honza
_____(does not obey). 14. Matka_____(goes) do města_____
(to shop). 15. Můj přítel_____(used to study) v Praze na
universitě.

II. Insert proper forms of the indicated nouns and pro-
nouns:

1. Při jejich_____(conversation) jsem mlčel. 2. Nejedeme
správnou_____(way). 3. Znám tu ženu, ale nikdy jsem s_____
(her) nemluvil. 4. Doktor byl pryč, když jsme byli u_____
(him). 5. Nechci si hrát s_____(you). 6. Četl jste_____
(something) o_____(that)? 7. Měl jsem krátkou_____(conversa-
tion) se svým_____(friend). 8. V tomto_____(hotel) je dobrá
_____(restaurant). 9. Biji psa, když_____(me) neposlouchá.
10. Sestra se_____(us) směje. 11. Četl jste_____(something)
z české_____(literature)? 12. _____(The Czech language) není
těžká pro_____(you), když umíte slovensky. 13. Tento román
je ve velké_____(favor). 14. _____(No one) nebyl doma dnes
kromě_____(me). 15. S_____(whom) jste právě mluvil a o
_____(what)?

III. Translate into Czech:
1. You are wrong when you say that we are having a good
time. 2. I didn't ask our teacher why he speaks only in Czech.
3. We are buying a new car today, and therefore we are going
downtown. 4. When we walked through the park, some boy was
throwing a ball to his dog. 5. By what way did you go to the
doctor's? 6. Sometimes I think that even the teacher is wrong.

7. Brother didn't help us; he only played in the yard with his friend. 8. Someone has been here, but I do not know who. 9. I have neither a pen nor a pencil. 10. I have never read that novel, but they say (prý) it is very interesting. 11. Today it is raining, and so I am helping Mother. 12. We haven't studied long, but in spite of that we know Czech very well. 13. I know almost nothing about English literature. 14. Our grandmother lives in the country, and Mother is now at her house on a visit. 15. Milada is either reading or sleeping.

CHAPTER THIRTEEN

Aspect explained. Aspect formation through changes of verbal stem or change of conjugation. Tense system of the perfective aspect. Future tense, imperfective and perfective. Past tense, perfective aspect.

ČTENÍ: READING

Včera jsem pomáhala mamince. Pomáhala jsem velmi ochotně, protože nám maminka slíbila, že nám koupí ve městě dárek, když jí pomůžeme.[1] Ale bratr mi říkal, že slíbil navštívit našeho strýce. „Strýc chce dnes jet do Prahy", řekl, „a já chci jet s ním". Řekla jsem, že také slíbil pomoci mamince a mně. „Pomohu vám zítra", odpověděl. A když jsem mu řekla, že musí zůstat doma a pomáhat, najednou vstal a utekl.

Nejdřív jsem dala jídlo do ledničky a potom jsem začala mýt nádobí.[2] Myla jsem je skoro půl hodiny. Když jsem umyla nádobí, vzala jsem hadr a mýdlo a začala jsem mýt podlahu. Myla jsem celou hodinu a skoro jsem byla hotova, když pojednou Honza vběhl do kuchyně ze dvora se psem.

„Kde je maminka?", ptal se Honza.

„Nevím. Šla dnes ráno do města nakupovat a bude asi ve městě až do[3] večera. Co chceš?"

„Chci jít do města, chci jí pomoci nakupovat".

„Nevím, kde je teď".

„Dnes večer chce navštívit babičku a slíbila, že budu smět jít k babičce, pomohu-li nakupovat".[4]

„No, pomůžeš-li mi teď, budeš moci jít k babičce dnes večer".

„Ale chci jít nakupovat. Potřebuji nový kabát. Neříkala ti maminka nic o mém kabátu?"

„Ne, neříkala nic".

„Babička slíbila, že mi dá novou čepici, až[5] dostanu nový kabát".

„Pomůžeš-li mi, maminka ti dovolí navštívit babičku".

„Ale pak mi maminka nekoupí nový kabát a babička mi nedá novou čepici".

„Je mi tě líto, ale nemohu ti pomoci. Musíš zůstat doma a pomáhat".

„Ale maminka neříkala, že ti musím pomáhat". Nato Honza vyběhl se psem ven. Znovu jsem musela mýt podlahu, protože byla zase celá špinavá.

Notes

[1] Když, if. This meaning is especially common in colloquial style. With the future tense, když means only *if*, never *when*. [2] Nádobí (n. sing.), dishes. [3] Až do, until. The combination of the two words is more common in this meaning than do alone. [4] Pomohu-li jí, if I will help her. The suffixed particle -li means *if* or *whether*. It is added to the verb, which then stands first in its own clause. Note that in Czech the verb is future in *if* clauses whenever the meaning is future, though English prefers the present tense. -li is frequently used in indirect questions: Nevím, pomůže-li nám bratr, I don't know *if* Brother will help us. [5] Až dostanu, when I will get. Až is used with the future tense to mean both *until* and *when*. Když, on the other hand, means only *if* with the future (see Note 1).

SLOVNÍČEK: VOCABULARY

až	until, when (see Notes 3 and 5)	hadr	rag
		hotový	ready, finished
		líto	sorry (with dat. and gen.: je mi vás líto, I am sorry for you)
čepice (f.)	cap		
dárek (gen. dárku)	gift, present		

mýdlo	soap	podlaha	floor
najednou	at once, suddenly	půl	half (with gen.)
		skoro	almost, nearly
nejdřív(e)	first (adv.)	strýc (m.)	uncle
ochotně	willingly	zítra	tomorrow
pak	then, next		

Verbs:

Imperfective		Perfective
bráti (III: beru)	to take	vzíti (III: vezmu; past: vzal)
dostávati (I)	to receive, obtain, get	dostati (III: dostanu)*
dovolovati (III)	to allow (with dat. and inf.)	dovoliti (II)
směti (II: 3rd pl. smějí)	to be allowed to (with inf.)	None
umývati (I)	to wash	umýti (III, umyji)*
utíkati (I)	to run away, escape	utéci (III: uteku, utečeš ... utekou; past: utekl)*
vbíhati (I)	to run in	vběhnouti (III)
vybíhati (I)	to run out	vyběhnouti (III)
začínati (I)	to begin, start (with inf.)	začíti (III: začnu; past: začal)*
zůstávati (I)	to dwell, stay, remain	zůstati (III: zůstanu)*

MLUVNICE: GRAMMAR

57. ASPECT EXPLAINED

All Czech verbs may be classified as belonging to one of two aspects: perfective or imperfective. The use of the perfective aspect stresses the completed nature of an action,

---

* These verbs are compounds (e.g., dostati is formed from the prefix do– and the stem verb –stati). Hence, though their infinitives have three syllables, they are conjugated like third conjugation verbs with infinitives of two syllables.

or the result obtained. The use of the imperfective aspect
stresses that the action is viewed as enduring or repeated,
without definite termination or result.

Aspectual differences also exist in English. Thus, speaking
of the past, we may say *Sister left* or *Sister was leaving,*
with a clear distinction of meaning. In the first sentence it
is clear that the action of leaving is completed, and that
Sister is now gone. In the second sentence we say nothing
about the completion of the action. We may say *I have studied
mathematics, I studied mathematics,* or *I was studying mathe-
matics.* In the first sentence the use of the perfect tense
implies that the action was carried out to a definite end,
and the perfective aspect would normally be used here in
Czech. In the last sentence, *I was studying mathematics,* the
use of the past progressive tense implies that the action was
interrupted. Here the imperfective aspect would be used in
Czech. In the second sentence, *I studied mathematics,* we
cannot judge without a larger context whether the verb would
be perfective or imperfective in Czech, since this sentence
does not of itself tell us whether the action of studying was
brought to a definite conclusion or not.

Czech verbs show such a differentiation of verbal aspect.
It must be stressed at the outset that aspectual differences
in Czech and English are not the same. Any attempt to trans-
late a given Czech aspect mechanically by any single verbal
form in English is impossible. The logic of the Czech aspects
must be mastered and applied independently of English.

The imperfective aspect is used when we stress the action
itself without reference to a definite termination or result.
The use of the imperfective aspect may signify that the ac-
tion is habitual or repeated, that it is interrupted before
a definite result is achieved, that it endures for a period
of time without consideration of its result, or that the ac-
tion itself is stressed more than the results of the action:

<u>Psal</u> jsem úlohu, když bratr vešel.	I *was writing* my lesson when Brother came in (incompleted action).
Celý rok jsem <u>vstával</u> časně.	For a whole year I *got up* early (repeated or habitual action).
Co jste včera <u>dělal</u>? <u>Nakupoval</u> jsem.	What *did you do* yesterday? I *was shopping* (action itself stressed rather than the result of the action).

The <u>perfective</u> aspect is used when the verbal action is brought to a clear termination, or a definite result is achieved. When the perfective aspect is used, the result obtained by the action is often stressed as more important than the verbal action itself. (Note in the following examples that vstáti is the perfective of vstávati, and prodati is the perfective of prodávati.)

Vstal jsem a šel dolů.	I *got up* and went downstairs (single action, completed).
Prodal jsem dnes tu knihu.	I *sold* that book today (single action, completed).
Prodal jsem svůj kabát, a teď je mi zima.	I *sold* my coat, and now I am cold (result of the action stressed rather than the action itself).

58. ASPECT FORMATION THROUGH CHANGE OF VERBAL STEM OR CHANGE OF CONJUGATION

There are several types of relation between the forms of the perfective and imperfective aspects. In this lesson three such types of relation will be presented; the fourth will be discussed in Chapter XIV.

1. The imperfective verb has one type of present conjugation, while its corresponding perfective has a different type of conjugation. Often there is stem vowel or consonant mutation:

Imperfective		Perfective
padati (I)	to fall	padnouti (III)
kupovati (III)	to buy	koupiti (II)
říkati (I)	to say	říci (III)

2. The infix –va– is added to the perfective to form the imperfective:

dávati (I)	to give	dáti (I)
přiznávati (I)	to admit	přiznati (I)

3. Irregular pairing of unrelated stems (rare):

bráti (III)	to take	vzíti (III)

Table of Perfective Verbs Corresponding to Imperfectives Already Learned

Imperfectives		Perfective
dávati (I)	to give, put	dáti (I)

Imperfective		Perfective
doporučovati (III)	to recommend	doporučiti (II)
kupovati (III)	to buy	koupiti (II)
navštěvovati (III)	to visit	navštíviti (II)
nechávati (I)	to leave, let	nechati (I)
objednávati (I)	to order	objednati (I)
odmítati (I)	to refuse	odmítnouti (III)
odpovídati (I)	to answer	odpověděti (like věděti: odpovím, odpovíš ... odpovědí)
padati (I)	to fall	padnouti (III)
podávati (I)	to hand, pass	podati (I)
pomáhati (I)	to help	pomoci (III, like moci: pomohu, pomůžeš ... pomohou; past: pomohl)
potkávati (I)	to meet	potkati (I)
prodávati (I)	to sell	prodati (I)
prohlížeti (II)	to look over	prohlédnouti (III)
překládati (I)	to translate	přeložiti (II)
přinášeti (II)	to bring	přinésti (III: přinesu)
přiznávati (I)	to admit	přiznati (I)
říkati (I)	to say	říci (III: řeknu; past: řekl)
slibovati (III)	to promise	slíbiti (II)
trhati (I)	to tear, jerk	trhnouti (III)
vraceti (II)	to return	vrátiti (II)
vstávati (I)	to get up	vstáti (III: vstanu)
zakrývati (I)	to cover	zakrýti (III: zakryji)

59. TENSE SYSTEM OF THE PERFECTIVE ASPECT

The perfective aspect has no present tense. Since every action in the present is in process, and is not completed (if it were completed, it would be past), every verb in the present is necessarily imperfective. The perfective has all tenses and moods of the verb except the present, however:

past, future, infinitive, imperative, subjunctive. When using these forms the speaker is always compelled to choose between the imperfective and the perfective:

Imperfective	Perfective

Past:

Vždycky jsem pomáhal matce.

I have always helped Mother (repeated or habitual action).

Včera jsem pomohl matce.

Yesterday I helped Mother (single, completed action).

Present:

Dnes pomáhám matce.

Today I am helping Mother.

None.

Future:

Vždycky budu pomáhat matce.

I shall always help my mother (repeated or habitual action).

Pomohu matce prodat dům.

I shall help Mother sell our house (single action to be completed in the future).

Note that with the future the perfective has the meaning of a single action which presumably will be brought to a definite conclusion or result in the future. The imperfective future implies that the action will be left without definite conclusion, will be repeated or prolonged, or it stresses the performance of the action itself more than the result of the action (e.g., Budu pomáhat ochotně, impf., *I will help gladly*).

Infinitive:

Každý den musím pomáhat matce. Dnes musím pomoci matce.

I must help my mother every day (repeated or habitual action).

Today I must help my mother (single action to be completed in the future).

60. FUTURE TENSE, IMPERFECTIVE AND PERFECTIVE

Imperfective verbs form their future with the auxiliary verb budu, the future of *to be*:

Conjugation of budu, Future of "to be"

	Singular			Plural	
1st person:	budu	I shall be	budeme		we shall be
2nd person:	budeš	thou shalt be	budete		you will be
3rd person:	bude	he, she, it will be; there will be	budou		they will be; there will be

This verb may stand alone, as the future tense of *to be*. Used with the infinitive of an imperfective verb, budu forms the future tense of the imperfective aspect. Thus, budu čísti means *I shall read, shall be reading*; budeme dávat, *we shall give, shall be giving*, etc.

Imperfective Future of čísti, "to read"

	Singular	Plural
1st person:	budu čísti	budeme čísti
2nd person:	budeš čísti	budete čísti
3rd person:	bude čísti	budou čísti

The auxiliary verb budu may be used only to form the imperfective future. Budu *may never be used with perfective verbs*.

Since the perfective aspect has no present tense, the forms of its "present" conjugation can serve for the future. Thus, the future of dáti (I, perf.), *to give* is dám, dáš, dá, etc. (*I shall give, I shall have given*, etc.).

Perfective Future of říci, "to say"

	Singular	Plural
1st person:	řeknu	řekneme
2nd person:	řekneš	řeknete
3rd person:	řekne	řeknou

61. PAST TENSE, PERFECTIVE ASPECT

The past tense of perfective verbs is formed from the infinitive in the same way as that of imperfective verbs. The meaning, of course, is distinct:

Imperfective	Perfective
Včera jsme pomáhali matce celý den.	Pomohli jsme matce prodat dům.
Yesterday we helped Mother all day (prolonged action).	*We helped Mother sell the house* (single, completed action).
Pomáhal jsem matce, když bratr přišel domů.	
I was helping Mother when Brother came home (incompleted action).	

Imperfective

Loni jsme každý den <u>pomáhali</u>
   matce.
Last year we helped Mother
   every day (repeated or
   habitual action).

62. SEQUENCE OF TENSES IN CZECH

In Czech the verb in a subordinate clause has a tense value
which is purely relative to that of the main verb. The verb
of the subordinate clause is past, if the action which it de-
notes is *prior* to that of the main clause:

Věděl jsem, že bratr   I knew that Brother *had wanted*
   <u>chtěl</u> jít do bia.   to go to the movies.

The verb in the subordinate clause is present if the action
it describes is simultaneous with that of the main clause:

Věděl jsem, že bratr   I knew that Brother *wanted* to
   <u>chce</u> jít do bia.   go to the movies.

The verb in the subordinate clause is future if the action
it describes occurs after that of the main clause:

Věděl jsem, že bratr <u>bude</u>   I knew that Brother *would want*
   <u>chtít</u> jít do bia.   to go to the movies.

CVIČENÍ: EXERCISES

I. Memorize the following expressions:

Až dostanu jeho dopis,   *When* I get his letter, I will
   řeknu vám, co dělá.   tell you what he is doing.

Když dostanu jeho dopis,   *If* I get his letter, I will
   řeknu vám, co dělá.   tell you what he is doing.

Nepomůžeš-li mi,   If you don't help me, you will
   nedostaneš nic.   get nothing.

Je mi vás líto.   I am sorry for you.

II. Change the following sentences from past to future,
keeping the same aspect:

1. Matka mi dala novou čepici. 2. Pojednou bratr vběhl do
domu. 3. Pracoval jsem s tebou celý den. 4. Strýc dostal
dárek od babičky. 5. Matka ti nedovolila jít do bia. 6. Sestra
si nesměla hrát na dvoře. 7. Nemohl jsem pracovat; neměl jsem

čas. 8. Najednou bratr vstal a utekl. 9. Myl jsem nádobí celou hodinu. 10. Tatínek zůstal doma. 11. Nechtěl jsi pracovat?

III. Distinguish meanings clearly:
1. (a) Překládám tuto knihu. (b) Přeložím tuto knihu.
2. (a) Prodávám svůj dům. (b) Prodám svůj dům.
3. (a) Nekoupím si knihu. (b) Nekupuji si knihu.
4. (a) Bratr vstane časně. (b) Bratr vstává časně.

IV. Fill in the blanks with the proper verb form, perfective or imperfective past:
1. _____(Did you promise), že zítra pomůžete matce?
2. Včera _____(I arose) časně. 3. Loni_____(I received) dopis skoro každý den. 4. _____(Did you take) ode mne tu knihu? 5. _____(Did you give) bratrovi svou tužku? 6. Když _____(I saw) toho doktora,_____(he was buying) maso v obchodě. 7. Včera_____(I admitted), že jsem málo_____ (worked). 8. Doktor Čapek_____(knew) vašeho strýce.
9. Dlouho_____(I promised myself), že začnu pracovat.
10. Bratr_____(was not allowed to) jít na dvůr.

V. Fill in the blanks with the proper verb form, perfective or imperfective future:
1. Můj profesor nás zítra_____(will visit). 2. V tomto obchodě se brzo_____(will be sold) maso. 3. Zítra sestra _____(will get up) časně. 4. Sestra_____(will wash) podlahu. 5. Bratr_____(will not be allowed) s tebou mluvit. 6. _____(I will live) u toho pána. 7. _____(He will not take) vaše pero! 8._____(We will begin) číst česky. 9. _____(I will not answer) vám. 10._____(He will not admit), že nemá pravdu.

VI. Translate into Czech:
   I will help Mother only if she gives (will give) me a present. 2. Brother has promised to work in the garden and help us. 3. I will begin to wash the floor early in the morning. 4. I washed for a whole hour (acc.). 5. Then Honza ran in, and I had to wash the floor again. 6. When Mr. Novák comes back (fut.), I will tell you where he has been. 7. Brother

said that he would get up early tomorrow. 8. Mother thought
that she would buy a new hat today. 9. She went downtown with-
out Honza. 10. I am sorry for Sister, because she did not get
a present. 11. First I want to visit Grandmother, and then we
will begin shopping. 12. I helped Mother willingly. 13. My
uncle helps us every day, but yesterday he could not work.
14. I was wrong when I told you that. 15. If Mr. Novák gets
(will get) a letter from his wife, he will tell me what she
writes. 16. Brother refused to answer. 17. Mother left the
book on the table. 18. Did your friend bring you the book
which he had promised you? 19. I met the teacher in the city
yesterday. 20. My father ordered a new car, but has not yet
received it.

CHAPTER FOURTEEN

Aspects formed through prefixation. Prefixed perfectives.
Prefixed imperfectives. Verbs which lack perfective aspect.

ČTENÍ: READING

Včera jela naše rodina na Karlštejn. Karlštejn je velký,
starý hrad nedaleko od Prahy. Maminka, sestra a já jsme
posnídali doma, ale tatínek vstal a hned odešel, protože
musel zavolat strýce, který chtěl jet s námi, a doma nemáme
telefon. Když otec vycházel z domu, volal na nás:

„Sejdeme se na nádraží za hodinu. Strýc a já tam půjdeme
přímo".

Když jsme přišli na nádraží, nemohli jsme tam najít ani
otce, ani strýce. Vlak na Karlštejn měl[1] brzy odjet. Konečně
se maminka zasmála a vykřikla: „Musí být v buffetu. Tatínek
dnes nesnídal".

A skutečně jsme našli otce i strýce v buffetu. Tatínek se
smál, když nás zahlédl. „Jen co dopiji[2] tento šálek kávy",
smál se, „hned půjdeme". Strýc nás pozdravil. „Doufám", řekl,
„že nezmeškáme vlak".

Konečně jsme nastoupili do vlaku a jeli ke Karlštejnu.
Sestra chtěla sedět u okna. Seděla tam jen malou chvíli,
vyskočila a běhala po voze. Když se nevracela na své místo,

sedl jsem si k oknu já. Když se konečně vrátila, začali jsme
se hádat. Strýc nás udobřil a začal nám vypravovat zajímavý
příběh.

(Pokračování. To be continued.)

LIDOVÁ PÍSEŇ: FOLK SONG

Proč jsi k nám nepřišel?
Já jsem tě čekala,
na lávce seděla,
z okénka hleděla,
dušenko moje!

Notes

[1] Míti means *to be to, to have to* with an infinitive. [2] Jen
co dopiji, as soon as I finish drinking. Note this common
meaning of the prefix do-, *to finish doing something.*

SLOVNÍČEK: VOCABULARY

buffet	buffet, lunch room	skutečně	really, actually, in fact
chvíle (f.)	while, time	šálek (gen.	
lávka	bench	šálku)	cup
lidový	folk, of the people	telefon včera	telephone yesterday
místo	place, seat	vlak	train
píseň (gen.		vůz (gen.	wagon, carriage,
písně, f.)	song	vozu)	car
příběh	narrative, event	za (acc.)	within, by the
přímo	straight, directly		end of

Verbs:

Imperfective		Perfective
běhati (I)	to run	None
doufati (I)	to hope	None
hleděti (II, 3rd pl.: -í)	to look at (with na and acc.)	pohleděti (II)

Imperfective		Perfective
nacházeti (II, 3rd pl.: –ejí)	to find	najíti (III, like jíti)
odcházeti (II, 3rd pl.: –ejí)	to go away, leave (on foot)	odejíti (III, like jíti)
odjížděti (II, 3rd pl.: –ějí)	to ride away, leave (in a vehicle)	odjeti (III, like jeti)
přicházeti (II, 3rd pl.: –ejí)	to come, arrive	přijíti (III, like jíti)
seděti (II, 3rd pl.: –í)	to sit, be sitting	None
sedati si (I)	to sit down	sednouti si (III)
scházeti se (II, 3rd pl.: –ejí)	to assemble, meet, gather	sejíti se (III, like jíti)
vypravovati (III)	to narrate, tell	None
vyskakovati	to jump out, up	vyskočiti (II)
None	to catch sight of	zahlédnouti (III)
zdraviti (II)	to greet	pozdraviti (II)

SUPPLEMENTARY VOCABULARY

dušenka	darling	udobřiti (perf.)	to reconcile
nádraží	station	vykřiknouti (perf.)	to cry out, exclaim
nastoupiti (perf.)	to board, walk onto	zmeškati (perf.)	to miss, be late for
okénko	little window		

MLUVNICE: GRAMMAR

63. ASPECT FORMED THROUGH PREFIXATION

Three methods of forming imperfective-perfective aspect pairs have been discussed in the preceding chapter. It remains to add a fourth method: the use of verbal prefixes. Most such prefixes are prepositions which retain some or all of their original meaning when added to the verb; several are not actually prepositions, but similarly add meaning to the verb.

It is possible to find examples in English where prepositions, used adverbally, tend to affect aspect. *To blow* is usually imperfective (*The wind blew* -- prolonged action), while the phrases *to blow out, to blow off*, etc., imply com-

pleted actions (*I blew out the candle.*). Occasionally the
preposition is actually prefixed to the verb in English: *to
run*, without reference to any goal, is imperfective; but *to
outrun* suggests single, completed action, and would usually
be perfective. In Czech this last method of derivation of
aspects is frequent and systematic.

Verbs which have perfective aspects and which do not form
them through any of the methods discussed in the preceding
chapter, form them through the addition of prefixes. The pre-
fix is added to the imperfective to form the perfective:

Imperfective		Perfective
dělati	to make, do	udělati
chváliti	to praise	pochváliti

Unfortunately, there is no rule as to which prefix is used
with any given verb to form the perfective of corresponding
meaning. Hence the correct prefix must be learned with the
verb.

Since the prefixed form is perfective, its tense use will
be that of the perfective, and therefore its "present" form
will actually have future meaning. Otherwise, it is conju-
gated exactly like the corresponding imperfective from which
it is derived:

Dělám to dnes (impf.).   I am doing it today.

Udělám to zítra (perf.).   I will do it tomorrow.

Table of Imperfective Verbs Already Given, with Corresponding Perfectives

Imperfective		Perfective
baviti se (II)	to have a good time	pobaviti se
čekati (I)	to wait	počkati
děkovati (III)	to thank	poděkovati
dělati (I)	to make, do	udělati
chváliti (II)	to praise	pochváliti
koupati (III)	to bathe	vykoupati
mýti (III)	to wash	umýti
obědvati (I)	to dine	poobědvati
pozorovati (III)	to notice	zpozorovati
psáti (III)	to write	napsati
ptáti se (I)	to ask	zeptati se

Imperfective		Perfective
rozuměti (II)	to understand	porozuměti
slábnouti (III)	to grow feeble	zeslábnouti
smáti se (III)	to laugh	zasmáti se
snídati (I)	to eat breakfast	posnídati
stárnouti (III)	to grow old	zestárnouti

64. PREFIXED PERFECTIVES

Prefixes are of two kinds, void and full. Void prefixes make a verb perfective without any other change of meaning than that necessitated by the change of aspect, e.g., dělati -- udělati; psáti -- napsati. Full prefixes change the aspect from imperfective to perfective, but in addition they add their own meaning to the verb. Thus, psáti has the perfective form napsati, with the void prefix na-, and still retains the general meaning *to write*. But it also has a great variety of other perfectives, each with a more specialized meaning: dopsati, *to finish writing;* opsati, *to copy;* podepsati, *to sign;* přepsati, *to rewrite,* etc. Note that with one verb a given prefix may be void, and with another it may be full, e.g., chváliti -- pochváliti, *to praise* (void); but: jísti, *to eat;* pojísti, *to have a bite.*

Many verbs lack a simple perfective entirely, that is, one with a void prefix. Each prefixed perfective which they form is more specialized in meaning than the imperfective from which they are derived. Thus volati, *to call,* has several meanings: *to shout, to summon, to telephone,* etc. Each of these specific meanings has its own prefixed perfective, but none of them corresponds to <u>all</u> meanings of volati:

Imperfective	Perfective
volati, *to call* (all	vyvolati, *to cry out*
meanings)	povolati, *to summon*
	zavolati, *to telephone*

The verb jíti has no simple perfective, that is, it can take no prefix which does not alter its meaning to some extent. The forms půjdu, půjdeš ... půjdou are used in the future, but they are imperfective, replacing budu jíti, which is not used. Similarly with jeti; the forms pojedu, pojedeš ... pojedou are used, but in the *imperfective* future. With jíti and jeti the imperfective past and future are often used in a sense which might seem to be perfective, e.g., šel jsem do školy, *I went to school (and arrived there).* One of the various perfective compounds of jíti may also be used, each with its own particular shade of meaning:

dojíti	to arrive, reach
odejíti	to go away, leave
projíti	to go through, past; to pass
přejíti	to go over, across; to cross
přijíti	to come, arrive
sejíti se	to come together, meet
vejíti	to go in, come in, enter
vyjíti	to go out

Note the meanings of these prefixes. Do- refers to attainment of the goal of the action, the arrival. Od-(ode-) denotes motion away or separation. Pro- means motion through or past. Pře- denotes motion across or over. Při- relates to motion *here* or arrival. S- (se-) means motion together, or joining. V- (ve-) denotes motion into. Vy- refers to motion out of.

The same prefixes can be added to jeti, *to ride*, with exactly the same meanings, except that the going is then done in a vehicle or on horseback (dojeti, *to arrive*; odjeti, *to leave*, etc.).

Note that prefixed verbs are always conjugated exactly like the verb which forms their stem, though the aspect, and hence the tense use, may be different.

65. PREFIXED IMPERFECTIVES

When the prefix changes the meaning of the verb to such an extent we may no longer regard the prefixed perfective as the simple perfective of the imperfective from which it is formed, we then require a new imperfective of the compound verb we have derived. Such prefixed imperfectives are formed by one of the methods discussed in the preceding chapter (change of conjugation, insertion of the infix -va-):

Simple Imperfective	Prefixed Perfective	Prefixed Imperfective
psáti, *to write*	napsati, *to write* (simple perf.)	None
	opsati, *to copy*	opisovati, *to copy*
	popsati, *to describe*	popisovati, *to describe*
	podepsati se, *to sign* (lit., *to write underneath*)	podpisovati se, *to sign*

Simple Imperfective	Prefixed Perfective	Prefixed Imperfective
psáti, *to write* (cont'd)	předepsati, *to prescribe*	předpisovati, *to prescribe*
znáti, *to know*	poznati, *to recognize*	poznávati, *to recognize*
	přiznati, *to admit*	přiznávati, *to admit*

Sometimes pairs of imperfective and perfective compounds do not seem to be related. Perfective compounds of jíti (přijíti, odejíti, etc.) form their imperfectives with the stem –cházeti (přicházeti, odcházeti, etc.). Perfective compounds of jeti have –jížděti (přijížděti, odjížděti, etc.) as their imperfective stem:

Simple Imperfective	Prefixed Perfective	Prefixed Imperfective
jíti, *to go on foot*	přijíti, *to come*	přicházeti, *to come*
	vejíti, *to enter*	vcházeti, *to enter*
jeti, *to ride*	přijeti, *to come riding*	přijížděti, *to come riding*
	odjeti, *to ride off*	odjížděti, *to ride off*

The methods by which prefixed imperfectives are formed from prefixed perfectives are so various that it is necessary to memorize such pairs rather than attempt to form them by any "rules." One principle worth remembering, however, is that the same verbal stem usually serves for all prefixed compounds of the same aspect, and is conjugated in the same way:

Perfective	Imperfective
odjeti (like jeti)	odjížděti (II)
přijeti (like jeti)	přijížděti (II)
vyjeti (like jeti)	vyjížděti (II)
etc.	

66. VERBS WHICH LACK PERFECTIVE ASPECT

Many verbs lack a perfective aspect, since their meaning does not permit one. Býti, míti, znáti, moci, etc., do not have corresponding perfectives, since all of them denote states which are prolonged for a certain length of time. Such verbs may take prefixes, but only with radical change of meaning (e.g., přibýti, *to come, increase;* pomoci, *to help,* etc.).

Similarly, many verbs take only prefixes which alter their meaning to a certain extent. Thus, viděti, *to see,* has the perfective uviděti, *to catch sight of.* Here the perfective adds

the notion of an instantaneous action. Hledati has the per-
fective vyhledati, but since the perfective implies completed
action, vyhledati means *to find by looking.*

CVIČENÍ: EXERCISES

I. Memorize the following expressions:

Můj přítel přišel k nám.	My friend came to see us.
Musím ho zavolat.	I must telephone him.
Sedl jsem si k oknu.	I sat down by the window.
Hledím na něco.	I am looking at something.

II. Change the following sentences from perfective past to
imperfective present and perfective future:

1. Sešli jsme se u něho. 2. Našel jsem tu knihu. 3. Strýc
nás nenašel. 4. Pohlédl jsem na učitele. 5. Napsal jsem
dopis. 6. Zasmáli jsme se Honzovi. 7. Dnes jsem posnídal
časně. 8. Otec pochválil syna. 9. Pobavili jsme se dobře.
10. Bratr se dnes nevykoupal. 11. Vypil jsem šálek kávy.
12. Řekl, že nechce se mnou mluvit. 13. Odpověděl jsem, že
nemám nic. 14. Udělal jste, co jste musel? 15. Ještě jste se
neumyl?

III. Change the following sentences from present to perfec-
tive past and perfective future:

1. Píšete úlohu? 2. Babička slábne. 3. Nastupujeme do vlaku.
4. Právě nacházím novou knihu. 5. Obědváme v buffetu. 6. Při-
chází k nám doktor. 7. Vycházím z domu. 8. Vcházím do hradu.
9. Scházíme se u pana učitele. 10. Sestra se vrací domů.
11. Vlak vjíždí do Prahy. 12. Děkuji svému příteli. 13. Ku-
puji si hovězí maso. 14. Neprodávám tuto knihu. 15. Žák
zdraví učitele.

IV. Translate into Czech:
1. Mother did not have time to eat breakfast. 2. She had to
telephone Grandmother, who is coming (will come) to (see) us.
3. Grandmother wanted to come by car, but she had to come by
train. 4. She was afraid that she would miss the train.
5. She came with her son, our uncle, whom we had not seen for
a long time. 6. When we got (came) to the station (na nádraží),
we could not find them. 7. We looked for them a long time.

8. At last we found them in the buffet. 9. "I did not have
dinner today," Grandmother said when she had greeted us.
10. She drank a cup of coffee and went out with us. 11. While
we were riding in the car, we noticed that Grandmother had
grown old and weak. 12. When we arrived home we found Sister.
13. "Tomorrow we will go to Castle Karlštejn," Mother said
to us. 14. Brother had to go to the university for a while
(na with acc.), but he promised that he would go with us.
15. Grandmother asked who of us would go to Karlštejn.
16. Uncle answered that he could not go, since he had to go
shopping in the city. 17. "I must write a letter to my broth-
er," Uncle said. 18. He sat down and looked for a pen and
paper, but could not find them. 19. "I'll give you a pen and
paper," Karel said. 20. Uncle wrote the letter and signed it.

CHAPTER FIFTEEN

Predicate forms of adjectives. Use of rád. Imperative mood.
Choice of aspect with the imperative. Verbal prefixes.

ČTENÍ: READING

(Pokračování. Continued.)

„Když císař Karel vystavěl hrad Karlštejn, prohlásil, že
do něho nikdy nebude smět vstoupit žádná žena, poněvadž tam
chtěl být sám a rozjímat. Jeho žena, císařovna Alžběta, byla
proto velmi žárlivá a vsadila se, že do hradu vstoupí.
Přestrojila se za páže a obsluhovala krále u stolu jako
číšník. Jeden vévoda však[1] poznal, že je to žena, a začal
s krásným číšníkem flirtovat. To ji přivedlo do velkých rozpaků[2]
a musela přiznat, že není páže, ale císařovna. Císař se velmi
rozzlobil, když poznal svoji ženu, ale potom se zasmál a
odpustil jí. Od té doby je ženám dovoleno[3] navštěvovat Karl-
štejn".

Mezitím jsme dojeli na Karlštejn. Velmi rádi jsme šli
vzhůru lesem ke Karlštejnu. Byli jsme unaveni, když jsme
vstoupili na prostrané nádvoří[4] hradu. Uvnitř bylo ticho.
Nebo, lépe řečeno,[5] bylo tam ticho, pokud jsme tam nevstou-
pili my. Pojednou se maminka začala vyptávat:

„Umyl jsi se dnes ráno, Karlíku? Měl jsi se vykoupat. Jistě jsi teď celý špinavý".

Sestře zase dělalo starost něco jiného.[6]

„Zítra musím psát komposici o svém výletu na Karlštejn. O čem budu psát, mami?"

„Počkej, dítě, napiš třeba,[7] že jsi byla na Karlštejně a že se ti tam velmi líbilo".

„Tohle již vím, ale o čem mám ještě psát?"

Teď jsem pochopil, proč císař Karel nedovolil žádné ženě přístup na Karlštejn.

Rada spisovateli

Karel Havlíček Borovský (1821–1856)

„Spisek svůj do tisku dám,
jméno své však vynechám".

„Svoje jméno tisknout dej,[8]
ale spisek vynechej"

PŘÍSLOVÍ: PROVERB

Zpívej, co umíš; dělej, co můžeš, a jez, co máš!

LIDOVÁ PÍSEŇ: FOLK SONG

Andulko, mé dítě,
vy se mně líbíte,
Andulko, mé dítě,
já vás mám rád!

Notes

[1] Však, but, however. This word, unlike ale, has enclitic position. [2] Toto ji přivedlo do velkých rozpaků, this caused her great embarrassment. [3] Je ženám dovoleno, women are permitted (passive construction). [4] Nádvoří, courtyard (n.). [5] Lépe řečeno, rather said. [6] Sestře zase dělalo starost něco jiného, something else was bothering Sister. [7] Třeba, perhaps, if you wish, even. This word often has enclitic position. [8] Dáti tisknout, to have printed. Observe this meaning of dáti with the accusative case and the infinitive of the verb: *to have something done* (compare French *faire*).

SLOVNÍČEK: VOCABULARY

císař (m.)	emperor	rada	advice, counsel; council
císařovna	empress		
dítě (n.)	child	sám, sama, samo, etc.	alone, oneself
doba	time		
jeden, jedna, jedno	one, a certain	ticho	quiet, silence
		tisk	print
jistý (jistě, adv.)	sure, certain	třeba	perhaps, if you wish; even
jméno	name	unavený	tired, weary
komposice (f.)	composition, theme	uvnitř	inside, within (adv., or prep. with gen.)
král (m. soft)	king		
mezitím	meanwhile	však	but, however (enclitic)
páže (n.)	page		
pokud	as far as, as long as	výlet	outing, picnic, trip
pokud ... ne	until	vzhůru	upward, up the hill
poněvadž	since, because		
prostraný	spacious, wide	za (acc.)	as, for, in exchange for
rád, ráda, rádo, etc.	glad, gladly		

Verbs:

Imperfective		Perfective
kráčeti (II, 3rd pl.: -ejí)	to walk, stride	
líbiti se (II)	to please (with dat.)	
obsluhovati (III)	to serve, wait on	obsloužiti (II)
odpouštěti (II, 3rd pl.: -ějí)	to forgive (with dat. of person forgiven and acc. of thing)	odpustiti (II)
chápati (I)	to understand, grasp	pochopiti (II)
poznávati (I)	to recognize, get to know	poznati (I)

Imperfective		Perfective
prohlašovati (III)	to announce, pro-claim	prohlásiti (II)
stavěti (II, 3rd pl.: -ějí)	to build	vystavěti (II)
tisknouti (III)	to print; press	
tratiti (II)	to lose	ztratiti (II)
	to get lost	ztratiti se (II)
vstupovati (III)	to enter	vstoupiti (II)
vynechávati (I)	to omit, leave out	vynechati (I)
zlobiti (II)	to tease, annoy, anger	rozzlobiti (II)
zlobiti se (II)	to get angry	rozzlobiti se (II)
zpívati (I)	to sing	zazpívati (I)

SUPPLEMENTARY VOCABULARY

přestrojiti se (perf.)	to change clothes, dis-guise oneself	spisku)	erary work
		vsaditi se (perf.)	to wager, bet
přístup	entry	vévoda (m.)	duke
rozjímati (impf.)	to reflect, meditate	vyptávati se (impf.)	to inquire
spisek (gen.	writing, lit-	žárlivý	jealous

MLUVNICE: GRAMMAR

67. PREDICATE FORMS OF ADJECTIVES

A small number of adjectives employ a distinct set of end-ings when used in the predicate. In this position they have the endings of hard nouns:

M. sing.: zdravý syn, *the healthy son.*   But: Syn je zdráv, *the son is healthy.*

F. sing.: zdravá dcera   But: Dcera je zdráva.

N. sing.: hotové jídlo   But: Jídlo je hotovo.

M. an. pl.: Syn a dcera jsou zdrávi.

M. inan. pl.: Šaty (the clothes) jsou hotovy.

F. pl.:   Matka a dcera jsou zdrávy.

N. pl.:   Toto okno a ono jsou otevřena
             (open).

Note that the vowels employed in these endings are always
short; the full (attributive) endings are always long, how-
ever. Moveable e is sometimes inserted in the masculine singu-
lar predicative form to avoid combinations of consonants (e.g.,
mrtev, *dead*, from mrtvý; šťasten, *happy*, from šťastný).

The following adjectives usually have short vowel endings
when used alone in the predicate:

hotový (hotov, hotova, hotovo, etc.) ready, finished

jistý (jist, jista, jisto, etc.)   sure, certain

laskavý (laskav, laskava, laskavo,
   etc.)   gracious, kind, affable

mrtvý (mrtev, mrtva, mrtvo, etc.)   dead

nemocný (nemocen, nemocna, nemocno,
   etc.)   sick

plný (pln, plna, plno, etc.)   full

starý (stár, stára, stáro, etc.)   old

sytý (syt, syta, syto, etc.)   full (of food)

šťastný (šťasten, šťastna, šťastno,
   etc.)   happy, lucky

zdravý (zdráv, zdráva, zdrávo, etc.) healthy, well

živý (živ, živa, živo, etc.)   alive

Past passive participles (unavený, *tired*, *wearied*; opuštěný,
deserted, etc.) use the short forms in the predicate:

Jsem unaven.   I am tired.

Okno je zavřeno.   The window is closed.

Several adjectives exist only with short vowel endings:

rád, ráda, rádo, etc.   glad

sám, sama, samo, etc.   alone; oneself

Sám, meaning *oneself* or *alone*, has noun endings in the nomi-
native case, whether used in the predicate or not:

Sám jsem šel do školy.   I went to school by myself.

Byli sami v domě.   They were alone in the house.

68. THE USE OF rád

Besides its use as a predicate adjective in the sense of *glad*, rád is used with verbs to mean *gladly, with pleasure,* etc. (compare German *gerne*). In this use rád agrees with the subject of the sentence in gender and number:

Rád mluvím se svým učitelem.	I like to talk to my teacher.
Sestra ráda spí.	Sister likes to sleep.
Rádi navštěvujeme babičku.	We like to visit Grandmother.
Rád jím maso.	I like (to eat) meat.

Míti rád, *to like,* is used of persons with whom one is well acquainted:

Mám rád svého přítele.	I like my friend.
Sestra mě má ráda.	Sister likes me.

Míti rád is generally used when one is quite familiar with the person or object liked. If one is not so familiar, but is judging an object or person for the first time, the verb líbiti se is more often used. In this case the person or thing liked becomes the subject of the sentence, while the person who likes it is put in the dative case:

Váš dům se mi líbí.	Your house pleases me (I like it).
Sestře se nelíbí ten člověk.	Sister does not like that man.

But:

Sestra dobře zná toho člověka a nemá ho ráda.	Sister knows that man well, and does not like him.
Nemám rád dům, ve kterém jsem dlouho bydlel.	I do not like a house in which I have lived for a long time.

69. IMPERATIVE MOOD

The imperative is formed from the third person plural of the verb, the ending of which (-í, -ou) is dropped. The stem so derived forms the imperative of the second person singular. The ending -te is added for the second person plural imperative, also used for the singular in formal address (vy). The ending -me is added for the first person plural imperative (*let us write*):

Imperative

Inf.	3rd pl.	2nd sing.	2nd pl.	1st pl.
věřiti	věří	věř	věřte	věřme
ležeti	leží	lež	ležte	ležme
rozuměti	rozumějí	rozuměj	rozumějte	rozumějme
nésti	nesou	nes	neste	nesme
mýti	myjí	myj	myjte	myjme
mazati	maží	maž	mažte	mažme
děkovati	děkují	děkuj	děkujte	děkujme

First conjugation verbs, which end in –ají in the third person plural, have –ej in the imperative (not –aj):

dáti	dají	dej	dejte	dejme
dělati	dělají	dělej	dělejte	dělejme

Verbs with stems ending in a double consonant add –i, –ěte, –ěme in the imperative:

táhnouti	táhnou	táhni	táhněte	táhněme
sednouti si	sednou si	sedni si	sedněte si	sedněme si
čísti	čtou	čti	čtěte	čtěme

Hard consonants at the end of the stem are palatalized in the imperative. T, d, n become ť, ď, ň; k becomes c, and h becomes z:

platiti	platí	plať	plaťte	plaťme
seděti	sedí	seď	seďte	seďme
pomoci	pomohou	pomoz	pomozte	pomozme

Irregular imperatives are:

býti: buď, buďte, buďme

jísti: jez, jezte, jezme

koupiti: kup, kupte, kupme

věděti: věz, vězte, vězme

viděti: viz, vizte, vizme

70. CHOICE OF ASPECTS WITH THE IMPERATIVE

Both aspects of the verb form an imperative. The perfective imperative is usually used for a single, specific command:

Honzo, hned se umyj!   Honza, wash yourself at once!

Řekněte mi, kde bydlíte! Tell me where you live.

The imperfective imperative is used with a general command, denoting a regular rule or habitual action:

Myj se každý den!   Wash yourself every day.

Pište mi každý týden!   Write me every week.

With the negative, the imperfective is generally used:

Neříkejte to učiteli!   Do not tell the teacher that!

Nemyj se teď; nemohu na   Do not wash now; I cannot wait
tebe čekat!   for you!

The negative imperative of the perfective has the meaning, *be careful not to, please avoid doing* (something which the listener might do accidentally, if not warned):

Nesedněte si na můj   Do not sit on my hat!
klobouk!

71. VERBAL PREFIXES, po- AND roz-

The prefix po- has several meanings which it may add to the verb:

1. Simple perfectivization (void prefix):

chváliti, pochváliti, *to praise*

obědvati, poobědvati, *to dine*

2. Limited extent of the action:

jísti, *to eat;* pojísti, *to have a bite*

jíti, *to go;* popojíti, *to take a few steps*

The prefix roz- may indicate:
1. Dispersion, violent separation:

jíti, *to go;* rozejíti se, *to part, break up, go off in different directions*

nésti, *to carry;* roznésti, *to deliver, distribute*

bráti, *to take;* rozebrati, *to take apart, analyze*

bíti, *to strike;* rozbíti, *to break (into pieces)* (trans.)

2. Intensification of the action, especially of its beginning:

pršeti, *to rain;* rozpršeti se, *to pour (suddenly)*

smáti se, *to laugh;* rozesmáti se, *to burst out laughing*

Note that all these compound verbs are perfective. In most cases imperfectives can in turn be formed from them, with the same added shade of meaning: rozcházeti se, *to part;* roznášeti, *to deliver;* rozbírati, *to take apart;* rozbíjeti, *to break;* etc.

CVIČENÍ: EXERCISES

I. Memorize the following expressions:

Dám si vystavět nový dům. I will have a new house built.

Musím si koupit auto, třeba i staré. I must buy a car, even an old one.

Třeba je to pravda. Perhaps that's true.

Vezmi si třeba tento román. Take this novel, if you wish.

Musím dělat něco jiného. I must do something else.

II. Distinguish exactly in English:

1. (a) Počkej, až dojím to maso. (b) Pojedl jsem trochu chleba.

2. (a) Rozešli jsme se. (b) Přišli jsme domů. (c) Odešli jsme z domu. (d) Vešli jsme do domu. (e) Vyšli jsme z domu.

3. (a) Přinesl jsem domů chléb. (b) Vnesl jsem chléb do domu. (c) Odnesl jsem chléb z domu. (d) Vynesl jsem chléb z domu. (e) Roznesl jsem chléb.

III. Supply the correct form of the imperative:

1. _____ (Take) si trochu masa! 2. _____ (Don't lose) tuto knihu! 3. Karlíku a Milado, _____ (go) do obchodu! 4. _____ (Let us ride) dnes do bia. 5. _____ (Sit down) na chvíli, prosím vás a _____ (wait). 6. _____ (Let us help) naší sestře. 7. _____ (Let us change clothes) hned! 8. _____ (Forgive) mi, že jsem vás rozzlobil. 9. _____ (Don't be angry) na mne! 10. _____ (Let us not quarrel) dnes! 11. Honzo, _____ (don't play) před domem! 12. Milado, _____ (be) hodná! 13. _____ (Eat) a _____ (drink) pomalu, Jiřino! 14. Karlíku, _____ (wash yourself)! 15. _____ (Don't laugh) mi! 16. _____ (Comb) každý den, Růženko! 17. _____ (Let us buy) nové auto! 18. Vždycky _____ (help), když můžeš! 19. _____ (Be silent), Karle a Jiří! 20. _____ (Write) komposici o svém výletu!

IV. Fill in the words in parentheses:

1. Jsem_____(sure), že to není pravda. 2._____(Gladly) jsme šli na venkov. 3. Karel a Marie byli_____(alone) doma. 4. Matka není_____(well). 5. Je_____(sick). 6. Dívka byla _____(glad), že si může hrát_____(alone). 7. Oběd ještě není_____(ready). 8._____(Gladly) jsme zpívali novou píseň. 9. Ten člověk je už_____(old). 10. Mohu to udělat _____(myself).

V. Translate into Czech:
1. We do not like your school. 2. I talked with your friend today for the first time, and liked him very much. 3. She likes Karel, but she does not like Jan. 4. I like this book; I have read it many times. 5. They like to talk with their teacher.

VI. Translate into Czech:
1. Grandmother told us the story about the castle Karlštejn and the Emperor Karel, who built it. 2. He did not allow his wife, the empress, to enter (into) the castle. 3. But she bet that she would enter (into) it. 4. She disguised herself as a man. 5. The king became very angry, and did not want to forgive her. 6. The waiter does not want to serve us. 7. I like to sing very much, but I do not know this song. 8. Let's sing it together. 9. When I (shall) get his letter, I shall tell you what he writes. 10. Meanwhile we must wait for the letter. 11. I want to have this letter printed; it is important. 12. The professor announced that his new book is ready. 13. The doctor told us that our grandmother was sick. 14. "She is alive, but she is not well," he said. 15. Forgive me for not recognizing (that I did not recognize) you yesterday.

CHAPTER SIXTEEN

Nominative-vocative plural of nouns, adjectives, demonstratives, and possessives. Words occurring only in the plural.

ČTENÍ: READING

Hlavní slovanské národy jsou: Rusové, Poláci, Češi, Slováci, Srbové, Chorváti a Bulhaři. Rusové žijí v Rusku, Poláci v Polsku, Češi a Slováci v Československu, Srbové a Chorváti v Jugoslavii a Bulhaři v Bulharsku.

Jednotlivé země Československé republiky jsou: Čechy, Morava, Slezsko a Slovensko. V Čechách[1] žijí Češi, na Moravě Moravané, ve Slezsku Slezané a na Slovensku Slováci. Hlavním městem[2] Československa je Praha; hlavním městem Moravy Brno, Slezska Opava a Slovenska Bratislava, ve které jsou „Poverenictva" všech ministerstev[3] –– Slovensko má totiž nyní svoji autonomii.

ANEKDOTA: ANECDOTE

Alenka dostala po mamince pudřenku. Najednou však s úděsem pozoruje, že malý Karlíček si s ní nejen hraje, ale dokonce se pudruje. Honem ho poučuje:

„Karlíčku, hned sem dej tu pudřenku! Pudr je jen pro dámy, páni se myjou!"

PŘÍSLOVÍ: PROVERBS

Člověk míní, Pán Bůh mění.
Trpělivost železná vrata probíjí.
Pěkné slovo železná vrata otvírá.
Mladí ležáci, staří žebráci.
Sliby jsou chyby.

Notes

[1] V Čechách, in Bohemia (pr. pl.). [2] The instrumental is used in the predicate to denote that a person or thing serves in a given capacity. [3] „Poverenictva"(Slovak), branch offices of the ministries.

SLOVNÍČEK: VOCABULARY

bůh (gen. boha)	god	dveře (f. pl.)	door
Bulhar	Bulgarian (male)	hlavní	main, chief
		honem	at once, immediately
Čechy (f. pl.)	Bohemia		
Československo	Czechoslovakia	Chorvát	Croatian (male)
dáma	lady	jednotlivý	individual, separate
dokonce	even		

Jugoslavie (f.)	Yugoslavia	slib	promise
ležák	loafer	Slovák	Slovak (male)
Morava	Moravia	Slovensko	Slovakia
na Moravě	in Moravia	na Slovensku	in Slovakia
Moravan	Moravian (male)	slovo	word
		Srb	Serb (male)
národ (gen.	nation, people	trpělivost (f.)	patience
národa)	(inanimate)	úděs	horror
Polák	Pole (male)	vrata (n. pl.)	gate
Polsko	Poland	však	but, however
pudr	powder		(encl.)
republika	republic	země (f.)	land, country,
Rus	Russian (male)		region
Rusko	Russia	žebrák	beggar
Slezan	Silesian (male)	železný	iron
Slezsko	Silesia		

Verbs

Imperfective		Perfective
měniti (II)	to change, alter	změniti (II)
míniti (II)	to think; mean	
otvírati (I)	to open	otevříti (III: otevřu; past: otevřel)
poučovati (III)	to instruct, inform	poučiti (II)
probíjeti (II, 3rd pl.: -ejí)	to beat through, pierce	probíti (III: probiji)
zavírati (I)	to close, shut	zavříti (III: zavřu; past: zavřel)

SUPPLEMENTARY VOCABULARY

autonomie (f.)	autonomy	pudrovati		
pudřenka	compact	(impf.)		to powder

MLUVNICE: GRAMMAR

72. NOMINATIVE PLURAL OF MASCULINE ANIMATE NOUNS AND ADJECTIVES

Masculine animate nouns and adjectives have distinct endings in the nominative plural. Most masculine animate nouns, hard or soft, end in –i:

Nominative Singular	Nominative Plural
lev	lvi
strýc	strýci
pes	psi

Masculine animates ending in hard consonants palatalize these consonants: t, d, n become ť, ď, ň (the háček is not written before the ending –i, however); final r becomes ř, k becomes c, h becomes z, and ch becomes š:

student	studenti
pán	páni
doktor	doktoři
žák	žáci
bůh (gen. boha)	bozi
hoch (boy)	hoši

Many masculine animates may also end in –ové in the nominative plural, and a few take this ending by preference. The ending –ové occurs especially frequently with nouns ending in –m, –l, –r, –k (especially with diminutives in –ek, e.g., strýček, from strýc, *uncle*; pl. strýčkové). Monosyllabic names of nationalities often take –ové. The ending –ové never palatalizes the preceding consonant:

syn	synové, syni
muž	mužové, muži
pán	pánové, páni
strýček	strýčkové, strýčci
Čech	Čechové, Češi
Srb	Srbové, Srbi
Rus	Rusové, Rusi
otec	otcové, otci

A few masculine animates end in –é in the nominative plural. These are mostly the names of nationalities, social classes, etc., ending in –an; also nouns in –el:

Angličan	Angličané, –i
Američan	Američané, –i
učitel	učitelé

Přítel has the special plural přátelé. The nominative plural of člověk (*person*) is lidé (*people*).

Adjectives end in -í in the masculine animate plural. Adjectives ending in a hard consonant palatalize this consonant (t, d, n soften to ť, ď, ň -- the háček is not written; r becomes ř, k becomes c, h becomes z, and ch becomes š):

Nominative Singular	Nominative Plural
mladý hoch	mladí hoši
hodný bratr	hodní bratři
dobrý žák	dobří žáci
velký zloděj	velcí zloději
drahý otec	drazí otcové
hluchý člověk	hluší lidé

Soft adjectives have -í in the masculine animate plural:

příští učitel	příští učitelé
její profesor	její profesoři

Adjectives ending in -ský have -ští in the masculine animate plural; those in -cký have -čtí:

český král	čeští králové
americký student	američtí studenti

Ten has ti (tito, tihle) in the masculine animate plural. The possessives also end in -i:

můj	moji
tvůj	tvoji
náš	naši
váš	vaši

73. NOMINATIVE PLURAL OF MASCULINE INANIMATE AND FEMININE NOUNS AND ADJECTIVES

Masculine inanimate and feminine hard nouns end in -y in the nominative plural:

automobil	automobily
dům	domy
řeka	řeky
žena	ženy

Masculine inanimate and feminine soft nouns end in -e (-ě

in masculine after ť, ď, ň; in feminine when the singular
ends in –ě):

míč	míče
dešť	deště
restaurace	restaurace
duše	duše
přítelkyně	přítelkyně

Den (*day*) has the nominative plural dni or dny.
Léta (plural of léto, *summer*) replaces rok (*year*) in the
plural.

Soft feminines ending in a consonant have –i in the nomina-
tive plural:

kost	kosti
věc	věci
řeč	řeči

Considerable instability is found in this class, however.
Many soft feminines ending in a consonant have –e or –ě in
the nominative plural (or take either –i or –e (–ě)), e.g.,
píseň, pl. písně.

Hard adjectives modifying masculine and feminine nouns in
the nominative plural end in –é. Soft adjectives have –í,
e.g., dobré domy, drahé přítelkyně, její sestry, etc.

The demonstrative is ty (tyto, tyhle) in the nominative
plural, inanimate masculine and feminine. The possessives are:

Masculine Singular	Inanimate Masculine and Feminine Plural
můj	mé, moje
tvůj	tvé, tvoje
náš	naše
váš	vaše

74. NOMINATIVE PLURAL OF NEUTER NOUNS AND ADJECTIVES

Hard neuter nouns end in –a in the nominative plural:

město	města
okno	okna

Soft neuter nouns end in –e (–ě when the nominative singu-
lar ends in –ě):

vejce	vejce
hřiště	hřiště

Note that soft neuters, as well as soft feminines in -e
(-ě) are the same in the nominative singular and plural. *
Dítě, *child* (n.), has the plural děti, considered feminine
and declined like kosti.
Hard adjectives modifying neuter plurals end in -á, e.g.,
dobrá pera, velká města, etc. Soft adjectives end in -í,
e.g., její okna, etc.
The demonstrative is ta (tato, tahle). The possessives are:

můj	má, moje
tvůj	tvá, tvoje
náš	naše
váš	vaše

Note that the vocative plural is the same as the nomina-
tive plural for all forms.

75. SUMMARY. NOMINATIVE-VOCATIVE PLURAL

Noun Endings

	Masculine		Feminine	Neuter
	Animate	Inanimate		
Hard:	-i, -ové, -é	-y	-y	-a
Soft:	-i, -ové, -é	-e (-ě)	-e (-ě)	-e (-ě)
			-i (kosti)	

Examples

Masculine

	Animate	Inanimate
Hard:	Ti moji dobří páni (-ové).	Ty mé (moje) velké domy.
Soft:	Ti vaši mocní králové.	Ty naše letní deště.

	Feminine	Neuter
Hard:	Ty mé (moje) dobré dcery.	Ta má (moje) velká města.
Soft:	Ty naše dobré přítelkyně.	Ta naše úrodná pole.
Soft:	Ty mé (moje) dlouhé řeči.	

76. WORDS OCCURRING ONLY IN THE PLURAL

A number of nouns occur only in the plural, or have a dif-
ferent sense in the plural than in the singular. Among them
are many place names which are plural in number. Notable are:

*Except for those denoting children, etc., for which see
page 217.

Singular	Plural
hodina, *hour, lesson*	hodiny, *hours; a clock*
	hodinky, *a watch*
lid, *a people, folk*	lidé (m. pl.), *people*
novina, *a piece of news*	noviny, *a newspaper*
	dveře (f. pl.), *a door*
	peníze (m. pl.), *money*
	šaty (f. pl.), *clothing, a dress*
	kamna (n. pl.), *an oven*
	vrata (n. pl.), *a gate*
	Čechy (f. pl.), *Bohemia*
	Krkonoše (f. pl.), *Giant Mountains*
	Strakonice (f. pl.), a town in Southern Bohemia
	Tatry (f. pl.), *Tatra Mountains*

CVIČENÍ: EXERCISES

I. Memorize the following expressions:

Zavřete (otevřete) okno, dveře, vrata.	Close (open) the window, door, gate, etc.
Co tím míníte?	What do you mean by that?
Paní a pánové!	Ladies and gentlemen!

II. Fill in the proper forms of the nominative plural:

1._____(Our children) jsou ve škole. 2. _____(My dogs) jsou na dvoře. 3. _____(Those old people) nemohli spát. 4. _____(The Czechs) mluví česky a_____(the Slovaks) slovensky. 5. _____(The Russians) žijí v Rusku. 6._____(Those boys) se hádali. 7._____(My pupils) píší domácí úlohu. 8. _____(Our rich uncles) odjeli do Ameriky. 9. _____ (Your cats) jsou (black). 10._____(Bohemia) a Morava jsou _____ (wealthy lands). 11._____ (The gate) se na noc zavírají. 12._____(These lands) se rychle mění. 13._____(Those long words) nejsou snadná. 14. _____(These American students) rádi studují na universitě. 15. Čeština a slovenština jsou _____ (Slavic languages). 16. _____ (Americans) rádi cestují po Evropě.

17. _____(Our teachers) mají rádi našeho syna. 18. _____(His friends) jsou pryč z města. 19. _____(Large fields) leží za naším domem. 20. _____(The old ladies) odmítly nás navštívit.

III. Translate into Czech:
1. The Russians and Poles are Slavic peoples. 2. The Serbs and Croats live in Yugoslavia. 3. The Americans live in America. 4. The Czechs, Moravians and Silesians speak Czech. 5. The Slovaks speak Slovak. 6. With horror I saw that the door was closing (reflexive). 7. These new words are long. 8. Our lands are large and rich. 9. What do you mean by that? 10. The capital city (ins.) of our republic is Washington. 11. The beggars are lying in the yard and singing. 12. These Czech songs are very beautiful. 13. The English are very fond of (like to eat) beef. 14. Open the door when I come in and close it when I go out! 15. These novels are long and not very interesting. 16. Our friends could not come to our house yesterday. 17. Their uncles had arrived from America, and they had to stay at home. 18. Are your children allowed to stay at home alone? 19. I know that these white eggs are still fresh. 20. I think that these new restaurants have very good food.

CHAPTER SEVENTEEN

Accusative plural of nouns, adjectives, demonstratives and possessives. Numerals, one to four. Subjunctive mood with unreal conditions. Past subjunctive.

ČTENÍ: READING

Roční období[1]

Rok má čtyři období: jaro, léto, podzim a zimu. Každé období má tři měsíce. Každý měsíc má čtyři týdny, nebo přesněji, čtyři týdny a dva nebo tři dny.

Kdyby na jaře a na podzim tolik nepršelo, byla by to naše oblíbená období, neboť v tu dobu vzduch je chladný a příjemný a slunce příliš nepálí. V létě je příliš horko a vlhko v našem podnebí;[2] naše zima je příliš krutá. Léto by bylo hodně nepříjemné, kdybychom v tu dobu neměli prázdniny; zima by byla nepříjemná, nebýt sněhu a zimních sportů.[3]

ANEKDOTA: ANECDOTE

„Mirku, včera ještě byl v kredenci velký kus dortu a dnes úplně zmizel". „Opravdu, maminko? To je nějaký zázrak".

„Já ti dám zázrak, ty uličníku![4] Zázraky se už nedějí".

„Ale, prosím tě, mami, neber mi[5] mou dětinskou víru".

LIDOVÉ PÍSNĚ: FOLK SONGS

Koupím já si koně vrané

Koupím já si koně vrané,
až na tu vojnu půjdu,
a na tebe, moje milá,
na tebe zapomenu.

Když tě vidím, má panenko

Když tě vidím, má panenko,
v tom kostele klečeti,
nemohu já sloužit Bohu,
musím na tě hleděti;
kdybych Boha tak miloval,
jako miluji tebe,
byl bych dávno za svatého,
jako andělé z nebe.

Notes

[1] Roční období, the seasons (n.) of the year. [2] Podnebí, climate (n.). [3] Nebýt sněhu a zimních sportů, were it not for snow and winter sports. Nebýt means *were it not for* and takes the genitive. [4] Uličník, street boy, ruffian. [5] With bráti and vzíti the dative is used to indicate the person from whom something is taken.

SLOVNÍČEK: VOCABULARY

anděl (m. hard;		horký	hot
nom. pl.:		je horko	the weather is hot
andělé)	angel	chladný	cool
člen	member	je chladno	the weather is
dětinský	childlike,		cool
	childish	jaro	spring
dort	cake	na jaře	in spring
hodně	very, consid-	kostel (gen.	
	erably	kostela)	church

kredenc (m.	buffet, serv-	přesný	exact, precise
or f. soft)	ing table	přesněji	more exactly
krutý	cruel, harsh	rodiče	parents
kůň (m., gen.		týden (gen.	
koně; nom. pl.		týdne; nom.	
koně)	horse	pl. týdny)	week
léto	summer	úplně	completely
v létě	in summer	víra	faith
měsíc (m.)	month; moon	vlhký	damp, humid
nebe (n., nom.		je vlhko	the weather is
pl. nebesa)'	sky, heaven		damp
neboť	for (conj.)	vojna	military service
oblíbený	favorite	vraný	coal-black
panenka	maiden; doll	vzduch	air
podzim	autumn	zajíc (m.)	hare
na podzim	in autumn	zázrak	miracle
prázdniny (f. pl.) holidays, vacation			

Verbs

Imperfective		Perfective
díti se (III: děje se, dějí se)	to happen, occur	
honiti (II)	to hunt, chase	
chytati (I)	to seize, catch	chytiti (II)
klečeti (II, 3rd pl.: -í)	to kneel	kleknouti (III)
páliti (II)	to burn	spáliti (II)
zapomínati (I)	to forget*	zapomenouti (III; past: zapomněl)

MLUVNICE: GRAMMAR

77. ACCUSATIVE PLURAL OF NOUNS

Hard masculines have the ending –y in the accusative plural.
Soft masculines have –e (–ě when the stem ends in –ť, –ď, –ň):

---

* Zapomínati co, *to leave something behind, at home;* zapomínati na co, na koho, *to forget about something or someone.*

Nominative Singular	Nominative Plural	Accusative Plural
doktor	doktoři	doktory
pes	psi	psy
voják	vojáci	vojáky
automobil	automobily	automobily
dům	domy	domy
strýc	strýci	strýce
otec	otci	otce
kůň	koně	koně
přítel	přátelé	přátele
míč	míče	míče

Lidé (*people*) has the accusative plural lidi. Den (*day*) has the accusative plural dni or dny, like the nominative plural.

Feminines are the same in the accusative plural as in the nominative plural: hard feminines end in –y in the accusative plural:

žena	ženy	ženy
dcera	dcery	dcery
kniha	knihy	knihy

Soft feminines ending in –e or –ě in the nominative plural have –e or –ě in the accusative plural:

restaurace	restaurace	restaurace
přítelkyně	přítelkyně	přítelkyně
píseň	písně	písně

Soft feminines ending in a consonant have –i in the accusative plural (except for those which, like píseň, end in –e or –ě in the nominative plural):

kost	kosti	kosti
řeč	řeči	řeči

Neuters are the same in the accusative plural as in the nominative plural. Hard neuters end in –a:

město	města	města
okno	okna	okna
nebe	nebesa	nebesa

Soft neuters end in –e or –ě in the accusative plural:

Nominative Singular	Nominative Plural	Accusative Plural
vejce	vejce	vejce
hřiště	hřiště	hřiště

Note that only masculine animates differ in the nominative and accusative plural.

78. ACCUSATIVE PLURAL OF ADJECTIVES, DEMONSTRATIVES AND POS-SESSIVES

Endings of Adjectives, Accusative Plural

	Masculine	Feminine	Neuter
Hard:	–é	–é	–á
Soft:	–í	–í	–í

Demonstratives and Possessives, Accusative Plural

	Masculine	Feminine	Neuter
ten:	ty	ty	ta
můj:	mé, moje	mé, moje	má, moje
náš:	naše	naše	naše

E.g., Znám ty dobré doktory. Vidím vaše mladé dcery. Znám ty dobré domy. Znám tvoje velká pole. Neznám ty cizí lidi.

79. NUMERALS, ONE TO FOUR

	Masculine	Feminine	Neuter
one	jeden	jedna	jedno
two	dva	dvě	dvě
three		tři	
four		čtyři	

Jeden is used with the singular. It is an adjective, de-clined like ten:

Je zde jen jeden hoch.	There is only one boy here.
Ten člověk má jednoho syna a jednu dceru.	This man has one son and one daughter.
Píši jedním perem.	I am writing with one pen.

Numerals from two to four are used with the nominative and accusative plural, when these cases are required by the grammar. Note that dva has the special form dvě for feminine and neuter:

Dva muži (dvě ženy) na vás čekají.	Two men (women) are waiting to see you.
Mám dva domy (dvě pole).	I have two houses (fields).
Zde jsou tři knihy.	Here are three books.
Mám čtyři pera.	I have four pens.

80. SUBJUNCTIVE MOOD WITH UNREAL CONDITIONS

The subjunctive mood is formed like the past tense. The subjunctive auxiliary bych replaces the past auxiliary jsem:

Subjunctive of míti, "to have"

	Singular	Plural
1st person:	měl(a) bych	měli (měly) bychom
2nd person:	měl(a) bys	měli (měly) byste (měl(a) byste when one person is addressed)
3rd person:	měl (měla, mělo) by	měli (měly, měla) by

Bych, bys, by, etc., is an enclitic and, like jsem, falls in second position: Umyl bych se, *I should wash.* V Praze byste žili? *Would you live in Prague?*

The subjunctive is used with unreal or improbable conditions. *If* is translated by kdybych, kdybys, kdyby (conjugated like bych). The subjunctive is used in both clauses of the condition:

Kdybych měl čas, pracoval bych.	If I had time, I would work.
Kdybys měl čas, pracoval bys.	If you had time, you would work.
Kdyby měl čas, pracoval by.	If he had time, he would work.
Kdybychom měli čas, pracovali bychom.	If we had time, we would work.
Kdybyste měli čas, pracovali byste.	If you had time, you would work.
Kdyby měli čas, pracovali by.	If they had time, they would work.

The order of the two clauses may be reversed, as in English:

Šel bych do kina, kdybych I would go to the movies, if I
nemusel pracovat.   did not have to work.

Either clause may at times be omitted:

Kdybych byl bohat.   If only I were rich.

Koupil bych si nové auto. I would (would like to) buy a
new car.

The subjunctive is used in unreal or improbable conditions.
Where the condition may be fulfilled, *if* is translated by
jestliže, -li, or, more colloquially, by když:

Jestliže si koupíme auto, If we buy a car (and we may),
navštívíme strýce.   we shall visit Uncle.
Or: Koupíme-li si auto,
navštívíme strýce.

Když se vám nelíbí ten   If you do not like that man,
člověk, proč ho navště-   why do you visit him?
vujete?

If the condition is unreal and refers to the past, the past
subjunctive with byl is often used in both clauses:

Kdyby byla měla čas,   If she had had time, she surely
byla by vám jistě   would have helped you.
pomohla.

With býti the form býval is used in the past subjunctive:

Kdybych byl býval tehdy If I had been rich then, I
bohat, byl bych si   should have bought that house.
koupil ten dům.
Contrast:
Jestliže zítra budu mít If I will have time tomorrow,
čas, budu pracovat.   I will work.

Kdybych měl čas, pracoval If I had time, I would work.
bych.

Kdybych byl měl včera   If I had had time yesterday, I
čas, byl bych pracoval. would have worked.

CVIČENÍ: EXERCISES

I. Memorize the following expressions:

Kdo mi to vzal?   Who took that from me?

Jaké je dnes počasí?   What is the weather today?

Je hezky.   It is fine out.

Je teplo.	It is warm.
Je horko.	It is hot.
Je zima.	It is cold.
Je chladno.	It is cool.
Je vlhko.	It is damp (humid).

II. Distinguish carefully in English:

(a) Zapomenu-li vám poslat svou knihu, napište mi o tom.

(b) Kdybych vám zapomněl poslat svou knihu, napsal byste mi o tom.

(c) Kdybych byl vám zapomněl poslat svou knihu, byli byste mi o tom napsali.

III. Fill in the blanks with the proper form, nominative or accusative plural:

1. Cestou lesem jsme viděli dva _____(hares). 2. Tři _____ (people) seděli v našem pokoji a mluvili. 3. Babička nám vypravovala _____(interesting events). 4. Zapomněl jsem doma_____(those books). 5. Mám rád _____(your parents). 6._____(Those rich gentlemen) se mi nelíbí. 7. _____(These days) mnoho nedělám. 8._____(Our horses) se ztratily. 9. Každý měsíc má čtyři _____(weeks). 10. _____(Your parents) mají nové auto. 11. Viděli jste ještě_____(those big dogs)? 12. Znáte _____(my old uncles)? 13. _____(Those great ladies) nás jednou navštívily. 14. Doma mám tři _____ (black cats). 15. V Plzni znám jenom dva _____(good doctors).

IV. Change the following sentences to the conditional positive and negative, according to the example:

Example: Mám čas. Mohu vám pomoci.

Kdybych měl čas, mohl bych vám pomoci.

Kdybych neměl čas, nemohl bych vám pomoci.

1. Jsem bohat. Koupím si nový dům. 2. Babička je zdráva. Přijde k nám brzo. 3. Teď máme prázdniny. Mohu jet do Prahy. 4. Pršelo. Bylo velmi chladno.

V. Translate into Czech:
1. If I had time, I would read interesting novels. 2. I

would travel a great deal, if I were rich. 3. And I would
buy beautiful books. 4. What would you do? 5. I would buy a
new house and two automobiles. 6. In summer I like to visit
my parents. 7. In fall it is damp and cool, but pleasant.
8. I do not like winter. Spring is my favorite season.
9. Yes, but in spring it rains a great deal. 10. Were it not
for the rain and sun, we would have nothing (CO) to eat.
11. You will find two books on my desk. 12. If you need a
car, I will sell you mine. 13. My parents would have been at
home, had I come early in the morning. 14. I can give you
three pieces of bread. 15. Thank you, but I want only one
piece.

CHAPTER EIGHTEEN

Genitive plural of nouns, adjectives, demonstratives and pos-
sessives. Numerals, five to ten. Subjunctive mood, continued.
Prefixes, continued. Review exercises.

ČTENÍ: READING

Hrnečku, vař!

Podle K. J. Erbena (1811-1870).

V jedné vsi byla jedna chudá vdova a měla jednu dceru.
Zůstávaly v staré chalupě a měly několik slepic. Stará
chodila v zimě do lesa na dříví, [1] v létě na jahody a na
podzim na pole sbírat, a mladá nosila do města vejce na
prodej. Tak se spolu živily.

Jednou v létě se stará trochu roznemohla a mladá musela
sama do lesa na jahody, aby měly co jíst; vařily si z nich
kaši. Vzala hrnec a kus černého chleba a šla.

Když měla hrnec plný jahod, začala obědvat. Najednou se tu
odněkud vzala nějaká stará žena, vypadala jako žebračka a
v ruce držela hrneček.

„Ach, má zlatá panenko", povídá ta žebračka, „to bych
jedla! Od včerejška od rána jsem neměla ani kousek chleba
v ústech.[2] Nedala bys mi kousek toho chleba?"

„I pročpak ne",[3] řekla ta holka, „chcete-li, třeba celý;
jen nebude-li vám tuze tvrdý?" A dala jí celý svůj oběd.

„Zaplať Pánbůh, má zlatá panenko! Ale když jsi, panenko, tak hodná, musím ti také něco dát! Tuhle ti dám ten hrneček. Když jej doma postavíš na stůl a řekneš: „Hrnečku, vař!", navaří ti tolik kaše, kolik budeš chtít. A když budeš myslit, že už máš kaše dost, řekni: „Hrnečku, dost!" a hned přestane vařit. Jen nezapomeň, co máš říci!"

Tu jí ten hrneček podala a najednou se ztratila, holka ani nevěděla kam.

(Pokračování. To be continued.)

LIDOVÉ PÍSNĚ: FOLK SONGS

Kdybys byl, Jeníčku

Kdybys byl, Jeníčku,
poslouchal matičku,
nebyl bys teď nosil
po boku šavličku;[4]

Po boku šavličku
a koně vraného,
nebyl bys poslouchal
člověka cizího.

Aby nás Pán Bůh miloval

Aby nás Pán Bůh
miloval, miloval,
hříchy odpustil,
nebe dal, nebe dal.

Nic nežádáme,
jenom to samé;[5]
aby nás Pán Bůh
miloval, miloval.

Notes

[1] Dříví, wood. [2] V ústech, in my mouth (pr. pl.). [3] Pročpak, why? The suffix -pak is not readily translatable. [4] Šavlička, a small sabre. [5] To samé, the same thing, this very thing.

SLOVNÍČEK: VOCABULARY

bok	side (of a person)	hrnec (gen. hrnce)	pot
po boku	at one's side	hodný	good, worthy
cizí	strange, foreign	holka	girl
		hřích	sin
člen	member	chalupa	cottage, hut
kousek (gen. kousku)	a small piece	jahoda	berry
		kaše (f.)	porridge

odněkud	from somewhere	tu (tuhle)	here, now
plný	full (with	tuze	too, very
	gen.)	tvrdý	hard, stiff
prodej (m.)	sale	vdova	widow
na prodej	for sale	ves (f. soft,	
slepice (f.)	hen	gen. vsi),	
spolu	together	vesnice (f.)	village
tolik ... kolik	as much ... as	zlatý	gold, golden

Verbs

Imperfective		Perfective
doprovázeti (II, 3rd pl.: -ejí)	to accompany	doprovoditi (II)
držeti (II, 3rd pl.: -í)	to hold	
choditi (II)	to go, walk (frequently, habitually)	
nositi (II)	to carry, wear (habitually)	
	to stand (trans.), put, place	postaviti (II)
povídati (I)	to tell, relate, say	pověděti (like věděti)
přestávati (I)	to stop, cease (with inf.)	přestati (III: přestanu)
sbírati (I)	to collect, gather	sebrati (III: seberu)
vařiti (II)	to boil, cook	uvařiti (II)
vypadati (I)	to look like, appear	
zbývati (I)	to be left, remain	zbýti (III: zbudu)
žádati (I)	to ask, demand (koho o co)	požádati (I)
živiti (II)	to feed, support	
živiti se (II)	to earn one's living	

SUPPLEMENTARY VOCABULARY

| hrneček (gen. hrnečku) | a small pot | navařiti (perf.) | to cook a large quantity of (with gen.) |

roznemoci se   včerejšek (gen.   yesterday (noun
(like moci,   včerejška)   only)
perf.)   to fall ill   žebračka   beggar woman

MLUVNICE: GRAMMAR

81. GENITIVE PLURAL OF NOUNS

Almost all masculine nouns end in -ů in the genitive plural:

Nominative Singular	Nominative Plural	Genitive Plural
doktor	doktoři	doktorů
pes	psi	psů
den	dni, dny	dnů (also dní)
týden	týdny	týdnů
kostel	kostely	kostelů
strýc	strýci	strýců
míč	míče	míčů

Lidé (*people*) has the genitive plural lidí. Přítel (*friend*) has přátel. Peníze (*money*, pl.) has peněz. Rok (*year*) has the genitive plural roků; let (genitive plural of léto, *summer*) is used with numerals and other expressions of quantity: pět let (*five years*), mnoho let, etc.

Hard feminines have no ending in the genitive plural:

žena	ženy	žen
dcera	dcery	dcer
kniha	knihy	knih

When the genitive plural would otherwise end in two or more consonants, moveable e is usually inserted between them:

babička	babičky	babiček
matka	matky	matek

Soft feminines end in -í in the genitive plural:

restaurace	restaurace	restaurací
kost	kosti	kostí
řeč	řeči	řečí
píseň	písně	písní

Exceptions: Most soft feminines ending in -ě have no ending in the genitive plural:

Nominative Singular	Nominative Plural	Genitive Plural
bohyně *(goddess)*	bohyně	bohyň
přítelkyně	přítelkyně	přítelkyň

Most soft feminines ending in –ce have no ending in the genitive plural:

čepice	čepice	čepic
ulice	ulice	ulic

Hard neuters have no ending in the genitive plural. –e– is usually inserted to avoid final consonant clusters:

pero	pera	per
okno	okna	oken
město	města	měst

Soft neuters end in –í in the genitive plural:

pole	pole	polí
slunce	slunce	sluncí

Exceptions: Neuters in –iště usually have –išť in the genitive plural: hřiště, genitive plural hřišť. Vejce *(egg)* has the genitive plural vajec.

82. GENITIVE PLURAL OF ADJECTIVES, DEMONSTRATIVES AND POSSESSIVES

Hard adjectives have the ending –ých in the genitive plural, all genders. Soft adjectives have –ích.
Ten has těch, all genders.
Můj has mých, all genders.
Náš has našich, all genders.
E.g.: Mnoho dobrých mužů (žen). Mnoho cizích lidí. Lidé šli z těch domů. Žáci jdou z našich škol.

83. NUMERALS, FIVE TO TEN

five	pět
six	šest
seven	sedm
eight	osm
nine	devět
ten	deset

These forms are followed by the genitive plural of nouns,

pronouns and adjectives. The verb is neuter singular when the numeral and its noun are the subject:

Pět mladých studentů bydlí u nás.	Five young students live at our house.
Vidím osm velkých domů.	I see eight large houses.
Máte deset tužek?	Do you have ten pencils?
Šest nových knih leželo na stole.	Six new books were lying on the table.

Note that the following expressions of quantity also take the genitive: málo (*little, few*), mnoho (*much, many*), několik (*several, a few*), kolik (*how many*), tolik (*so many*), etc.

84. SUBJUNCTIVE, CONTINUED

The subjunctive with bych, bys, by, etc. is also used to express wish, doubt, surprise, unfulfilled obligation:

Kéž bychom byli mladí!	If we were only young!
Měl bys pracovat!	You ought to be working (but you are not)!
Jak by mohl nepřijít!	How could he not come!

The subjunctive is also used to soften requests:

Mohl byste mi říci, kdy budete doma?	Could you tell me when you will be at home?

To express purpose, the subjunctive with abych, abys, aby, etc., is used:

Pracuji, abych byl bohat.	I work so that I may (in order to) be rich.
Pracuješ, abys byl bohat.	You work so that you may be rich.
Pracuje, aby byl bohat.	He works so that he may be rich.
Pracujeme, abychom byli bohati.	We work so that we may be rich.
Pracujete, abyste byl(i) bohat(i).	You work so that you may be rich.
Pracují, aby byli bohati.	They work so that they may be rich.

The subjects of the two clauses need not be the same:

Koupím chléb, abychom měli co jíst.	I will buy bread so that we may have something to eat.

Abych, abys, aby, etc. is also used with expressions of de-
sire, need, request, command, fear, etc. Specifically, it is
used after the verbs chtíti, říci, přáti si, prositi, žádati,
dovoliti and many others:

Chci, abys mi pomohl.   I want you to help me.
But:
Chci ti pomoci.   I want to help you. (Here the
                              subjunctive is not needed,
                              since the subject of the two
                              clauses is the same, and the
                              infinitive may therefore be
                              used.)

Řekl jsem mu, aby ke mně   I told him to come to see me.
přišel.

Matka dovolila Františ-   Mother allowed František to
kovi, aby si hrál na   play in the yard.
dvoře.

Přeji si, abychom byli   I wish that we may be happy.
šťastni.

Note that verbs of thinking, believing, even hoping, do not
take abych, but že:

Myslím, že vás neznám.   I think I don't know you.

Věří, že bude šťasten.   He believes that he will be
                              happy.

Doufám, že brzo koupím   I hope that I will buy a new
nový dům.   house soon.

Jsem rád, že jste přijel.   I am glad that you have come.

85. PREFIXES, CONTINUED

The prefix na- has several meanings when added to verbs.
1. It may retain its meaning as a preposition (onto): nalíti
   na, to pour onto (perf.).
2. It may simply indicate the perfective aspect: napsati, to
   write (perf. of psáti).
3. It may indicate extent of the action:
   (a) An action carried out to a great extent (the verb is of-
       ten reflexive):

   napracovati se   to work hard (perf.)

   nanositi dříví   to carry a great quantity of
                            wood (perf.)

   navařiti si kaše   to cook a great deal of por-
                            ridge (perf.)

najísti se   to eat, eat one's fill (perf.)

These verbs usually have their objects in the genitive.
(b) An action carried out only partially:

natrhnouti   to tear partly off (perf.)

nakrojiti chléb   to cut into the bread (for the
                              the first time) (perf.)

The prefix S- (se-) may mean:
1. Motion downwards; descent:

sejíti   to go down, descend (perf.)

seskočiti   to jump down (perf.)

2. Motion together; joining:

sejíti se   to meet, come together (perf.)

spojiti   to join (perf.)

CVIČENÍ: EXERCISES

I. Memorize the following expressions:

Jsou ti čtyři roky.   You are four years old.

Je ti pět let.   You are five years old.

Chci, abys mi pomohl.   I want you to help me.

Učitel řekl žákovi, aby   The teacher told the pupil to
čet1 tu knihu.   read that book.

Měl bych teď pracovat.   I should be working now.

II. Translate into English:

1. Janovi je deset let a jeho sestře Miladě osm. 2. Naše
rodina má šest členů. 3. Do prázdnin zbývá sedm dní. 4. Pět
mých přátel mě doprovázelo do hotelu. 5. Učitel řekl, aby žáci
četli noviny každý den.

III. Distinguish carefully in English:

1. (a) Chci, aby přišli. (b) Přeji si, aby přišli. (c) Žádám,
aby přišli. (d) Věřím, že přijdou. (e) Doufám, že přijdou.
(f) Vím, že přijdou.

2. (a) Matka nám vařila kávu. (b) Matka se nám navařila
kávy. (c) Matka uvařila kávu. (d) Matka dovařila kávu.

IV. Supply correct forms of the genitive plural:

1. Náš klub má mnoho_____(members). 2. Znám pět _____

(foreign professors). 3. Sebral jsem šest _____(old books).
4. Máme osm _____ (good horses). 5. Na dvoře je mnoho _____
(white hens). 6. Bydlím zde už pět _____(years). 7. U _____
(my friends') bydlí váš známý, pan Dostál. 8. Kromě _____
(those old ladies) nikdo nebyl v tom pokoji. 9. Je ti už
sedm _____(years). 10. Zbývá ještě pět _____(days) do vánoc.
11. Zpívali jsme devět _____(old songs). 12. V naší vsi je
jenom šest _____(short streets). 13. V té chalupě je jenom
pět _____ (small windows). 14. V našem městě je mnoho _____
(playgrounds). 15. Kolik _____(girls) si hraje na hřišti?

V. Supply correct forms of the subjunctive auxiliaries
(bych, kdybych, abych):

1. Kéž _____tatínek byl bohat. 2. Musel _____(you should)
pracovat. 3. Řekl _____(would you) mi, kde je divadlo?
4. _____(If I) měl trochu peněz, odjel _____(I would) do
Italie. 5. Chci, _____ naše děti přišly domů. 6. Vy _____
nechtěli, _____(that I should) vám pomohl? 7. Mohl _____
(would you) mi pomoci? 8. Prosím vás, _____(that you should)
mi pověděl, kdo jste 9. Přeje si, _____(that we should)
k němu hned přišli. 10. Chci, _____oběd byl hotov. 11. Pracuji,
_____(that I should) měl co jíst. 12. Cestuji, _____(that I
should) mohl viděti kus světa. 13. Vy mi platíte, _____(that
I may) vám pomohl. 14. Měla _____(she should have) nám uvařit
oběd, ale šla do bia. 15. To _____(I would) věděl!

VI. Translate into Czech:
1. My friend wants his teacher to help him. 2. I only work
in order to make a living. 3. We told you to come home early!
4. If only I were rich and healthy! 5. The old woman kept a
few hens, and the girl carried eggs to the city to sell (for
sale). 6. But the old woman fell sick. 7. So that they should
have something to eat, her daughter went to the fields and
looked for berries. 8. She found as many berries as she could
want. 9. But an old woman asked her to give her a piece of
bread. 10. It was her whole dinner, but nevertheless she gave
it to her. 11. You ought to (subjunctive of míti) listen to
your parents! 12. You ought to tell us where you have been.
13. Our daughter has stopped going (chodit) to school. 14. I
saw ten new books on this table this morning, but now I

see only nine. 15. We only ask that the Lord God forgive us our sins.

REVIEW EXERCISES

I. Select the correct aspect and form of the given verb. Justify your selection of aspect.

1. Právě jsem od něho_____(got) dopis. 2. Dnes jsem_____ (started)_____(to read) tuto knihu. 3. Můj přítel_____ (will come) k nám dnes večer. 4. Ochotně_____(I will work) s vámi. 5. Profesor si_____(sat down) a_____(began)_____ (to speak). 6._____ (I was entering) do domu, když jsem _____(heard), co jste_____(said). 7._____(I greeted) tatínka, když_____(he came) domů. 8. Nemohu_____(under-stand), proč se vám_____(did not please) můj přítel. 9._____(We will build) si letos nový dům. 10._____(Don't lose) tyto peníze, Karle!

II. Supply correct forms of the indicated nouns and adjectives:

1. Máme tři_____(black horses). 2. Dva_____(gentlemen) seděli u řeky a mluvili. 3. Pokud vím, ten_____(king) neměl žádné_____(child). 4. Jeli jsme v_____(the small wagon). 5. Na_____(the floor) leží vaše pero. 6. Nemáte_____(a new cap)? 7._____(These restaurants) nejsou_____(good). 8. Vrátil jsem účet_____(to the headwaiter). 9._____ (Whose) jsou tyto knihy? 10. U_____(our uncle's) se dobře baví mladí lidé.

III. Translate into Czech:
1. The Czechs and Slovaks are Slavic peoples. 2. Don't you know any Russians? 3. I know several Russians, but I know no Poles. 4. Our teacher was telling us how the emperor escaped to a foreign land. 5. I like your new car. 6. We liked your friend when we talked to him yesterday. 7. Yesterday Sister and I were alone at home. 8. In the buffet there was a small piece of bread. 9. I do not know whether we can help you. 10. If I had to work, I would be a teacher (ins.).

CHAPTER NINETEEN

Dative plural, nouns, adjectives, demonstratives and posses-
sives. Numerals: eleven to twenty. Prefixes, continued. For-
mation of adverbs.

ČTENÍ: READING

Hrnečku, vař!

(Pokračování. Continued.)

Když přišla mladá domů, povída matce, co se jí v lese
přihodilo. Hned postavila hrneček na stůl a řekla: „Hrnečku,
vař!" A hned se začala v hrnečku ode dna kaše vařit a pořád
jí bylo víc a víc, a co by deset napočítal,[1] byl hrneček
plný. „Hrnečku, dost!" A hrneček přestal vařit.

Když se najedly, vzala mladá několik vajec a nesla je do
města. Stará doma se jí nemohla dočkat, už se jí chtělo jíst[2]
a měla zase na kaši chuť. Vzala tedy hrneček, postavila jej
na stůl a sama řekla: „Hrnečku, vař!"

Kaše se hned začala vařit a hrneček byl už plný.

„Musím si jít pro misku", povídá si stará a jde pro ni do
komory. Ale když se vrátila, zůstala jako omráčená: kaše se
valila plným proudem z hrnečku na stůl, se stolu na lavici a
s lavice na zem. Stará zapomněla, co má říci, aby hrneček
přestal vařit. Přiskočila a přikryla hrneček miskou. Ale
miska spadla na zem a kaše se hrnula neustále na zem. Už jí
bylo tolik, že stará musela utéci ze světnice do síně.

„Ach, ta nešťastná holka, co to přinesla! Já jsem si hned
pomyslela, že to nebude nic dobrého".

Za chvilku tekla už kaše přes práh do síně; čím jí bylo
víc, tím jí víc přibývalo. Netrvalo dlouho a valila se už
jako mračna dveřmi[3] i oknem na silnici, a kdo ví, jaký by to
bývalo vzalo konec, kdyby se byla právě na štěstí[4] mladá
nevrátila a nekřikla:

„Hrnečku, dost!"

Ale na silnici byl už takový kopec kaše, že sedláci, když

tudy večer jeli z roboty domů, nemohli nikterak[5] projet a
museli se kaší na druhou stranu prokousat.[6]

PŘÍSLOVÍ: PROVERBS

Dvakrát měř, jednou řež!
Kdo vysoko létá, nízko sedá.

LIDOVÁ PÍSEŇ: FOLK SONG

Ráda, ráda

Ráda, ráda můj zlatý Honzíčku,
ráda, ráda, ráda tě mám!
„Jestli to je pravda,
že mě máš tak ráda?"
Ráda, ráda, ráda tě mám.

Notes

[1] Napočítati, to count to. [2] Chtíti se with the dative means
to feel like. Chce se mi spat, I feel like sleeping. [3] Dveřmi,
ins. pl. of dveře. [4] Na štěstí, luckily, fortunately. [5] Nikte-
rak, archaic for nijak. [6] Prokousat, to bite their way through.

SLOVNÍČEK: VOCABULARY

čím ... tím	the ... the	-krát	time (how often:
čím víc, tím	the more the		dvakrát, *twice;*
lépe	better		desetkrát, *ten*
dno	bottom		*times*)
druhý	second, other	lavice (f.)	bench
chvilka	short while	miska	dish, plate
za chvilku	after a short while	mračno	dark cloud, storm cloud
komora	pantry, store-room	neustále	unceasingly
		nízký (nízko,	
konec (m.,		adv.)	low
gen. konce)	end, finish	odtud	from there
kopec (m.,		omráčený	amazed, dum-
gen. kopce)	hill		founded

práh (gen.   skrz, skrze
prahu)   threshold   (acc.)   through
proud   current   strana   side; political
robota   obligatory la-   party
                bor; hard work   šťastný   lucky, happy
s (se)(gen.)   down from, off   (šťastně,   (nešťastný, un-
sedlák   peasant (man)   adv.)   lucky, unhappy)
silnice (f.)   highway   víc(e)   more
síň (f.)   hall, corridor   zem, země (f.)   ground, floor

Verbs

Imperfective		Perfective
	to wait to see, wait until (with gen.)	dočkati se (I)
hrnouti se (III)	to rush, flock, stream, run	
křičeti (II, 3rd pl.: -í)	to cry out, exclaim	křiknouti (III)
létati (I)	to fly	
měřiti (II)	to measure	změřiti (II)
	to eat one's fill	najísti se (like jísti)
mysliti (si) (II)	to think	pomysliti (si) (II)
přibývati (I)	to arrive; to grow, increase	přibýti (III: přibudu)
přiházeti se (II, 3rd pl.: -ejí)	to happen, occur	přihoditi se (II)
přikrývati (I)	to cover	přikrýti (III: přikryji)
přinášeti (II, 3rd pl.: -ejí)	to bring (by carrying)	přinésti (III: přinesu)
	to jump up, towards	přiskočiti (II)
řezati (III: řeži)	to cut	
	to fall (down, off)	spadnouti (III)
téci (III: teku, tečeš ... tekou; past: tekl)	to flow	

Imperfective

trvati (I)	to last, endure, take (time)
valiti (II)	to roll, push over (trans.)
valiti se (II)	to roll, pour (intr.)

MLUVNICE: GRAMMAR

86. DATIVE PLURAL OF NOUNS

Masculine nouns end in –ům in the dative plural:

Nominative Singular	Nominative Plural	Dative Plural
doktor	doktoři	doktorům
pes	psi	psům
automobil	automobily	automobilům
dům	domy	domům
strýc	strýci	strýcům
přítel	přátelé	přátelům
míč	míče	míčům
den	dni, dny	dnům

Exception: Lidé (*people*) has the dative plural lidem.
Hard feminine nouns have –ám in the dative plural:

žena	ženy	ženám
kniha	knihy	knihám
tužka	tužky	tužkám

Soft feminine nouns ending in –e (–ě) have –ím in the dative plural:

restaurace	restaurace	restauracím
přítelkyně	přítelkyně	přítelkyním

Soft feminine nouns ending in a consonant usually have –em in the dative plural:

kost	kosti	kostem
řeč	řeči	řečem
	děti	dětem

But many of these (especially those ending in the nominative singular in –ť, –ď, –ň, –ž and –ev) have dative plurals in –ím:

Nominative Singular	Nominative Plural	Dative Plural
píseň	písně	písním
mysl *(thought)*	mysli	myslím

Hard neuters end in -ům in the dative plural:

město	města	městům
okno	okna	oknům

Soft neuters end in -ím:

pole	pole	polím
vejce	vejce	vejcím
hřiště	hřiště	hřištím

87. DATIVE PLURAL OF ADJECTIVES -- DEMONSTRATIVES AND POSSESSIVES

Hard adjectives end in -ým in the dative plural; soft adjectives in -ím.
Ten has těm in the dative plural.
Můj has mým in the dative plural.
Náš has našim in the dative plural.
E.g.: Dal jsem knihy těm malým žákům. Neodpovím svým cizím přátelům. Řekl jsem to našim strýcům, etc.

88. NUMERALS, ELEVEN TO TWENTY

eleven	jedenáct
twelve	dvanáct
thirteen	třináct
fourteen	čtrnáct
fifteen	patnáct
sixteen	šestnáct
seventeen	sedmnáct
eighteen	osmnáct
nineteen	devatenáct
twenty	dvacet

All these numerals take the genitive plural, e.g.: Dvanáct mladých lidí, dvacet nových knih, etc.

89. PREFIXES, CONTINUED

The prefix při- has the meanings:

1. Approaching, arrival:

   přijíti, *to come* (perf.)
   přiskočiti, *to jump up to* (perf.)

2. Addition:

   přidati, *to add* (perf.)
   připsati, *to write some more, add in writing* (perf.)
   přibýti, *to grow, increase* (perf.)

3. A limited extent of the action:

   přivařiti, *to boil a little more* (perf.)
   přibarviti, *to tint, color lightly* (perf.)

90. FORMATION OF ADVERBS

Adverbs formed from hard adjectives usually end in -e (-ě). Adjectives with stems ending in neutral consonants p, b, m, f, v form adverbs ending in –ě:

Adjective	Adverb
zdravý	zdravě
slabý	slabě
zajímavý	zajímavě

Hard consonants are palatalized by the ending –e. Final t, d, n become ť, ď, ň; r becomes ř; k becomes c; h becomes z; and ch becomes š:

jistý	jistě
černý	černě
dobrý	dobře
tenký	tence
tichý	tiše

Final l, s, v take the adverb ending in –e:

rychlý	rychle
veselý	vesele

Other adjectives with stems ending in a hard consonant (chiefly in –ký) form adverbs with the ending –o:

blízký   blízko

Adjective	Adverb
daleký	daleko
častý	často
dlouhý	dlouho

Adjectives ending in –ský and –cký form adverbs in –sky, –cky:

český	česky
americký	americky
Also:	
hezký	hezky

Soft adjectives form adverbs in –e (–ě):

cizí	cize
první	prvně
příští	příště

Table of Adverbs Formed from Adjectives in Previous Vocabularies

Adjective	Adverb	
americký	americky	in the American way
báječný	báječně	wonderfully
bílý	bíle	whitely
bohatý	bohatě	richly
častý	často	often
černý	černě	blackly
český	česky	in Czech, in the Czech way
dávný	dávno	long ago
dlouhý	dlouho	long
dobrý	dobře	well
hezký	hezky	prettily, nicely
hladový	hladově	hungrily
hlavní	hlavně	chiefly
hloupý	hloupě	stupidly
hodný	hodně	worthily; considerably (coll.)
horký	horce	hotly
chladný	chladně	coldly
chudý	chudě	poorly

Adjective	Adverb	
jaký	jak	how
jednotlivý	jednotlivě	separately
jistý	jistě	surely
konečný	konečně	finally
krásný	krásně	beautifully
krutý	krutě	cruelly
líný	líně	lazily
malý	málo	little, few
možný	možno, možná	possibly
německý	německy	in German, in the German way
obyčejný	obyčejně	usually
pěkný	pěkně	nicely
polský	polsky	in Polish, in the Polish way
přesný	přesně	precisely, exactly
přímý	přímo	direct(ly)
příští	příště	in the future; the next time
ruský	rusky	in Russian, in the Russian way
silný	silně	strongly
skutečný	skutečně	really
slovenský	slovensky	in Slovak, in the Slovak way
společný	společně	commonly; in common
správný	správně	correctly
svatý	svatě	sacredly
světlý	světle	brightly
špatný	špatně	badly
špinavý	špinavě	dirtily
těžký	těžce, těžko	heavily, with difficulty
tichý	tiše	quietly
unavený	unaveně	wearily
úplný	úplně	completely
veliký	velice	greatly, extremely
vlhký	vlhce, vlhko	damply
výborný	výborně	excellently
vysoký	vysoce, vysoko	high(ly)

Adjective   Adverb
zajímavý   zajímavě   interestingly
žertovný   žertovně   jokingly

CVIČENÍ: EXERCISES

I. Memorize the following expressions:

Chce se mi jíst.   I feel like eating.

Kolik je vám let?   How old are you?

Kniha spadla na zem.   The book fell to the floor.

II. Translate into English:

1. Je vám dvacet let. 2. Naše rodina má pět členů. 3. Mému bratru Františkovi je osmnáct let. 4. Mám dvě sestry: Růžence je čtrnáct a Libušce jedenáct let.

III. Distinguish carefully in English:

(a) dávati; (b) dáti; (c) rozdati; (d) podati; (e) přidati; (f) prodati; (g) vydati.

IV. Supply correct forms of the dative plural:

1. _____(To my parents) je líto, že jsem přestal studovat. 2. Dal jste_____(to your sister) ten hrnec? 3. Pověděl jsem _____(to the peasants), že nikdo_____(from them -- dat.) nic nevezme. 4. Nerad sloužím_____(women). 5. Nerozumím _____(these children). 6. Řekla _____(her girl friends), že odjede do New Yorku. 7. Nevěřím_____(his beautiful speeches). 8. Šli jsme k_____(those far-off fields). 9. Poslal jste ty dopisy_____(to your uncles)? 10. Napsal jsem_____(to those doctors).

V. Form adverbs from the following adjectives and give their meanings:

americký	konečný	pěkný
bohatý	krásný	silný
častý	líný	srbský
dobrý	český	úplný
hlavní	možný	zajímavý
jaký	obyčejný	zamračený

VI. Translate into Czech:

1. Our teacher spoke very interestingly today. 2. He told us why the sun shines so brightly. 3. But I do not remember exactly what he said. 4. Honza looks very silly (adv.) today. 5. We have fifteen teachers in our school. 6. The porridge did not stop boiling when the old woman cried out. 7. At dinner today we ate our fill. 8. Through the window we saw how the cars were going on the highway. 9. The dish fell out of my hand to the bottom of the river. 10. The peasants went to the other side of the street. 11. How old are you? 12. I am nineteen. 13. Dark clouds had covered the sun, and snow began to fall. 14. In the hall I met my grandmother; we went into the kitchen together. 15. I told the peasants not to run away, but they did not listen to me. 16. I waited for Mother; it did not take long. 17. We waited till the end (gen.) of the film. 18. But my sisters did not like it. 19. I told my sisters that they should not have come, if they don't like such films. 20. Next time I will go to the movies alone (sám).

CHAPTER TWENTY

Prepositional plural, nouns, adjectives, demonstratives and possessives. Cardinal numerals, twenty to one hundred ninety-nine. Comparative and superlative of adjectives.

ČTENÍ: READING

Nej...

Podle Karla Čapka (1890-1938).

Jedno z nej... oblíbenějších slov v kritice i v životě je superlativ. Napořád můžete číst: „největší český básník", „nejznamenitější dílo naší doby", „nejlepší humorista",[1] a tak dále, skoro jako v inserátech: „nejlepší lihuprostý nápoj", „největší závod toho druhu", „nej..." a ještě „nej..." bez konce. Žijeme ve světě superlativů. Avšak lihuprostý nápoj Alfa nebo Omega může být nejlepší, a přece není dobrý. Největší básník cářství trebizonského[2] nemusí ještě být veliký, a nejlepší humorista naší doby nemusí vůbec být dobrý; zkrátka, dobrý je lepší než nejlepší, veliký je větší než největší; a positiv je vážnější a závažnější slovo než

superlativ. -- Chce-li být nějaká žena nejkrásnější ve spo-
lečnosti, je to ješitná koketa; chce-li být prostě krásná,
koná klasické a bohulibé dílo. Když Leibnitz dokazoval, že
náš svět je nejlepší ze všech[3] možných, obhájil tím boha
velmi pochybně; více by udělal, kdyby provedl (ovšem nemožný)
důkaz, že náš svět je dobrý. Nic více než dobrý. Mluvíme v su-
perlativech ne proto, že bychom rádi přepínali, nýbrž proto,
že nemáme odvahu mluviti v positivech.

PŘÍSLOVÍ: PROVERBS

Na chudobných svět stojí.

Dobrým škodí, kdo zlým hoví.

Byl jeden mnich, měl mnoho knih a nevěděl, co je v nich.

Vojnou jeden zbohatne a sto jiných zchudne.

Notes

[1] Humorista, humorist. [2] Cářství trebizonské, the Empire of
Trebizond, a fragment of the Byzantine Empire which preserved
its independence for some years after the fall of Constanti-
nople to the Turks. [3] Všech, all (gen. pl.).

SLOVNÍČEK: VOCABULARY

avšak	however	klasický	
básník	poet	(klasicky)	classic
dále	further	koketa	coquette
a tak dále	and so on;	kritika	criticism
	abbreviated:	mnich	monk
	atd., etc.	nápoj	beverage, drink
dílo	work (of art,	napořád	continually, all
	etc.), crea-		the time
	tion	než, nežli	than (after com-
druh	kind, type		paratives)
důkaz	proof, demon-	nýbrž	but (after nega-
	stration		tives: ne ...
inserát	advertisement		nýbrž, *not* ...
ješitný	vain, con-		*but rather*)
(ješitně)	ceited		

pochybný			the whole
(pochybně)	doubtful	vůbec ... ne	not at all
odvaha	courage	závažný	important, essen-
prostý (prostě)	simple	(závažně)	tial
přece	nevertheless,	závod	firm, factory;
	still		contest, race
společnost		zkrátka	in short
(f. soft)	society	zlý (zle)	bad, wicked,
svět (gen.			evil
světa)	world	znamenitý	famous, remark-
vůbec	in general, on	(znamenitě)	able

Verbs

Imperfective		Perfective
bohatnouti (III)	to grow wealthy	zbohatnouti (III)
dokazovati (III)	to prove, demon-strate	dokázati (III: dokáži)
hověti (II, 3rd pl.: -ějí)	to suit (with dat.)	
chudnouti (III)	to grow poor	zchudnouti (III)
konati (I)	to perform, do, carry out	vykonati (I)
obhajovati (III)	to defend (in court, etc.)	obhájiti (II)
prováděti (III, 3rd pl.: -ějí)	to carry out, ef-fect	provésti (III: prove-du; past: provedl)
přepínati (I)	to exaggerate	
státi (irreg.: stojím, stojíš ..., stojí; past: stál; imp.: stůj!)	to stand	
škoditi (II)	to harm, injure, damage (with dat.)	uškoditi

SUPPLEMENTARY VOCABULARY

bohulibý	pleasing to God, virtuous	lihuprostý positiv	nonalcoholic positive degree
chudobný	poor	superlativ	superlative degree

MLUVNICE: GRAMMAR

91. PREPOSITIONAL PLURAL OF NOUNS

Hard masculine nouns usually end in -ech in the prepositional plural:

Nominative Singular	Nominative Plural	Prepositional Plural
doktor	doktoři	o doktorech
pes	psi	o psech
automobil	automobily	v automobilech
dům	domy	v domech
den	dni, dny	ve dnech
	lidé	o lidech

Hard nouns ending in -k, -ch and -h usually end in -ích. Final k becomes c, ch becomes š, and h becomes z:

strýček	strýčkové	o strýčcích
hoch	hoši	o hoších
bůh	bozi, bohové	o bozích

Those ending in -ček (diminutives) may also end in -ách, without palatalization: o strýčcích or o strýčkách.
A few other hard masculines also end in -ích:

les	lesy	v lesích
kostel	kostely	v kostelích

Soft masculines end in -ích in the prepositional plural:

strýc	strýci	o strýcích
otec	otci	o otcích
míč	míče	v míčích

Hard feminine nouns end in -ách in the prepositional plural:

žena	ženy	o ženách
dcera	dcery	o dcerách
kniha	knihy	o knihách

Soft feminines end in -ích in the prepositional plural:

restaurace	restaurace	v restauracích
přítelkyně	přítelkyně	o přítelkyních

Those ending in a consonant have -ech:

kost	kosti	v kostech
věc	věci	o věcech

Hard neuters end in –ech in the prepositional plural:

Nominative Singular	Nominative Plural	Prepositional Plural
město	města	ve městech
okno	okna	v oknech
pero	pera	v perech

Hard neuters ending in –ko (especially diminutives in –čko), –ho and –cho have the ending –ách:

jablko *(apple)*	jablka	v jablkách
městečko *(small town)*	městečka	o městečkách
roucho *(robe)*	roucha	v rouchách

Soft neuters end in –ích in the prepositional plural:

| pole | pole | v polích |
| vejce | vejce | ve vejcích |

92. PREPOSITIONAL PLURAL OF ADJECTIVES, DEMONSTRATIVES AND POSSESSIVES

Hard adjectives end in –ých in the prepositional plural, soft adjectives in –ích.
Ten has těch in the prepositional plural.
Můj has mých in the prepositional plural.
Náš has našich in the prepositional plural.
E.g.: O mých dobrých přátelích. O těch cizích studentech. Na vašich velkých polích.

93. CARDINAL NUMERALS, TWENTY TO ONE HUNDRED NINETY-NINE

twenty	dvacet
twenty-one	dvacet jeden (jedna, jedno)
twenty-two	dvacet dva (dvě)
twenty-three	dvacet tři
twenty-four	dvacet čtyři
twenty-five	dvacet pět
twenty-six	dvacet šest
twenty-seven	dvacet sedm
twenty-eight	dvacet osm
twenty-nine	dvacet devět
thirty	třicet

thirty-one	třicet jeden (jedna, jedno)
thirty-two	třicet dva (dvě)
	etc.
forty	čtyřicet
fifty	padesát
sixty	šedesát
seventy	sedmdesát
eighty	osmdesát
ninety	devadesát
one hundred	sto
one hundred ten	sto deset
one hundred twenty-five	sto dvacet pět
	etc.

Dvacet, třicet, čtyřicet ... sto take the genitive plural when they are used in the nominative or accusative case. Other numerals take the case required by the final part of the compound numeral:

čtyřicet jeden student (nom. sing.)	41 students
šedesát dvě ženy (nom. pl.)	62 women
sto dvacet tři žáci (nom. pl.)	123 pupils
devadesát pět mužů (gen. pl.)	95 men
sto padesát sedm domů (gen. pl.)	157 houses

Rarer are forms like jedenadvacet (21), dvaatřicet (32), etc. These take the genitive plural.

94. COMPARATIVE AND SUPERLATIVE OF ADJECTIVES

The comparative degree of adjectives is normally formed by the addition of the suffix -ejší (-ější) to the stem of the adjective.

Adjectives with stems ending in l, s, and z add the ending -ejší in the comparative:

Positive Degree	Comparative Degree	
milý	milejší	dearer

Positive Degree   Comparative Degree
    světlý   světlejší   brighter
    cizí   cizejší   more foreign

Final r of the stem becomes ř:
    moudrý   moudřejší   wiser

Adjectives with stems ending in p, m, v, t, n add the
ending –ější:

    hloupý   hloupější   more foolish
    známý   známější   better known
    hladový   hladovější   hungrier
    důležitý   důležitější   more important
    krásný   krásnější   more beautiful

Adjectives ending in –ský and –cký have comparatives ending
in –štější and –čtější respectively:

    český   češtější   more Czech
    německý   němečtější   more German

A number of common adjectives of two or three syllables end-
ing in –bý, –dý, –tý, –ký, –hý, etc., have comparatives ending
in –ší. There is often palatalization of the final stem con-
sonant (z becomes ž, h becomes ž, ch becomes š, etc.):

    slabý   slabší   weaker

    chudý   chudší   poorer

    mladý   mladší   younger

    bohatý   bohatší   richer

    čistý   čistší,
                              čistější   cleaner

    blízký   bližší   nearer

    krátký   kratší   shorter

    nízký   nižší   lower

    těžký   těžší   harder, heavier

    úzký   užší   narrower

    tichý   tišší   quieter

    drahý   dražší   dearer

    starý   starší   elder, older

Note that the stem vowel shortens in the comparative with
this group of adjectives (bližší, kratší, užší, etc.).

Adjectives ending in -oký or -eký usually lose the syllable
ok or ek in comparison:

Positive Degree	Comparative Degree	
daleký	další	further, next
hluboký	hlubší	deeper
široký	širší	wider
vysoký	vyšší	higher

Some adjectives ending in -ký form the comparative with -čí:

hezký	hezčí	prettier
tenký	tenčí	thinner, finer
měkký	měkčí	softer
lehký	lehčí	lighter
vlhký	vlhčí	damper

The following comparatives are irregular:

dobrý	lepší	better
špatný, zlý	horší	worse
malý	menší	smaller
velký, veliký	větší	greater
dlouhý	delší	longer

All comparatives are declined as soft adjectives.
Than is translated by než (nežli) after comparatives:

Ten hoch je starší než   That boy is older than I.
  já.

Much with the comparative is translated by mnohem or o
mnoho:

Maso je mnohem (o mnoho) Meat is much more expensive than
  dražší než zelenina.   vegetables.

As ... as or *so ... as* is translated by tak ... jako with the
positive:

Můj bratr je tak starý   My brother is as old as yours,
  jako tvůj, ale není   but he is not so strong.
  tak silný.

The ... the is translated by čím ... tím with the comparative:
Čím více, tím lépe.   The more the better.

Superlatives are formed by prefixing nej- to comparatives:

Positive	Comparative	Superlative	
krásný	krásnější	nejkrásnější	most beautiful
krátký	kratší	nejkratší	shortest
hezký	hezčí	nejhezčí	prettiest
dobrý	lepší	nejlepší	best
velký, veliký	větší	největší	greatest

CVIČENÍ: EXERCISES

I. Memorize the following expressions:

Jeden z mých přátel.	One of my friends.
Vůbec vám nerozumím.	I don't understand you at all.

II. Insert proper forms of the prepositional plural:
1. Mluvili jsme o_____(those Czech poets). 2. Věděli jste
o _____(those new proofs)? 3. V_____(our factories) pracuje
mnoho lidí. 4. Je mnoho zajímavého v_____(these works).
5. Nebylo moje pero na_____ (those books)? 6. V_____ (these
advertisements) mnoho přepínají. 7. Nikdy jsem nebyl ve
_____(your rooms). 8. V_____(these houses) bydlí moji
strýci. 9. Na _____(those tables) leží vaše knihy. 10. Cho-
dili jsme po_____(the city streets). 11. V_____(these
great forests) je mnoho potoků. 12. Co jsem vám pověděl o
_____(those people)? 13. V_____ (these restaurants) se
dobře jí. 14. V_____ (their fields) jsme si hráli. 15. Ještě
jsem nevěděl o _____ (those foreign kings).

III. Translate the following numerals into Czech and supply
a noun with each one:

2	14	36	65	98
5	18	43	79	127
9	21	57	82	189

IV. Supply comparatives or superlatives of the following
adjectives:
1. Můj pokoj je_____(brighter) než váš. 2. Ten básník je
_____ (more famous) než Erben. 3. Ta práce je _____(the most
important). 4. Tento román je_____(more interesting) než
onen. 5. Maso je _____(more expensive) než chléb. 6. A telecí

maso je_____(the most expensive). 7. Jsem_____(the eldest)
v naší rodině. 8. Praha je_____(more beautiful) než Ostrava.
9. To je_____(the best) doktor v našem městě. 10. Moje úlohy
jsou_____(longer) než vaše. 11. Moje přítelkyně je_____
(the prettiest) z našich studentek. 12. Moje sestra není tak
(pretty) jako vaše. 13. Čím_____(richer) je člověk, tím_____
_____(more known). 14. Tato řeka je_____(wider) než ona,
ale není tak_____(deep). 15. My jsme_____(poorer) než vy.
16. Ten závod je_____(smaller) než onen. 17. Žiji v_____
(the largest) městě světa. 18. Tato česká úloha je mnohem
_____(more difficult) než ona. 19. Tento důkaz je_____
(shorter) než mnoho jiných. 20. Náš učitel je o mnoho_____
(kinder) než jiní.

V. Translate into Czech:
1. Does this work suit you? 2. Yes, but still I will not
grow rich here. 3. Do you see who is standing on the other
side of the street? 4. There are many people there, almost a
hundred. 5. Surely you are exaggerating. 6. Mácha was the
greatest Czech poet. 7. Yes, but I think that other poets
were more famous than he. 8. However I don't know a single
(ani jednoho) Czech poet who could have written a greater
work than his *Máj*. 9. You have to prove that to me. 10. Two
monks were standing in front of our house this morning.
11. Did you ask them what they wanted? 12. Yes, but I couldn't
understand them at all. 13. You should have more courage!
14. I did not want to harm my friends, and so I went away from
town for (na with acc.) a while. 15. My work is not so impor-
tant as yours.

CHAPTER TWENTY-ONE

Instrumental plural, nouns, adjectives, demonstratives and
possessives. Additional uses of the instrumental: predicate
instrumental, instrumental of quality. Additional uses of the
genitive: partitive genitive, genitive after negatives. Com-
parison of adverbs.

ČTENÍ: READING

Výňatky z „Hovorů s T. G. Masarykem"

Karel Čapek

I když nebylo českých knih, byly aspoň lidové písně. My, čeští chlapci na gymnasiu, jsme se scházeli, zpívali jsme písně, kdo jich víc umí, a ty, co jsme neznali, jsme si zapisovali. I dnes si na leckterou vzpomenu. Z Brna jsem chodíval[1] domů pěšky ještě s jinými hochy z našeho kraje, a to jsme po celou cestu zpívali. Jednou jsme se na cestě stavili ve známé hospodě, a jeden z nás, nejstarší, veselý oktaván — však byl pak knězem — flirtoval s hostinskou, mladou ještě a pěknou; ale byla divně vážná. Když ji pak ten náš kamarád vzal kolem pasu, neřekla nic a jen otevřela dveře do vedlejší komory; tam ležel její muž na slámě mrtvý, v hlavách hořící svíčka....[2]

Jednou zas jsem se vracel z domova do Brna a nesl jsem si od maminky koblihy na přilepšenou[3] — snad nějakých dvacet koblih. A když jsem přišel do Brna na potravní čáru,[4] zastavil mne financ, a zeptal se, co to nesu. „Koblihy", povídám; a tu on řekl, že z nich musím zaplatit potravní daň. Peněz jsem neměl a koblih mně bylo líto — tak jsem si sedl tam u šraňku a všechny koblihy jsme smetli,[5] kamarádi se mnou; i ten přísný financ si na nich pochutnal.

ANEKDOTA: ANECDOTE

Cizinec v malém českém městečku potká[6] chlapce a ptá se ho: „Copak,[7] že tu v městě není žádný pomník, ani pamětní deska?[8] Copak se tu nenarodil žádný velký muž?"

„Ne! Tady se vždycky narodily jen samé malé děti!"

PŘÍSLOVÍ: PROVERBS

Cizího nežádám a svého nedám.
Kdo chce užívati sladkého, musí prve okusiti hořkého.
Kdo každého poslouchá, zle činí; kdo nikoho, ještě hůře.
Prázdný sud se nejvíce ozývá.

Notes

[1] Chodíval, would walk. [2] V hlavách hořící svíčka, at the head of the bed a burning candle. [3] Na přilepšenou, as extra food. [4] Potravní čára, tollgate. [5] Smetli, past of smésti, to gulp down (colloq.). [6] In narration the present tense often replaces the past for the sake of vividness, and in Czech narratives such changes of tense are more frequent than in English. If the action is prolonged, repeated or interrupted, the imperfective present is used. But if it is a sudden action which is completed, the perfective present (i.e., the future) is used. This explains the use of perfective future forms in past narration, such as the form potká here. [7] Copak! What! How! (expression of suprise). [8] Pamětní deska, memorial tablet.

SLOVNÍČEK: VOCABULARY

cizinec (m., gen. cizince)	foreigner, stranger	kraj (m.)	land, country; edge, border
daň (f.)	tax, tribute	leckterý	more than one; quite a few
divný (divně)	strange, curious	mrtvý	dead
domov (gen. domova)	home, native land	pás (gen. pasu)	belt; waist
gymnasium (n., gen. gymnasia)	high school	peníze (m. pl.; gen. pl. peněz)	money
hoch	boy, lad	pěšky	on foot
hořký (hořko, hořce)	bitter	pokuta	fine (monetary)
hospoda	inn, tavern	pomník	monument, memorial
hostinský	innkeeper (adj. used as noun)	prázdný (prázdně)	empty
		prve	first (adv.)
		přísný (přísně)	strict
hovor	conversation	samý	nothing but, only
kamarád	comrade		
kolem (gen.)	around, about	sladký (sladce, sladko)	sweet
kněz (m. soft; nom. pl. kněží)	priest	sláma	straw
		sud	barrel

tady	here (col-	veselý	gay, merry,
	loq.)	(vesele)	funny
vedlejší	next, neigh-	výňatek (gen.	
	boring	výňatku)	excerpt

Verbs:

Imperfective		Perfective
okoušeti (II: 3rd pl.: -ejí)	to taste, try, sample	okusiti (II)
ozývati se (I)	to resound	ozvati se (III: ozvu se)
pochutnávati si (I)	to relish, eat with enjoyment	pochutnati si (I)
roditi se (II)	to be born	naroditi se (II)
stávati se (I)	to become (with ins.)	státi se (III: stanu se; past: stal se)*
staviti se (II)	to stop, visit	zastaviti se (II)
užívati (I)	to use, make use of; to enjoy (with gen.)	užíti (III: užiji)
vzpomínati (si) (I)	to remember, re- call (na co, na koho)	vzpomenouti (si) (III; past: vzpomněl)
zapisovati (III)	to write down, note down	zapsati (III; zapíši)
zdáti se (I)	to seem, appear (with ins.)	

SUPPLEMENTARY VOCABULARY

financ (m.)	tax official		the eighth class,
kobliha	doughnut		senior
městečko	small town	potravní daň	customs duty
oktaván	student in	šraňk	tollgate

---

* Contrast this verb with státi (*to stand*): present: stojím; past: stál.

MLUVNICE: GRAMMAR

95. INSTRUMENTAL PLURAL OF NOUNS

Hard masculines end in -y in the instrumental plural:

Nominative Singular	Nominative Plural	Instrumental Plural
doktor	doktoři	doktory
pes	psi	psy
automobil	automobily	automobily
dům	domy	domy

Soft masculines end in -i in the instrumental plural:

strýc	strýci	strýci
přítel	přátelé	přáteli
míč	míče	míči

Lidé *(people)* has the instrumental plural lidmi; kůň *(horse)* has koňmi.

Hard feminine nouns end in -ami in the instrumental plural:

žena	ženy	ženami
dcera	dcery	dcerami
kniha	knihy	knihami

Soft feminines ending in -e or -ě in the nominative singular have the ending -emi (-ěmi) in the instrumental plural:

duše	duše	dušemi
restaurace	restaurace	restauracemi
přítelkyně	přítelkyně	přítelkyněmi

Soft feminines ending in a consonant in the nominative singular have the ending -mi in the instrumental plural:

kost	kosti	kostmi
řeč	řeči	řečmi
(dítě, n.)	děti	dětmi

Exceptions: Some feminines ending in a soft consonant, like píseň, have the ending -emi (-ěmi) in the instrumental plural: písněmi.

Hard neuter nouns end in -y in the instrumental plural:

město	města	městy
okno	okna	okny
pero	pera	pery

Soft neuters take –i in the instrumental plural:

Nominative Singular	Nominative Plural	Instrumental Plural
pole	pole	poli
hřiště	hřiště	hřišti

96. INSTRUMENTAL PLURAL OF ADJECTIVES, DEMONSTRATIVES AND POS-SESSIVES

Hard adjectives have –ými in the instrumental plural; soft adjectives have –ími.

Ten has těmi in the instrumental plural.

Můj has mými in the instrumental plural.

Náš has našimi in the instrumental plural.

E.g.: Nad našimi poli. S tvými dobrými přáteli. Pod těmi řekami. Nad cizími městy.

97. ADDITIONAL USES OF THE INSTRUMENTAL

A. Predicate Instrumental

Predicate nouns (and sometimes predicate adjectives) are often put in the instrumental case after certain verbs.

After the verb býti *to be,* the instrumental: (1) expresses the profession, capacity or function in which someone or something serves; or (2) is often used to avoid ambiguity when the predicate begins the sentence, or when it precedes or follows the subject directly:

Můj otec je učitelem.	My father is a teacher.
Washington je hlavním městem Spojených států.	Washington is the capital city of the United States.
Můj přítel byl hercem.	My friend was an actor.
Co je Praha Prahou.	As long as Prague is Prague.
Mým oblíbeným románem je „Babička".	My favorite novel is *Babička.*

But:

„Babička" je můj oblíbený román.	*Babička* is my favorite novel.

Other verbs require the instrumental case as a predicate complement:

státi se, *to become*

Stal jsem se profesorem.	I became a professor.

(vy)učiti se, *to learn to be*
  Vyučil jsem se strojníkem. I learned to be a machinist.

(z)voliti, *to appoint, elect*
  Zvolili ho presidentem. They elected him president.

zdáti se, *to seem, appear*
  Zdá se hodným člověkem. He seems to be a good man.

zůstati, *to remain*
  A zůstal hodným člověkem
  až do smrti. And he remained a good man un-
    til his death.

B. Instrumental of Quality

The instrumental with the preposition S is often used to describe or characterize. The genitive case also serves in this function:

  Člověk s dobrou povahou. A man of (with a) good charac-
    ter.

Also:
  Člověk dobré povahy.

  Dívka s červenými tváře-
  mi. A girl with red cheeks.

98. ADDITIONAL USES OF THE GENITIVE

A. Partitive Genitive

The genitive case is sometimes used to express an indefinite quantity:

  Vezměte si chleba. Take *some* bread.
  Contrast:
  Vezměte si chléb. Take *the* bread (i.e., that
    which is on the table, etc.)

B. Genitive after a Negative

The genitive is sometimes used, especially in literary style, as the object of a negative verb. This is often the case when the object is conceived as a partitive, and the speaker wishes to assert that not even a part of it is involved in the action:

  Nemám peněz. I have no money.

Contrast the sentence: Nemám ty peníze, *I don't have the money (which I earned, which I owe you,* etc.). Here it is a question of a specific sum of money, not of any part.

Neřekl jsem ani slova.   I did not say a word.

Nemám ani koruny.   I haven't even a crown.

Nemám přátel.   I have no friends.

If the negative žádný is used, or any word expressing quantity (numerals, etc.), the genitive may not be used:

Nemám žádné peníze.   I have no money.

Nemám ani jednoho   I haven't a single friend.
  přítele (acc.).

The accusatives to, co and nic are always used after negative verbs, never the corresponding genitives:

Nevím to.   I don't know that.

Nemám nic.   I have nothing.

99. COMPARISON OF ADVERBS

The comparative of adverbs ends in -eji (-ěji):

Adjective	Comparative of Adjective	Comparative of Adverb	
jistý	jistější	jistěji	more surely
krásný	krásnější	krásněji	more beautifully
světlý	světlejší	světleji	more brightly

Adjectives having comparatives in -čí form adverbial comparatives in -čeji:

měkký	měkčí	měkčeji	more softly

Adjectives having comparatives in -ší usually have adverbial comparatives in -eji (-ěji):

slabý	slabší	slaběji	more weakly
tichý	tišší	tišeji	more quietly

The following have special forms. Note that the stem vowel is short for comparative of adjectives, but long for irregular comparatives of adverbs:

dobrý	lepší	lépe	better
špatný, zlý	horší	hůře	worse
mnoho		více, víc	more
málo		méně, míň	less
drahý	dražší	dráže	more dearly
blízký	bližší	blíže	nearer

Adjective	Comparative of Adjective	Comparative of Adverb	
vysoký	vyšší	výše	higher
široký	širší	šíře	more widely
dlouhý	delší	déle	longer (in time)

The comparative of daleko *(far)* is dále. It also has the meaning *further, in addition, on,* etc.:

jíti dále	to go on, go farther
čísti dále	to read on, go on reading

The superlative is formed by prefixing nej- to the comparative:

Positive	Comparative	Superlative	
dobře	lépe	nejlépe	best
krásně	krásněji	nejkrásněji	most beautifully
mnoho	více	nejvíce	most

CVIČENÍ: EXERCISES

I. Memorize the following expressions:

Nemám peněz.	I have no money.
jíti (jeti, čísti) dále	to go on (walking, riding, reading)
Co víte dále?	What more do you know?

II. Distinguish carefully in English:

(a) Znám ho lépe než vy. (b) Znám ho lépe než vás.

III. Insert proper forms of the instrumental plural:

1. Šel jsem do školy se _____ (my friends). 2. Za _____ (our houses) leží široká pole. 3. Masaryk se stal _____ (Czechoslovak president). 4. Čapek a Hašek se stali _____ (famous writers). 5. Psal jsem _____ (with old pens). 6. Matka mluví se _____ (her children). 7. Mezi _____ (those large houses) je zahrada. 8. Moji rodiče zůstali _____ (peasants). 9. Nad _____ (their fields) slunce svítí. 10. Za _____ (those rivers) jsou vysoké hory. 11. Vaši strýci se zdají _____ (intelligent). 12. Hráli jsme si _____ (with these balls). 13. Za _____ (the city playgrounds) je les. 14. To je dům

s_____(a large, strong door). 15. Chcete, abychom se stali
_____(teachers)?

IV. Insert the comparative or superlative degree of the in-
dicated adverb:

1. Dnes slunce svítí_____(brighter) než včera. 2. Včera
ta dívka vypadala_____(more beautifully) než dnes. 3. Znám
ho_____(better) než vás. 4. Jeho druhý román je_____
(less) zajímavý než jeho první. 5. Naše škola má letos
_____(more) žáků. 6. Zpíváš_____(the most beautifully)
ze všech mých přítelkyň! 7. Tento žák píše_____(the worst)
ve třídě. 8. Už nemohu u vás zůstat_____(longer). 9. Z Prahy
do Bratislavy je_____(farther) než do Brna. 10. Maso se
prodává_____(more cheaply) v tomto obchodě. 11. Tento pokoj
se mi líbí_____(more) než onen. 12. Čteš_____(the fastest)
z mých žáků. 13. Nemohl bys_____(worse) činit! 14. Kdybych
_____(better) uměl česky, jel bych do Československa.
15. V Africe je_____(warmer, adv.) než v Americe.

V. Translate into Czech:
1. A foreigner told me why that girl looked so serious.
2. She had no money. 3. I suddenly remembered that my comrade
had some money. 4. That priest seems very merry. 5. The priest
in our village has become very strict. 6. The inn was empty
when we entered it. 7. The innkeeper was away, but his wife
waited on us. 8. I tried black beer, but did not like it.
9. On the way we sang old Czech songs. 10. In the next room
there lives a foreigner. 11. We all met at the inn in order
to sing songs and drink wine. 12. I noted down the songs which
I did not know. 13. Then we parted (rozejíti se), and I went
home. 14. We were very tired when we arrived home. 15. Tomor-
row I must get up early and go to high school.

CHAPTER TWENTY-TWO

Review of noun and adjective declensions. Declension of všechen.
Cardinal numerals, completion.

ČTENÍ: READING

Výňatky z „Hovorů s T. G. Masarykem"

Karel Čapek

Do Ameriky, do Vancouveru, jsem jel z Japonska na lodi Empress of Asia. V Americe už na mne všude čekali naši krajané i američtí novináři — musel jsem si zvykat na tu americkou slávu; jednak celá Amerika prožívala ve válce takové horečné vzrušení,[1] bylo jim to nové, cítili nový vztah k Evropě a ke světu vůbec; jednak tu už působila popularita našich legií,[2] které se tehdy začaly probíjet zbraněmi skrze Rusko a Sibiř. Znal jsem naše vojáky, věděl jsem, že se z toho dostanou; ale Američané mají neobyčejný podiv ke všemu hrdinství, a na ně tažení našich padesáti tisíců přes celý zemědíl dělalo veliký dojem.

Bylo to po čtvrté,[3] co jsem přišel do Ameriky. Po prvé to bylo, když jsem jel za Miss Garrigue v roce sedmdesátém osmém, a dvakrát jsem tam jel přednášet. Viděl jsem tedy Ameriku růst ještě od jejích pionýrských dob. Ano, líbí se mi. Ne že bych měl rád kraj; ten náš je pěknější. Americký kraj je — jak bych vám to řekl? Je to jako americké ovoce; vždycky se mi zdálo, že jejich ovoce chutná nějak syrověji než naše, naše že je sladší a zralejší na chuť. Myslím, že to dělá ta tisíciletá práce u nás, která je za vším. A stejně i ta americká krajina je jaksi syrovější než naše.

Na Americe se mi líbí ta otevřenost lidí. To se rozumí, i tam jsou lidé dobří i špatní tak jako u nás; ale jsou otevřenější i v tom zlém. Ti dobří, ti zas jdou stejně energicky za tím, co považují za dobré, ať je to humanita, náboženství nebo kulturní věci; jsou podnikavěji dobří než u nás. V tom je pořád ještě to podnikavé pionýrství, tak jako tam dosud je divoká půda.

PŘÍSLOVÍ: PROVERBS

Vrána vráně oka nevyklove.[4]

Ne všichni jsou svatí, co[5] si otírají o kostel paty.

Notes

[1] Horečné vzrušení, feverish excitement. [2] Legie, legion.
The reference is to the Czechoslovak legions in Russia dur-
ing the World War, which fought their way across Siberia in
1918. [3] Po čtvrté, for the fourth time. Compare po prvé, po
druhé, etc. [4] Nevyklove, will not peck out. [5] Co, who. Co and
kdo may serve as relative pronouns.

SLOVNÍČEK: VOCABULARY

ať ... nebo	whether ... or	otevřený	open, frank,
divoký (divo-	wild, unculti-	(otevřeně)	sincere
ko, divoce)	vated	ovoce (n.)	fruit
dojem (gen.		pata	heel
dojmu)	impression	podiv	admiration
energický		podnikavý	
(energicky)	energetic	(podnikavě)	enterprising
Evropa	Europe	popularita	popularity
humanita	humanity	sláva	glory, fame;
jaksi	somehow		ceremony
jednak ...	both ... and;	syrový (syrovo,	
jednak	partly ... partly	syrově)	raw
krajan	fellow coun-	tehdy	then, at that
	tryman		time
krajina	countryside,	válka	war
	region	věc (f.)	thing, affair,
kulturní	cultural		matter
loď (f.)	ship, boat	vrána	crow
novinář (m.)	journalist,	všechen	all, every
	newspaper man	všude	everywhere
o (acc.)	against	vztah	relation
oko	eye	zbraň (f.)	weapon
otevřenost	openness,	zralý (zrale)	ripe
(f. soft)	sincerity		

Verbs:

Imperfective		Perfective
chutnati (I)	to taste (good, bad, etc.) (with adverb)	
považovati (III)	to consider as (za co)	
prožívati (I)	to live through, experience	prožíti (III: prožiji)
přednášeti (II, 3rd pl.: -ejí)	to lecture	
působiti (II)	to affect, influence (na co, na koho)	
růsti (III: rostu; past: rostl)	to grow	
zvykati (si) (I)	to get used to (čemu; colloq.: na co)	zvyknouti (si) (III)

SUPPLEMENTARY VOCABULARY

hrdinství (n.)	heroism	pionýrství	
Japonsko	Japan	(n.)	pioneering (noun)
náboženství		Sibiř (f.)	Siberia
(n.)	religion	tažení (n.)	campaign
otírati		tisíciletý	of a thousand
(impf.)	to wipe off		years
pionýrský	pioneer	zemědíl	continent

MLUVNICE: GRAMMAR

100. REVIEW OF NOUN AND ADJECTIVE DECLENSIONS

Masculine Animate

Singular

Nom.	ten	můj	(náš)	dobrý	(poslední)	pán	král
Gen.:	toho	mého	(našeho)	dobrého	(posledního)	pána	krále
Dat.:	tomu	mému	(našemu)	dobrému	(poslednímu)	pánovi (-u)	královi (-i)
Acc.:					like genitive		
Voc.:		můj	(náš)	dobrý	(poslední)	pane![1]	králi![1]
Pr.:	o tom	mém	(našem)	dobrém	(posledním)	pánovi (-u)	královi (-i)
Ins.:	tím	mým	(naším)	dobrým	(posledním)	pánem	králem

Plural

Nom.-Voc.:	ti	moji	(naši)	dobří	(poslední)	páni[2] (-ové)	králové[2]
Gen.:	těch	mých	(našich)	dobrých	(posledních)	pánů	králů
Dat.:	těm	mým	(naším)	dobrým	(posledním)	pánům	králům
Acc.:	ty	mé (moje)	(naše)	dobré	(poslední)	pány	krále
Pr.:	o těch	mých	(našich)	dobrých	(posledních)	pánech[3]	králích
Ins.:	těmi	mými	(našimi)	dobrými	(posledními)	pány	králi

Masculine Inanimate

Singular

Nom.:	ten	můj	(náš)	dobrý	(poslední)	hrad	míč
Gen.:	toho	mého	(našeho)	dobrého	(posledního)	hradu[4]	míče
Dat.:	tomu	mému	(našemu)	dobrému	(poslednímu)	hradu	míči
Acc.:					like nominative		
Voc.:		můj	(náš)	dobrý	(poslední)	hrade![1]	míči!
Pr.:	o tom	mém	(našem)	dobrém	(posledním)	hradě[5]	míči
Inst.:	tím	mým	(naším)	dobrým	(posledním)	hradem	míčem

Plural

Nom.-Voc.:	ty	mé (moje)	(naše)	dobré	(poslední)	hrady	míče
Gen.:	těch	mých	(našich)	dobrých	(posledních)	hradů	míčů
Dat.:	těm	mým	(naším)	dobrým	(posledním)	hradům	míčům
Acc.:					like nominative		
Pr.:	o těch	mých	(našich)	dobrých	(posledních)	hradech[3]	míčích
Ins.:	těmi	mými	(našimi)	dobrými	(posledními)	hrady	míči

Feminine

Singular

Nom.:	ta	má (moje)	(naše)	dobrá (poslední)	kniha	duše	řeč[8]
Gen.:	té	mé	(naší)	dobré (poslední)	knihy	duše	řeči
Dat.:	té	mé	(naší)	dobré (poslední)	knize[7]	duši	řeči
Acc.:	tu	mou (moji)	(naši)	dobrou (poslední)	knihu	duši	řeč
Voc.:		má (moje)	(naše)	dobrá (poslední)	kniho!	duše!	řeči!
Pr.:	o té	mé	(naší)	dobré (poslední)	knize[7]	duši	řeči
Ins.:	tou	mou	(naší)	dobrou (poslední)	knihou	duší	řeči

Plural

Nom.-Voc.:	ty	mé (moje)	(naše)	dobré (poslední)	knihy	duše	řeči
Gen.:	těch	mých	(našich)	dobrých (posledních)	knih.	duši[8]	řeči
Dat.:	těm	mým	(našim)	dobrým (posledním)	knihám	duším	řečem
Acc.:				like nominative			
Pr.:	o těch	mých	(našich)	dobrých (posledních)	knihách	dušich	řečech
Ins.:	těmi	mými	(našimi)	dobrými (posledními)	knihami	dušemi	řečmi

Neuter

Singular

Nom.:	to	mé (moje)	(naše)	dobré	(poslední)	pero	pole
Gen.:	toho	mého	(našeho)	dobrého	(posledního)	pera	pole
Dat.:	tomu	mému	(našemu)	dobrému	(poslednímu)	peru	poli
Acc.:				like nominative			
Voc.:				like nominative			
Pr.:	o tom	mém	(našem)	dobrém	(posledním)	peru[9]	poli
Ins.:	tím	mým	(naším)	dobrým	(posledním)	perem	polem

Plural

Nom.-Voc.:	ta	má (moje)	(naše)	dobrá	(poslední)	pera	pole
Gen.:	těch	mých	(našich)	dobrých	(posledních)	per	poli
Dat.:	těm	mým	(naším)	dobrým	(posledním)	perům	polím
Acc.:				like nominative			
Pr.:	o těch	mých	(našich)	dobrých	(posledních)	perech[10]	polich
Ins.:	těmi	mými	(našimi)	dobrými	(posledními)	pery	poli

Notes

[1] Hochu, bratře, profesore, synu, člověče, otče. See Section 28.

[2] Češi, strýčkové, Američané, učitelé, přátelé, etc. See Section 72.

[3] Vojácích, strýčcích, bozích, etc. See Section 91.

[4] Lesa, jazyka, světa, národa, potoka, etc.

[5] Sněhu, vzduchu, etc. See Section 30.

[6] Soft feminines ending in a consonant are sometimes declined like duše in the genitive singular and throughout the plural, or oscillate between the models duše and kost, e.g., řeč (*speech*), dative plural: řečem or řečím.

[7] Matce, sestře, Praze, mouše, etc. See Sections 23 and 30.

[8] Most feminines ending in –ce and –ně have no ending in the genitive plural, e.g., ulice (*street*), gen. pl. ulic; přítelkyně (*girl friend*), gen. pl., přítelkyň.

[9] Másle, městě, mléku, Rusku, etc. See Section 30.

[10] Jablkách, městečkách, etc. See Section 91.

101. DECLENSION OF všechen

Singular

	Masculine	Feminine	Neuter
Nom.:	všechen	všechna, vše	všechno, vše
Gen.:	všeho	vší	všeho
Dat.:	všemu	vší	všemu
Acc.:	všechen (všeho, an.)	všechnu, vši	všechno, vše
Pr.:	o všem	o vší	o všem
Ins.:	vším	vší	vším

Plural

	Masculine	Feminine	Neuter
Nom.:	všechny (všichni, an.)	všechny	všechna
Gen.:		všech	
Dat.:		všem	
Acc.:	všechny	všechny	všechna
Pr.:		o všech	
Ins.:		všemi	

The forms všecek (m.), všecka (f.), všecko (n.); plural: všici (m. an.), všecky (m. inan. and f.), and všecka (n.) are alternates which may be used in the nominative and accusative.

Všechen may be used as an adjective or a pronoun:

Četl jste všechny tyto knihy? Četl jsem všechny.   Have you read all these books? I have read (them) all.

The neuter singular (všechno, všecko, vše) is used as a pronoun meaning *everything*:

Nevím všecko.   I don't know everything.

102. CARDINAL NUMERALS, COMPLETION

sto	one hundred
dvě stě	two hundred
tři sta	three hundred
čtyři sta	four hundred
pět set	five hundred
šest set	six hundred
sedm set	seven hundred
osm set	eight hundred
devět set	nine hundred
tisíc	one thousand
dva tisíce (tři, čtyři)	two thousand
pět tisíc	five thousand
sto tisíc	one hundred thousand
milion	one million
dva miliony	two millions
pět milionů	five millions
miliarda	one billion (1,000,000,000)

Note that sto is neuter and declined like město. Tisíc is masculine, declined like míč, but with the irregular genitive plural tisíc. Milion is masculine, and miliarda feminine. After dva, tři, čtyři (or compound numerals ending with dva, tři, čtyři), these numbers are nominative or accusative plural: dva <u>tisíce</u>, čtyři sta čtyři <u>miliony</u>, etc. An exception is dvě stě (200), an old dual form. Otherwise, the genitive plural is used: pět <u>milionů</u>, šest set padesát <u>miliard</u>, etc.

After these numerals the genitive plural is used, unless the final element of the numeral is jeden, dva, tři or čtyři:

šest milionů tři sta tisíc pět set <u>kilometrů</u>   6,300,500 kilometers

But:

osm milionů pět set tisíc čtyři sta jeden <u>kilometr</u>	8,500,401 kilometers
devět milionů tři sta tisíc osm set dva <u>kilometry</u>	9,300,802 kilometers

CVIČENÍ: EXERCISES

I. Decline the following nouns and adjectives:

dcera	ovoce	přísný	peníze
hoch	dojem	její	lidé
dítě	zbraň	otevřenost	vedlejší
anglický	novinář	cizinec	loď

II. Insert correct forms of všechen:

1. _____žáci vědí, že Evropa je zemědíl. 2. Nikdo nemůže _____vědět. 3. Nemohla jsem si zvyknout na _____ tu slávu! 4._____děti šly domů. 5. Babička poslala nám_____dopis. 6. Prožili jsme_____tu válku. 7. _____to ovoce je syrové. 8. _____novináři psali, že přijedeme. 9. Před námi_____ učitel řekl zlému žáku, aby šel domů. 10. To je nejlepší člověk z nás_____!

III. Translate into Czech, writing out all numerals:
1. 570 soldiers are going to Bratislava on that train.
2. In our city there live about (asi) 125,000 people. 3. That teacher has at least 200 pupils. 4. On our street there are 376 houses. 5. 5,378 students study in this university.
6. That professor has several thousand books. 7. I know about 8,000 words. 8. This man is 103 years old.

IV. Translate into Czech:
1. We came to America on a great ship. 2. One of our fellow countrymen was also going to America. 3. My first new impressions were pleasant. 4. But I think that the American country- side is less beautiful than the Czech. 5. I know that I will get used to American food, though now I do not like it.
6. American vegetables do not taste so good (dobře) as ours.
7. And our fruit seems riper. 8. In America people work too energetically. 9. My new impressions affected me very strongly.
10. I am already old, and have lived through several wars.

11. I wish that all men would be sincere. 12. Up to now I have considered Europe as the most important continent. 13. But America is a country which is still growing. 14. Everywhere I see new cities and uncultivated land. 15. Americans are a very enterprising people.

CHAPTER TWENTY-THREE

Possessive adjectives formed from nouns. Past passive participles. Passive voice. Verbal nouns. Declension of neuters in -í.

ČTENÍ: READING

Výňatky z „Hovorů s T. G. Masarykem"

Karel Čapek

Ta americká industrialisace a pracovní tempo, to mě nepřekvapuje. Prosím vás, když Amerikáni mají zásobit zbožím přes sto milionů svých lidí, museli si zvyknout dát se do práce ve velkém,[1] to dělají ty veliké rozměry. Ani v tom jejich kapitalismu[2] nevidím žádného rozdílu; takový jejich miliardář je náš milionář, jenomže ve větším měřítku. Nebo se říká honba za dolarem. Jako by to u nás bylo lepší. Rozdíl ovšem je ten, že u nás v Evropě se honíme spíš za krejcarem než za dolarem a že to děláme poníženěji, jako by to byla diškrece. Evropa je v tom ohledu míň bezohledná, ale špinavější.

Amerikanism[2] mašin. Mně bylo cizí to tempo americké práce. Náš dělník je snad míň hybný, ale pracuje dobře a přesně; kvalita je u nás nad kvantitu. V Americe práce fysická se cení více než u nás; americký student jde o prázdninách sklízet obilí nebo dělat číšníka; u nás se vzdělání školské skoro přeceňuje. Americký dělník je proti našemu volnější a má svůj elbowroom; je-li šikovný, má svou fordku a bungalow -- proto tam není socialismu[2] v našem smyslu.

LIDOVÉ PÍSNĚ: FOLK SONGS

Horo, horo vysoká jsi!

Horo, horo vysoká jsi!
Má panenko vzdálená jsi!
Vzdálená jsi za horami,
vadne láska mezi námi.

Vadne, vadne až uvadne!
Není v světě pro mne žádné,
není žádné potěšení
pro mne více k nalezení.

Když jsem plela len

Když jsem plela len,
nevěděla jsem,
co[3] mě mé srdéčko[4] bolí,
že mne můj milý vypoví.

Když jsem plela mák,
škoda nastokrát,
škoda toho milování,
že netrvá do skonání.

Notes

[1] Dáti se do čeho, to start something, take up (work, etc.). Práce ve velkém, work on a large scale. [2] Nouns derived from Latin nouns ending in —ismus (English -ism) preserve the Latin ending —ismus in the nominative singular in Czech. The final —us is dropped in declension, however (kapitalismus; gen. kapitalismu, etc.). In colloquial style the nominative may end in —ism rather than —ismus (see the word amerikanism in this text). Also note that neuters ending in —ium drop the —um in declension (gymnasium; gen., gymnasia). [3] Co, why? [4] Srdéčko, diminutive of srdce.

SLOVNÍČEK: VOCABULARY

dělník	worker, workman	kapitalismus (gen. kapitalismu)	capitalism
dolar	dollar	kvalita	quality
fysický (fysicky)	physical	kvantita	quantity
hon, honba	hunt, chase	láska	love
hora	mountain	len (gen. lnu)	flax
hybný (hybně)	agile, flexible	měřítko	scale, ruler
industrialisace (f.)	industrialization	o (pr.)	during, at (with time)
		obilí	grain

ohled	consideration, regard, respect	socialismus (gen. socialismu)	socialism
		spíš(e)	rather
ponížený		šikovný	skilled, skill-
(poníženě)	humble	(šikovně)	ful
pracovní	work, of work	školský	school, of
(pracovně)	(adj.)		school (adj.)
proti (dat.)	opposite, against; by comparison with	tempo volný (volno, volně) vzdálený	tempo free, independent distant, far-
rozdíl	difference	(vzdáleně)	off
rozměr	dimension	vzdělání	culture, educa-
smysl	sense, meaning; purpose	zboží	tion goods, merchandise

Verbs:

Imperfective		Perfective
boleti (II, 3rd pl.: -ejí/-í)	to pain, hurt (said of things)	
ceniti (II)	to value, estimate	oceniti (II)
ceniti se (II)	to be valued	
nalézati (I)	to find	nalézti (III: naleznu)
plíti (III: pleji; past: plel)	to weed	
	to comfort, console	potěšiti (II)
přeceňovati (III)	to overrate, overestimate	přeceniti (II)
překvapovati (III)	to surprise	překvapiti (II)
sklízeti (II, 3rd pl.: -ejí)	to gather, harvest	skliditi (II)
vadnouti (III)	to wither, fade	uvadnouti (III)
zásobovati (III)	to supply (koho čím)	zásobiti (II)

SUPPLEMENTARY VOCABULARY

amerikanismus		mák	poppy
(gen. ameri-		milionář	millionaire
kanismu)	Americanism	miliardář	billionaire
bezohledný	ruthless	nastokrát	a hundred times
diškrece (f.)	tip (colloq.)	skonati (perf.)	to die
krejcar	kreutzer (Aus-	vypověděti	to dismiss, get
	trian coin)	(perf.)	rid of

MLUVNICE: GRAMMAR

103. POSSESSIVE ADJECTIVES FORMED FROM NOUNS

A special class of possessive adjectives may be formed from nouns which denote specific persons. Masculine nouns form possessives by adding the endings -ův, -ova, -ovo, etc. to the stem of the noun: bratrův, bratrova, bratrovo (*Brother's*); Smetanův, Smetanova, Smetanovo (*Smetana's* — name of a Czech composer).

Declension of bratrův, "Brother's"

Singular

	Masculine	Feminine	Neuter
Nom.:	bratrův	bratrova	bratrovo
Gen.:	bratrova	bratrovy	bratrova
Dat.:	bratrovu	bratrově	bratrovu
Acc.:	bratrův (bratrova, an.)	bratrovu	bratrovo
Pr.:	bratrově	bratrově	bratrově
Ins.:	bratrovým	bratrovou	bratrovým

Plural

	Masculine	Feminine	Neuter
Nom.:	bratrovy (bratrovi, an.)	bratrovy	bratrova
Gen.:		bratrových	
Dat.:		bratrovým	
Acc.:	bratrovy	bratrovy	bratrova
Pr.:		bratrových	
Ins.:		bratrovými	

Note that the endings of hard nouns are used, except in the
instrumental singular and most of the plural, which have ad-
jective endings.

Masculines ending in -a or -e drop the ending before adding
the possessive suffix: humorista (*humorist*) -- humoristův;
vůdce (*leader*) -- vůdcův; Smetana (proper name) -- Smetanův.

Feminine nouns denoting specific persons add the suffixes
-in, -ina, -ino to the stem, e.g.: Milada -- Miladin, -a, -o,
etc. Final r of the stem becomes ř, k becomes č, h becomes ž,
and ch becomes š, e.g.: matka (*Mother*) -- matčin; sestra (*sis-
ter*) -- sestřin, etc. Feminine possessive adjectives are de-
clined like masculines.

Possessive adjectives are the normal means of expressing
possession in Czech, if the possessor is a specific individ-
ual:

bratrův kabát	Brother's coat
sestřina kniha	Sister's book
v Miladině pokoji	in Milada's room

The genitive case must be used, however, if the name of the
possessor is accompanied by an epithet (adjective or second
noun):

strýčkův dům	Uncle's house
But:	
dům našeho strýčka	the house of our uncle
Novákovo pole	Novák's field
But:	
pole pana Nováka	Mr. Novák's field
pole Karla Nováka	Karel Novák's field

Proper names ending in -ý or -í, declined like adjectives,
have no special possessive forms. The genitive case is always
used, e.g.: Palackého most (*Palacký's bridge*).

Possessive adjectives may be used only when the noun im-
plies a particular person (Charles, Brother, Sister, etc.).
If the noun is used in a general sense, another type of ad-
jective is used, often one in -ský:

mateřské srdce	a mother's heart
bratrská láska	a brother's love, brotherly love

Similar adjective forms are used when the possessor is an
inanimate object:

pražské ulice	the streets of Prague

městský park   the city park
školní hřiště   the school playground

With animals, forms in -ův and in -in are used only when a
particular animal is the possessor. Soft adjectives in -í are
formed when possession is not limited to a specific animal:

psův pán   the dog's master
But:
psí kosti   dog bones (bones of dogs)
rybí polévka   fish soup

Bůh (*God*) has the possessive adjective boží.

104. PAST PASSIVE PARTICIPLES -- PASSIVE VOICE

Past passive participles (e.g., *done, written, sent*, etc.)
are formed from transitive verbs. In general, they are formed
from the past tense by dropping final -l and adding the par-
ticipial suffixes -n or -t.

All verbs with infinitives ending in -ati, of either first
or third conjugation, have participles ending in -án (note
lengthening of the vowel á):

Past Tense	Stem	Past Passive Participle
uděla-l (I)	udělá-	udělán (*done*)
psa-l (III)	psá-	psán (*written*)
milova-l (III)	milová-	milován (*loved*)
ukáza-l (III)	ukázá-	ukázán (*pointed out*)

Second conjugation verbs have participles ending in -en (-ěn):

slyše-l	slyše-	slyšen (*heard*)
vidě-l	vidě-	viděn (*seen*)

Second conjugation verbs ending in -iti change the vowel i
to e:

mluvi-l   mluve-   mluven (*spoken*)

The final stem consonant is palatalized in many second con-
jugation verbs in -iti. Final ď becomes z, ť becomes c, s be-
comes š, sl becomes šl, sť becomes šť, z becomes ž, zď becomes
žď:

vod-il (II)	voz- (ď becomes z)	vozen, voděn (*led around*)
soud-il (II)	souz- (ď becomes z)	souzen (*judged*)
plat-il (II)	plac- (ť becomes c)	placen (*paid*)

Past Tense	Stem	Past Passive Participle
chyt-il (II)	chyc- (ť becomes c)	chycen *(caught, seized)*
ztrat-il (II)	ztrac- (ť becomes c)	ztracen *(lost)*
nos-il (II)	noš- (s becomes š)	nošen *(worn)*
pros-il (II)	proš- (s becomes š)	prošen *(asked)*
mysl-il (II)	myšl- (sl becomes šl)	myšlen *(thought)*
pust-il (II)	pušť- (sť becomes šť)	puštěn *(let go)*
voz-il (II)	vož- (z becomes ž)	vožen *(hauled around)*

With the exception of third conjugation verbs with infinitives ending in –ati and –ovati (which have participles in – –án and –ován), third conjugation verbs form participles ending in –en (–ěn) or –t.

Vowel stems end in –t:

pi-l	pi-	pit *(drunk)*
my-l	my-	myt *(washed)*
kry-l	kry-	kryt (covered)
minu-l	minu-	minut *(passed, missed)*

Consonant stems end in –en (–ěn):

nes-l	nes-	nesen *(carried)*
ved-l	ved-	veden *(led)*

Consonant stems with infinitives in –nouti sometimes end in –nut, sometimes in –en (–ěn), with stem palatalization:

tisk-l	tisk- (tišť-)	tisknut, tištěn *(printed, pressed)*
táh-l	taž-	tažen *(drawn, pulled)*
bod-l	bod-	bodnut *(stabbed)*

Such pairs sometimes show differentiation in meaning, e.g., vytištěn means *printed*; vytisknut means *driven out*. Both are formed from vytisknouti, which has both meanings.

The following have special forms:

Past Tense	Past Passive Participle
četl	čten *(read)*
pekl	pečen *(baked)*
pomohl	pomožen *(helped)*
řekl	řečen *(said)*
vzal	vzat *(taken)*

Past passive participles may be used either predicatively
(after the verb býti) or attributively (with a noun). When
used with the verb býti, past passive participles form the
passive voice. They have the endings of predicate adjectives:
——(m. sing.), -a (f. sing.), -o (n. sing.); -i (m. an. pl.),
-y (m. inan. pl.), -y (f. pl.), -a (n. pl.).

Syn je milován.	The son is loved.
Kniha je už vytištěna.	The book is already printed.
Okno je otevřeno.	The window is opened (open).
Doktoři byli pochváleni.	The doctors were praised.
Ty dopisy byly přepsány.	Those letters were retyped.
Ženy jsou unaveny.	The women are tired.
Okna jsou zavřena.	The windows are closed.

Most passive participles are perfective, but they may be im-
perfective when this aspect is demanded by the meaning (pro-
longed or repeated action):

Syn je milován.	The son is loved (continually —— imperfective).

In the imperfective aspect the reflexive is frequently pref-
erable to the passive:

To se říká.	That is said (often).
But:	
Bylo řečeno na schůzi, že ...	It was said at the meeting that ... (single action —— perfective)
Zde se prodávají knihy.	Books are sold here.
But:	
Ta kniha byla už prodána.	That book had been sold already.

If the agent or means is expressed, it is put in the instru-
mental case:

Žák byl pochválen učitelem.	The pupil was praised by the teacher.
Zahrada byla pokryta sněhem.	The garden was covered with snow.

The past passive participle can also be used <u>attributively</u>
(without the verb *to be*). It then takes the attributive adjec-
tive endings: -ý, -á, -é, etc., with a full adjective declen-
sion. Participles ending in -án have the attributive ending
-aný (with short a):

tištěná kniha	a printed book
prodané knihy	books which have been sold
milovaný syn	the beloved son
ztracené peníze	the lost money

If there is a participial phrase, the participle follows
the noun which it modifies:

Našel jsem peníze, ztracené mým přítelem.	I found the money lost by my friend.

105. VERBAL NOUNS

Verbal nouns are formed from past passive participles by
adding the ending -í to the masculine singular, predicate
(short) form:

Infinitive	Past Passive Participle	Verbal Noun
mysliti	myšlen	myšlení *(thought, thinking)*
čísti	čten	čtení *(reading)*
učiti	učen	učení *(learning, studying)*

Though intransitive verbs lack past passive participles,
they may have verbal nouns, formed analogously, e.g,, chození
(walking) from choditi.

Verbal nouns should not be formed indiscriminately, as
their use is rather limited. They have a strong tendency to
lose their verbal character and become ordinary nouns, e.g.,
psaní, *a piece of writing;* mlčení, *silence;* umění, *art* (from
uměti, *to know how to*), etc. Hence verbal nouns are best
learned as separate words.

106. DECLENSION OF NEUTERS ENDING IN -Í

Verbal nouns and other neuters ending in -í have a distinct
declension:

	Singular	Plural
Nom.-Voc.:	psaní *(writing, letter)*	psaní
Gen.:	psaní	psaní
Dat.:	psaní	psaním
Acc.:	psaní	psaní
Pr.:	ve psaní	ve psaních
Ins.:	psaním	psaními

CVIČENÍ: EXERCISES

I. Memorize the following expressions:

Dali jsme se do práce.   We set to work.

jako bych (bys, by, etc.)   as if I (you, it, etc.)

v tom ohledu   in that respect

II. Fill in the blanks with correct forms of possessive adjectives:

1. To je＿＿＿＿(bratr) kabát. 2. V＿＿＿＿(matka) pokoji bylo ticho. 3. To je＿＿＿＿(sestra) auto. 4. V divadle jsme viděli＿＿＿＿(Tyl) hru. 5. Byl jsem v＿＿＿＿(strýc) domě. 6. Za＿＿＿＿(babička) zahradou je pole. 7. To je＿＿＿＿ (Růženka) kniha, a ne tvoje! 8. Psal jsem＿＿＿＿(Karel) tužkami. 9. To je＿＿＿＿(Washington) most. 10. Jeli jsme přes ＿＿＿＿ (Smetana) most. 11. Viděl jste všechny＿＿＿＿(Dvořák) opery? 12. Rádi čteme＿＿＿＿(Čapek) romány. 13. Jdeme k＿＿＿＿ (matka) přítelkyním. 14. To jsou＿＿＿＿(Milada) šaty. 15. Neviděl jsi＿＿＿＿(učitel) knihu?

III. Supply the correct forms of the past passive participles of the verbs given:

1. ＿＿＿＿ (Nalézti) kniha ležela na stole. 2. Ten román je daleko＿＿＿＿ (přeceňovati). 3. V tom＿＿＿＿(odnésti) stole bylo moje pero. 4. Nemohu najít ten ＿＿＿＿(nezaplatiti) účet. 5. Ten dopis není ještě＿＿＿＿(napsati). 6. Ty peníze jsou＿＿＿＿(ztratiti). 7. Viděl jste＿＿＿＿ *(Prodati)* *nevěstu* od Smetany? 8. Kniha byla brzo (přeložiti). 9. ＿＿＿＿ (Překvapiti) cizinci viděli Prahu po prvé. 10. Studenti byli ＿＿＿＿(pochváliti) profesorem.

IV. Translate the following sentences. Identify all verbal nouns and list the infinitive of the verb from which they are derived:

1. Co máme dnes na čtení? 2. Mlčení je zlato. 3. Vojáci odešli bez dovolení. 4. Mytí mi vždycky trvá dlouho. 6. K svému velkému překvapení jsme nikoho nenašli v strýcově domě. 7. Ta kniha už není k dostání. 8. Co si přejete k pití?

V. Translate into Czech:
1. Brother's coat was lying on the table this morning. 2. My
friend's uncle is a very skilled worker. 3. There are many
important differences between socialism and capitalism.
4. Physical work is valued more in this country. 5. Yes, but
culture is valued more in Europe. 6. The great scale of Ameri-
can industrialization is foreign to Europe. 7. What do you
know about the quality of this merchandise? 8. I was very sur-
prised when he told me that he was a journalist. 9. In the
fields the peasants were harvesting the grain. 10. My son has
lost a dollar and cannot find it. 11. A great city lies behind
those distant mountains. 12. The pupils found the teacher's
pen on the floor. 13. Do you know the city theater in Prague?
14. Yes, I have seen many famous plays there. 15. We set to
work as if we were skilled workers.

CHAPTER TWENTY-FOUR

Special classes of nouns: animate masculines in -a and -e.
Reflexive pronoun sebe. Ordinals, one to ten. Iterative verbs.
Frequentatives. Compounds of "going" verbs. Review exercises.

ČTENÍ: READING

Výňatky z „Hovorů s T. G. Masarykem"

Karel Čapek

To nevadí, že k nám proniká tak zvaný amerikanism. Tolik
set let jsme evropeisovali Ameriku, mají teď stejné právo. My
se amerikanisujeme, ale nezapomeňte, že Amerika se zas čím
dál tím víc poevropšťuje. Četl jsem, že teď dva miliony Ameri-
čanů za rok přijíždí do Evropy -- má-li Evropa něco dobrého
pro jejich život, však si to odnesou s sebou.[1] Když čtete
novější americké autory, vidíte, jak přísně soudí ty chyby
amerického života -- jen kdyby naši autoři byli tak otevřeni
k našim chybám! Budoucnost je v tom, že se Evropa vyrovná
Americe a Amerika Evropě. Zkrátka: mně poskytla Amerika mnoho
k pozorování a k studiu; naučil jsem se v ní mnohému, mnohému
cennému.

ANEKDOTY: ANECDOTES

Pan rada Zvěřina byl přeložen do Bratislavy a musí posílat svou dceru do slovenské školy.

„Není to těžké, psáti teď úkoly slovensky místo česky?", ptala se holčičky její teta, když přijela na prázdniny do Prahy.

„Ani trochu, to je velmi jednoduché", odpovídá, „co je česky špatně, to je slovensky dobře".

Známým čtyřleté Jarmilky se narodila holčička a Jarmilka hrozně zatoužila mít také takovou živou panenku: „Mami, já bych chtěla mít také takové miminko".

„No tak", slibovala maminka, „řekneme to tátovi a on nám nějakou holčičku koupí".

„Ale ne", řekl Karlík, který bydlí vedle útulku pro rodičky[2] a proto ledacos o těch věcech ví, "to nejde koupit.[3] To byste musila k nám do útulku asi na týden a čáp by vám tam přinesl miminko".

„Ale na to já nemám čas", odporovala máma, „na týden jít pryč".

„Co bys taky chodila"[4] rozhodla Jarmilka, „když máš služku, pošli tam naši Mařku".

PŘÍSLOVÍ: PROVERB

Po vojně bývá mnoho hrdinů.

LIDOVÁ PÍSEŇ: FOLK SONG

Bejvávalo,[5] bejvávalo,
bejvávalo dobře;
za našich mladejch[5] let
bejval svět jako květ,
bejvávalo, bejvávalo,
bejvávalo dobře.

Notes

[1] S sebou, along (lit., with oneself). [2] Útulek pro rodičky,

a maternity home. [3] To nejde koupit, that cannot be bought.
[4] Co bys taky chodila? Why should you go, anyway? [5] In the
Prague dialect the vowel ý is replaced by ej.

SLOVNÍČEK: VOCABULARY

asi	probably; about, approximately	sluha (m.)	servant
		služka	maid, female servant
autor	author	studium (gen.	
budoucnost		studia)	study
(f. soft)	future	táta (m.)	Dad, Daddy (af-
hrdina (m.)	hero		fectionate)
jednoduchý		teta	aunt
(jednoduše)	simple	tolik	so much, so
květ	flower		many (with
ledacos	something		gen.)
mnohý	much, many; many a	úkol	lesson, task, role
právo	right, law	vedle (gen.)	beside, along-
rada	advice, coun-		side
	cil (f.);	vůdce (m.)	leader
	counsellor (m.)		

Verbs:

Imperfective		Perfective
bývati (I)	to be (often, usual- ly) (frequentative of býti)	
loučiti se (II)	to part, take leave of (s kým)	rozloučiti se (II)
odnášeti (II, 3rd pl.: -ejí)	to carry off, take away	odnésti (III, odnesu)
odporovati (III)	to contradict (komu)	
poskytovati (III)	to provide, give (komu co)	poskytnouti (III)
překládati (I)	to transfer, trans- late	přeložiti (II)

Imperfective		Perfective
pronikati I)	to penetrate	proniknouti (III)
přijížděti (II, 3rd pl.: -ějí)	to come, arrive (in a vehicle)	přijeti (III, like jeti)
rozhodovati (III)	to decide, resolve	rozhodnouti (III)
souditi (II)	to judge	
toužiti (II)	to long for, be homesick for, yearn (po kom, po čem)	zatoužiti (II)
učiti se (II)	to study, learn (čemu)	naučiti se (II)
vaditi (II)	to matter, hurt, make a difference	
vyrovnávati se (I)	to become equal to (komu)	vyrovnati se (I)
zváti (III: zvu)	to call, name, invite	

SUPPLEMENTARY VOCABULARY

amerikanisovati (impf.)	to Americanize	holčička	little girl
čáp	stork	miminko (n.)	infant, baby (colloq.)
čtyřletý	four year old	poevropšťovati se (impf.)	to become Europeanized
evropeisovati (impf.)	to Europeanize		

MLUVNICE: GRAMMAR

107. ANIMATE MASCULINE NOUNS ENDING IN -a AND -e

These have a mixed declension, some endings being masculine, others feminine:

Declension of sluha, "servant"

	Singular	Plural
Nom.:	sluha	sluhové (houslisté)
Gen.:	sluhy	sluhů
Dat.:	sluhovi	sluhům

	Singular	Plural
Acc.:	sluhu	sluhy
Voc.:	sluho!	sluhové!
Pr.:	o sluhovi	o sluzích (houslistech)*
Ins.:	sluhou	sluhy

Masculines ending in –ta in the singular have –té (instead of –tové) in the nominative-vocative plural, e.g., houslista *(violinist)*, pl., houslisté; komunista *(communist)*, pl., komunisté.

Declension of vůdce, "leader"

	Singular	Plural
Nom.-Voc.:	vůdce	vůdci (-ové)
Gen.:	vůdce	vůdců
Dat.:	vůdci (-ovi)	vůdcům
Acc.:	vůdce	vůdce
Pr.:	o vůdci (-ovi)	o vůdcích
Ins.:	vůdcem	vůdci

Adjectives and past tenses of verbs used with these nouns are always masculine:

Starý sluha odešel.   The old servant went off.

108. THE REFLEXIVE PRONOUN sebe, "ONESELF"

Nom.:	(none)
Gen.:	sebe
Dat.:	sobě (si)
Acc.:	sebe (se)
Pr.:	o sobě
Ins.:	sebou

The enclitic (unstressed) forms si and se are used only as the direct or indirect objects of verbs. With prepositions taking the dative or accusative the longer forms sobě and sebe must be used. Sebe serves as a reflexive pronoun for all persons and both numbers:

---

* Masculines in –ka, –ha, and –cha have –cích, –zích, and –ších respectively in the prepositional plural. All others end in –ech.

Dělám to pro sebe.   I am doing this for myself.

Rád mluvíte o sobě.   You like to talk about yourself.

Vezměte tu knihu s sebou. Take this book along (with
                                            yourself).

109. ORDINALS, ONE TO TEN

Cardinal	Ordinal	
jeden, jedna, jedno	první	first
dva, dvě	druhý	second
tři	třetí	third
čtyři	čtvrtý	fourth
pět	pátý	fifth
šest	šestý	sixth
sedm	sedmý	seventh
osm	osmý	eighth
devět	devátý	ninth
deset	desátý	tenth

All ordinals are adjectives (hard or soft), and declined
as such:

ve čtvrté knize   in the fourth book

na deváté ulici   on Ninth Street

110. ITERATIVE VERBS

Many verbs of going, carrying, leading, etc., and some
others, have two types of imperfectives, a so-called durative
and an iterative. "Duratives" express a single, definite ac-
tion or motion toward a single goal, while iteratives express
an action which is not single or definite, usually action
which is habitual or repeated:

Jdu dnes do školy.   Today I am going to school
                                         (once -- durative).
But:
Chodím do školy.   I go to (i.e., attend) school
                                         (habitually -- iterative).

Teď nesu knihy z kni-   Now I am taking books home
    hovny domů.   from the library.
But:
Nosím každý den knihy z Every day I take books home
    knihovny domů.   from the library.

The iterative is likewise used to describe motion carried out without reference to any particular goal. Hence it is used to describe the ability to walk, run, swim, etc.:

Chodili jsme po ulicích.   We walked about the streets (lack of specific goal).

Dítě již chodí.   The child walks already (ability).

Since the durative forms (jíti, jeti, nésti, etc.) normally refer to specific action carried out in reference to a particular goal, the iterative is normally used when this specificity is lost. Thus, it is often used with the negative imperative, and in other cases of the negative:

Nechoď tam!   Don't go there!

Nechci, abys chodil do   I don't want you to go to the biografu.   movies.

Sometimes the iterative has a meaning distinct from that of the durative, e.g., hleděti *(to look)*, hlídati, iterative *(to watch, guard)*; nésti *(to carry)*, nositi *(to wear habitually)*.

Table of Duratives and Iteratives

Durative	Iterative
běžeti (II), 3rd pl.: –í), *to run*	běhati (I), *to run (around, often)*
čísti (III), *to read*	čítati (I), *to read (often), count, consider*
hleděti (II), *to look*	hlídati (I), *to watch, guard*
jeti (III), *to ride*	jezditi (II), *to ride, travel*
jísti (irreg.), *to eat*	jídati (I), *to eat habitually*
jíti (III), *to go (on foot)*	choditi (II), *to go, walk (around, often)*
letěti (II), 3rd pl.: –í), *to fly*	létati (I), *to fly (around, often)*
nésti (III), *to carry*	nositi (II), *to carry about, wear (habitually)*
slyšeti (II), *to hear*	slýchati (I), *to hear (often)*
táhnouti (III), *to pull, drag*	tahati (I), *to pull, drag (frequently or habitually)*
vésti (III), *to lead*	voditi (II), *to lead (around, often)*

Durative	Iterative
viděti (II), *to see*	vídati (I), *to see (regularly, habitually)*

111. FREQUENTATIVE VERBS

Frequentative verbs are formed from imperfectives through the addition of the suffix -vati or -vávati. All are first conjugation.

Where the imperfective verb has no iterative, the frequentative expresses repeated or habitual action. Its use in such sentences is usually stylistic, and not obligatory, especially when words such as často *(often)*, někdy *(sometimes)*, etc., are used.

Dříve jsem spával dobře.	I used to sleep well.
Hrávali jsme karty.	We (often, sometimes) used to play cards.
Mívám obtíže ve své práci.	I (often, sometimes) have difficulties in my work.

Frequentatives may also be formed from iteratives (nositi; nosívati, frequentative). In this case the iterative conveys the meaning of frequent or habitual action; the frequentative that of occasional or irregularly repeated action:

Chodím do školy.	I go to (attend) school.
Chodívám do divadla.	I go to the theater once in a while.
Nosím klobouk.	I wear a hat (always, as a rule).
Nosívám klobouk.	I sometimes (not always) wear a hat.

112. COMPOUNDS OF "GOING" VERBS

The meanings of the verbal prefixes are well illustrated by the compounds of verbs of going (carrying, leading, etc.), in which the prefixes usually appear with their basic meanings:

jíti, *to go (on foot)*   jeti, *to ride*

Imperfective	Perfective	Imperfective	Perfective	
(Stem: -cházeti)	(Stem: -jíti)	(Stem: -jížděti)	(Stem: -jeti)	
docházeti	dojíti	dojížděti	dojeti	to reach, arrive
nacházeti	najíti	...	...	to find
obcházeti	obejíti	objížděti	objeti	to go around, pass
odcházeti	odejíti	odjížděti	odjeti	to go away, leave
procházeti	projíti	projížděti	projeti	to pass through or by
přecházeti	přejíti	přejížděti	přejeti	to pass over
předcházeti	předejíti	předjížděti	předjeti	to catch up to, pass
přicházeti	přijíti	přijížděti	přijeti	to come, arrive
rozcházeti se	rozejíti se	rozjížděti	rozjeti	to separate, go apart
scházeti	sejíti	sjížděti	sjeti	to go down
scházeti se	sejíti se	sjížděti se	sjeti se	to meet, assemble
vcházeti	vejíti	vjížděti	vjeti	to go in, enter
vycházeti	vyjíti	vyjížděti	vyjeti	to go out
vzcházeti	vzejíti	...	...	to go up, climb

This table does not present all of the compounds which may be formed from these verbs, nor all of the meanings which the verbs listed possess. Many have, in addition to the basic meanings given, one or more idiomatic ones. E.g., dojíti, *to be used up:* Peníze došly, *the money has run out.*

Czech verbs of "going," unlike English, are rarely transitive and must usually be used with a preposition, e.g., Vešel do domu, *he entered (into) the house.*

Note the imperfective and perfective stems of other "going" verbs:

Imperfective	Perfective	
-nášeti	-nésti	to carry
-vážeti	-vézti	to haul, carry in a vehicle
-bíhati	-běhnouti	to run

These form compounds similar to those of jíti and jeti, e.g., přinášeti, přinésti *(to bring carrying)*, odvážeti, odvézti *(to haul away)*, probíhati, proběhnouti *(to run through)*, etc.

CVIČENÍ: EXERCISES

I. Memorize the following expressions:

To nevadí.	That does not matter.
něco dobrého (špatného, nového, cenného, etc.)	something good (bad, new, valuable, etc.)
tak zvaný	so-called
v budoucnosti	in the future

II. Fill in the correct forms of the nouns indicated:
1. Král měl mnoho _____(sluha). 2. Koupil jsem ten dárek pro_____ (táta). 3. Náš_____(vůdce) je _____(hrdina). 4. Naši_____(vůdce) se začali hádat. 5. Pan_____(rada) Novák je_____(socialista). 6. Co víte o těch_____(gymnasista)? 7. Včera jsem pomáhal panu profesoru_____(Hora). 8. Ještě jsem nečetl básníka_____(Mácha).

III. Fill in the blanks with the correct forms of the reflexive pronouns:
1. Vzal jsem tu knihu s _____. 2. Mám to u_____. 3. Dlouho jsem se_____smál. 4. Chci pomáhat jen _____. 5. Pracoval jsem jenom pro_____.

IV. Supply correct forms of the indicated verbs, durative, iterative or frequentative:
1. Ta holčička už_____(walks). 2. A její bratr_____ (runs). 3._____(We walked) dnes po pražských ulicích. 4. Teď musím_____(go) do školy. 5. Často_____(we ride) po lesích. 6. Často jsem si_____ (told -- říkávati), že jsem hloupý. 7. V zimě vždycky_____(I wear) kabát. 8. Vidíš, jak

ten pes_____(runs)! 9. Vojáci_____(guarded) náš dům. 10. Ten
hoch nikdy_____(does not walk) pomalu; on vždycky_____
(runs). 11. Víte, kdo k nám dnes_____(will come)? 12. Pan
Smutný_____(was coming out) z domu, když jsem tam_____
(was going in) já. 13. Nesmíš_____(to go) do biografu sám!

V. Translate into Czech:
1. Our first task (ins.) will be to translate these books
into Czech. 2. In the future I will not contradict you.
3. She has three dolls; I will not buy her a fourth. 4. The
study of Czech provided me a great deal (that was) valuable
(gen.). 5. We drove up to their house when they were leaving.
6. I am very homesick for (po) Prague. 7. But I do not want
to leave my aunt. 8. I do not know why our servant is learn-
ing Czech. 9. Our lessons are often hard. 10. That does not
matter, since we like to study. 11. In summer I never wear a
hat. 12. Is your daughter going to school already? 13. She
went there today for the first time. 14. She has already
learned something. 15. I have often said that our leader is
wrong.

REVIEW EXERCISES

I. Decline the following nouns and adjectives in the singu-
lar and plural:

ta krásná dáma   náš moudrý soudce
ten veliký hrdina   to cizí město
tvůj malý dárek   vaše sladké ovoce
vaše dobrá duše   ta těžká věc

II. Form adverbs from the following adjectives and compare
both adjectives and derived adverbs:

přísný   těžký   dobrý
divný   kulturní   zralý
prázdný   milosrdný   zlý
daleký   otevřený   dlouhý

III. Translate the following numerals into Czech and use
nouns with them:

1	9	43	226	110,897
2	16	68	587	5,236,921
5	19	91	108	10,051,326

IV. Translate into Czech:

1. The longer I stay in Prague, the more I like it. 2. How old are you? 3. I am fifty-eight. 4. We will all meet at that restaurant this evening. 5. One of my friends wants to become a teacher. 6. I could not tell my teachers anything about those foreign countries. 7. In Czech schools the lessons are often (use frequentative) very difficult. 8. I know no stricter teachers than are ours. 9. But my teacher seems to be a kind man. 10. He has lived through several great wars. 11. Does your son go to school already? 12. He is still (too) young, but in the fall he will begin to go. 13. To our great surprise our aunt arrived suddenly from Bratislava. 14. She had written us two letters, but we had not yet received the second (one). 15. She had no money, and begged us to help her.

CHAPTER TWENTY-FIVE

Special classes of nouns: masculines in -ý and -í, feminines in -í, neuter nouns denoting children. Declension of mnoho, málo, etc. Days of the week. Ordinal numerals, ten to twenty-nine. Prepositions of spatial relation, review and supplement.

ČTENÍ: READING

Ukřižovaný žebrák

Podle Josefa Svátka.

V kapli arcibiskupského paláce na Hradčanech[1] jest na oltáři krásný obraz Krista na kříži, o kterém se tato pověst vypravuje Jednou dal arcibiskup pražský jistému italskému malíři pro kapli svou vymalovati obraz Ukřižovaného. Malíř byl s obrazem již skoro hotov, ale výraz v obličeji umírajícího[2] Krista nemohl podle přání svého dovésti. I vzal jednoho z žebráků, které vídal na Kamenném mostě seděti a o almužnu prositi, aby mu za vzor k malbě jeho sloužil. Přivázal ho v dílně své na kříž a maloval podle něho, ale pravdivého výrazu smrti žebrák v obličeji svém vyjádřiti nedovedl. Malíř nebyl tedy ani teď s prací svou spokojen a v zlosti své mrštil dýkou[3] po žebrákovi, takže v několika okamženích na kříži skonal, neboť přímo do srdce trefen byl. Tu se také objevil na tváři jeho výraz

umírajícího,[2] který malíř nyní mistrovsky na plátno převedl.
Ale pak, zhroziv se vraždy své, pomátl se na rozumu[4] a
šílený utekl. Žebrák byl pochován a dohotovený obraz do
kaple arcibiskupské na oltář postaven.

PŘÍSLOVÍ: PROVERB

Každá víra jinak světí: Turci v pátek, židé v sobotu,
křesťané v neděli, a ševci v pondělí.

Notes

[1] Hradčany (m. pl.), name of the Castle of Prague and the
hill on which it stands.[2] Umírající, dying. [3] Mrštil dýkou,
hurled a dagger. [4] Zhroziv se vraždy své, pomátl se na
rozumu, horrified at the murder, he lost his reason.

SLOVNÍČEK: VOCABULARY

děvče (n.,		obličej (m.)	face
gen. děvčete)	girl	obraz	picture
dílna	workshop,	palác (m.)	palace
	studio	plátno	canvas, linen
italský		pověst (f.	
(italsky)	Italian	soft)	legend, rumor
jinak	otherwise,	pravdivý	reliable, truth-
	differently	(pravdivě)	ful, realistic
kamenný	made of stone	smrt (f. soft)	death
kaple (f.)	chapel	spokojený	satisfied, con-
Kristus (gen.		(spokojeně)	tent (s čím)
Krista)	Christ	švec (m., gen.	
křesťan (pl.		ševce)	shoemaker
křesťané)	Christian	tvář (f.)	cheek, face
kříž (m.)	cross	výraz	expression
malba	painting	vzor	model
malíř (m.)	painter	zlost (f. soft)	anger
mistrovský		žid (pl. židé)	Jew
(mistrovsky)	masterly		

Verbs:

Imperfective		Perfective
dohotovovati (III)	to prepare, finish	dohotoviti (II)
	to carry out, exe- cute, succeed	dovésti (III: dovedu; past: dovedl)*
malovati (III)	to paint, portray	vymalovati (III)
objevovati (III)	to discover	objeviti (II)
objevovati se (III)	to appear	objeviti se (II)
pochovávati (I)	to bury	pochovati (I)
převáděti (II: 3rd pl.: -ějí)	to take over, across, transfer	převésti (III: převedu; past: převedl)
skonávati (I)	to die, pass away	skonati (I)
trefovati (III)	to hit (not miss)	trefiti (II)
vyjadřovati (III)	to express	vyjádřiti (II)

SUPPLEMENTARY VOCABULARY

almužna	alms	přivázati (perf.)	to tie to
arcibiskup	archbishop	světiti	to sanctify,
arcibiskupský	archbishop's, archiepisco- pal	(impf.)	make holy
		šílený	mad, insane
		Turek (gen.	
okamžení	moment, in- stant	Turka)	Turk
		ukřižovati	
oltář (m.)	altar	(perf.)	to crucify

MLUVNICE: GRAMMAR

113. MASCULINE NOUNS ENDING IN -ý AND -í

These are declined as hard or soft adjectives ending in -ý or -í, e.g., hostinský *(innkeeper)*, gen. hostinského; krejčí *(tailor)*, gen. krejčího, etc. Many Christian and family names belong to this class (e.g., Dobrovský, Hořejší, Jiří).

---

* This verb is often used in a sense which may seem to be imperfective, as meaning *to be able to*. E.g., Dovede mluvit česky: *He can speak Czech.*

114. FEMININE NOUNS IN -í

In modern Czech this class is limited to one word, paní
(Mrs., lady, mistress). It is declined as a feminine soft ad-
jective. The singular is invariable.

115. NEUTER NOUNS DENOTING CHILDREN

These end in -e (-ě) in the nominative singular, and have
a special declension:

Declension of děvče, "girl"

	Singular	Plural
Nom.:	děvče	děvčata
Gen.:	děvčete	děvčat
Dat.:	děvčeti	děvčatům
Acc.:	děvče	děvčata
Pr.:	o děvčeti	o děvčatech
Ins.:	děvčetem	děvčaty

Note that in the singular these words are declined as soft
neuters with the suffix -et (-ět); in the plural as hard
neuters with the suffix -at (-at when the singular has -ět
after ď, ť, ň, e.g., jehně, *lamb;* jehňata, *lambs*).

Declined similarly are kuře *(young chicken)*, jehně *(lamb)*,
ptáče *(young bird)*, tele *(calf)*, mládě *(young of an animal)*,
zvíře *(beast, animal)*, poupě *(bud)*, páže *(page)*, etc.

Dítě *(child)* belongs to this group. But the plural is děti
(feminine), declined like kosti.

Kníže *(prince)* and hrabě *(count)*, though of masculine gen-
der, are declined like děvče. But in the plural they are neu-
ter; e.g., dobrý kníže, but dobrá knížata.

116. DECLENSION OF mnoho, málo, kolik, ETC.

	mnoho, *much, many*	kolik, *how much, how many*
Nom.:	mnoho	kolik
Gen.:	mnoha	kolika
Dat.:	mnoha	kolika
Acc.:	mnoho	kolik
Pr.:	o mnoha	o kolika
Ins.:	mnoha	kolika

These declensions are used both in the singular and the plural. Like kolik are declined tolik *(so much, so many)* and několik *(some, several, a few)*.

These words are followed by the genitive only when they appear in the nominative or the accusative. E.G., mnoho lidí tam bylo (note that the verb is neuter singular!); viděl jsem několik lidí. Otherwise they are followed by the case of the noun required by the sentence: od mnoha lidí, po tolika letech, etc.

Málo *(little, few)* is undeclined.

117. DAYS OF THE WEEK

pondělí (n.), *Monday*	v pondělí, *on Monday*
úterý (n.), *Tuesday*	v úterý, *on Tuesday*
středa (f.), *Wednesday*	ve středu, *on Wednesday*
čtvrtek (m., gen. čtvrtka), *Thursday*	ve čtvrtek, *on Thursday*
pátek (m., gen. pátku), *Friday*	v pátek, *on Friday*
sobota (f.), *Saturday*	v sobotu, *on Saturday*
neděle (f.), *Sunday*	v neděli, *on Sunday*

Note that the preposition v (ve) with the accusative is used to express time when with days of the week.

118. ORDINAL NUMERALS, ELEVEN TO TWENTY-NINE

Cardinal Numeral	Ordinal Numeral	
jedenáct	jedenáctý	eleventh
dvanáct	dvanáctý	twelfth
třináct	třináctý	thirteenth
čtrnáct	čtrnáctý	fourteenth
patnáct	patnáctý	fifteenth
šestnáct	šestnáctý	sixteenth
sedmnáct	sedmnáctý	seventeenth
osmnáct	osmnáctý	eighteenth
devatenáct	devatenáctý	nineteenth
dvacet	dvacátý	twentieth
dvacet jeden (jedenadvacet)	dvacátý první (jedenadvacátý)	twenty-first

Cardinal Numeral	Ordinal Numeral	
dvacet dva (dvaadvacet)	dvacátý druhý (dvaadvacátý)	twenty—second
dvacet tři (třiadvacet)	dvacátý třetí (třiadvacátý)	twenty-third
	etc.	

Note that with compound ordinals (dvacátý pátý, *twenty-ifth*), both parts are declined.

19. PREPOSITIONS OF SPATIAL RELATION, REVIEW AND SUPPLEMENT

The following diagram illustrates the use of certain prepo-itions of <u>motion</u>:

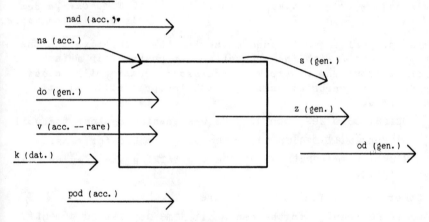

The following diagram illustrates the use of certain prepo-itions of <u>rest</u> (place where):

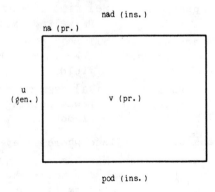

Other prepositions used with two cases to denote motion or location are:

	Case Required with Motion	Case Required with Location
	Accusative	Instrumental
mezi, *between*, *among*	Položte tu knihu mezi tyto dvě. *Put that book between those two.*	Mezi těmi domy je ohrada. *Between those houses there is a fence.*
před, *in front*, *to the front*	Šel před svoje auto. *He walked to the front of his car.*	Stál jsem před divadlem. *I stood in front of the theater.*
za, *behind*, *beyond*	Šel za auto. *He walked behind the car.*	Naše zahrada je za domem. *Our garden is behind the house.*

The preposition O is used both with the accusative and the prepositional. With the accusative, it customarily means *against* (touching or striking *against*); occasionally, *about*; or *for* (with verbs of asking). With the prepositional it means *about*:

Opíral se o zeď (acc.).	He was leaning against the wall.
Žebrák žádal o almužnu.	The beggar asked for alms.
Mluvil o mém bratrovi (pr.).	He was talking about my brother.

Other prepositions of motion are:

doprostřed (gen.)	to the center of	Šli jsme doprostřed náměstí. We walked to the middle of the square.
mimo (acc.)	past, by	Šel mimo náš dům. He walked by our house.
přes (acc.)	across, through, over	Šli přes pole. They walked through the field.
skrz(e)	through (a hole, tunnel, etc.)	Díval jsem se skrz okno. I was looking through the window.

Other prepositions of rest (place where) are:

naproti (dat.)	across from, opposite to	Náš dům stojí naproti hospodě. Our house stands across from the inn.

při (pr.)	near, with, by	Čtu při svíčce. I am reading by candlelight (i.e., by a candle).
uprostřed (gen.)	in the center of	Náměstí bylo uprostřed města. The city square was at the center of the city.
uvnitř (gen.)	inside, within	uvnitř domu within the house
vedle (gen.)	beside, alongside	Seděl jsem vedle ní. I sat beside her.

A few prepositions may be used with a single case to denote either motion or rest:

podle (gen.) along		Chodili jsme podle řeky. We walked along the river. Or: Domy stojí podle řeky. The houses stand along the river.
kolem (gen.)	around	Šel jste kolem jezera? Have you walked around the lake? Or: Kolem města je zeď. There is a wall around the city.
proti (dat.)	against, opposite to	Pluli jsme proti proudu. We swam against the current. Or: Stál jsem proti vám. I stood opposite you.

CVIČENÍ: EXERCISES

I. Memorize the following expression:

tváří v tvář   face to face

II. Insert correct forms of the following nouns:

1. Naše_____(child) již umí chodit. 2. Znáte ta _____
(girls)? 3. Lev je velké_____(beast). 4. Ten sedlák má
mnoho_____(calves). 5. Jím raději_____(young chicken)
než slepici. 6. V zoologické zahradě se nenarodila loni žádná
_____(young). 7. Chtěl jsem, abys mi našla květy. Přinesla

jsi jen_____(buds)! 8. Krmím denně ta_____(young birds)
na našem dvoře. 9. Naše_____(children) ještě nechodí do
školy. 10. Škoda, že nemáte žádné_____(children). 11. _____
(The mistress) poslala služku do obchodu pro vejce. 12. Co
víte o svém příteli_____(Jiří)? 13. Zaplatil jsi našemu
_____(innkeeper)? 14. Nevím, co ty služky povídají o svých
_____(mistresses). 15. Napsal jsem komposici o českém
básníkovi_____(Vrchlický).

III. Translate the following prepositions and their objects
into Czech:

1. _____(In the middle of the room) byl stůl. 2. Naše
vesnice je_____(near Prague). 3. Čekal jsem na něho
_____(on the street)_____(in front of the inn).
4. Šli jsme_____(behind the house)_____ (into the
garden). 5. Jel jsem přímo_____(to the center of the
city). 6._____(Along the highway) teče potok. 7._____
_____ (Around our garden) je ohrada. 8. Kostel stál_____
_____(across from the post office). 9. Kniha spadla
_____(off the table)_____(onto the floor).
10. Šli jsme_____(across the street); _____
(on the other side) stál velký kostel.

IV. Translate into Czech:
1. I was not satisfied with the picture which I saw. 2. It
was a masterly work, but the expression in the face did not
please me. 3. Otherwise I should have bought the painting,
since I know that painter. 4. On Tuesday I must go to the
city. 5. I shall stay there until Thursday, when I have to
return to the village. 6. I went straight to a hotel in the
center of the city. 7. On Wednesday I went to the cathedral.
8. In the small chapel a new stone altar had recently been
placed. 9. On the altar stood a great golden cross. 10. When
I came out of the church I caught sight of a beggar who was
asking for (O with acc.) alms. 11. Across from the cathedral
stood the palace. 12. I wanted to enter it, but it was closed.
13. I did not go home on Thursday, but returned to the palace.
14. Only on Friday did I go back to my village. 15. I was
very satisfied with all which (CO) I had seen.

CHAPTER TWENTY-SIX

Irregular nouns: den, týden, kůň, lidé, přátelé. Dual number.
Months of the year. Ordinal numerals, completion. Expressions
of time. Prefixes, continued.

ČTENÍ: READING

Povídka: Tale

Lev Tolstoj

Kuchař porazil ovci, maso vyčistil a vnitřnosti vyhodil na
dvůr. Pes přiběhl ke kuchyni, vnitřnosti sežral a pravil:
„Náš kuchař je dobrý, dobře vaří".

Zanedlouho kuchař začal čistit fazole a cibule. Pes zase
přiskočil, očichal je a pravil: „Pokazil se náš kuchař.
Předtím dobře vařil, ale teď už nestojí za nic".

Pozdrav T. G. Masarykovi

Karel Toman

Vítězi, který vjíždíš
do pražských bran,
žehnej Ti svatý Václav[1]
a Mistr Jan.[2]

Červenobílý prapor
jsi světem nes',[3]
červenobílý prapor
Ti vlaje dnes.

A miliony srdcí
bijí Ti vstříc
a muži, ženy, děti
přišli Ti říc':

Náš otče, který vjíždíš
do pražských bran,
žehnej Ti svatý Václav
a Mistr Jan.

LIDOVÁ PÍSEŇ: FOLK SONG

Loučení, loučení!
Což[4] je to těžká věc,
když se musí rozloučiti,
když se musí rozloučiti
s panenkou mládenec.

Když jsme se loučili,
oba jsme plakali,
oba jsme si bílým šátkem,
oba jsme si bílým šátkem
oči utírali.

Když jsme se loučili
pod zeleným stromem:
vždycky jsem ti říkávala,
že ta láska není stálá,
že svoji nebudem.[5]

Až já půjdu lesem,
budu plakat hlasem:
dám si klobouček na stranu,
na panenku zapomenu
a budu zas vesel.

Umřeš ty, nebo já,
neumřem[5] oba dva:
kdo vyhraje, bude pánem,
zazpívá druhému: Amen!
a pak ho pochová.

ANEKDOTA: ANECDOTE

„To je neslýchané, Karlíku, že si sedáš tak špinavý ke stolu. Mařenko, jdi s ním do koupelny a umyj mu obličej a ruce".

Po chvíli se ozve[6] z koupelny zběsilý křik a pláč:
„Mami, pojď sem! Ona mi myje taky krk!"

Notes

[1] Svatý Václav, Prince of Bohemia, martyred in 929. He became the patron saint of Bohemia. [2] Mistr Jan, Jan Hus (1375?-1415), the famous Czech religious reformer. Mistr means *magister*, i.e., master of arts. [3] Nes', colloquial for nesl. [4] Což, what, how (in exclamation). [5] When the first person singular does not end in –m, the first person plural ending is often shortened from –me to –m in colloquial style. [6] See Chapter XXI, Note 6.

SLOVNÍČEK: VOCABULARY

cibule (f.)	onion	pláč (m.)	weeping
fazole (f.)	bean	povídka	tale, short
hlas	voice		story
hlasem	aloud, out	pozdrav	greeting(s)
	loud	prapor	banner, flag
klobouk	hat	předtím	previously, for-
klobouček	little hat		merly
koleno	knee	rameno	shoulder
koupelna	bathroom	stálý (stále)	continual, con-
krk	neck		stant
křik	cry, shout,	strom	tree
	shouting	šátek (gen.	kerchief, hand-
kuchař (m.)	cook	šátku)	kerchief
mládenec (gen.	young man,	ucho (pl. uši)	ear
mládence)	bachelor	vítěz (m.	
neslýchaný	unheard of	soft)	victor
noha	leg, foot	zanedlouho	before long,
oba (obě)	both		after a while
ovce (f.)	sheep	zelený	green

Verbs

Imperfective		Perfective
čistiti (II)	to clean	vyčistiti (II)
kaziti (II)	to spoil (trans.)	pokaziti (II)
plakati (III: pláči)	to weep	zaplakati (III)
praviti (II)	to say	
přibíhati (I)	to run up, come running	přiběhnouti (III)

Imperfective		Perfective
státi (irreg.: stojím, etc.; past: stál)	to stand; to be worth, cost	
umírati (I)	to die	umříti (III: umru; umřeš; past: umřel)
utírati (I)	to wipe, wipe off	utříti (III: utřu; past: utřel)
vjížděti (II, 3rd pl.: -ějí)	to go in, enter (in a vehicle)	vjeti (III, like jeti)
vyhazovati (III)	to throw out, away	vyhoditi (II)
vyhrávati (I)	to win (a game, bet, etc.)	vyhráti (III: vyhraji)
žehnati (I)	to bless	požehnati (I)

SUPPLEMENTARY VOCABULARY

červenobílý	red and white	vláti (III, impf.)	to fly (of a flag), flutter
očichati (perf.)	to sniff over	vnitřnosti (f. pl.)	entrails
poraziti (perf.)	to slaughter	vstříc	in sympathy, in welcome
sežrati (perf.)	to eat up, consume (of animals)	zběsilý	frantic, mad

MLUVNICE: GRAMMAR

120. IRREGULAR NOUNS

Den *(day)* is declined as follows:

	Singular	Plural
Nom.:	den	dni, dny
Gen.:	dne	dní, dnů
Dat.:	dni	dnům
Acc.:	den	dni, dny
Voc.:	dni!	dni, dny!
Pr.:	dni (dnu; ve dne)	ve dnech
Ins.:	dnem	dny

Týden *(week)* is declined like den in the singular (pr. sing., týdni or týdnu), but has only hard endings in the plural (týdny, týdnů, etc.).

Kůň *(horse)* has the following declension:

	Singular	Plural
Nom.:	kůň	koně
Gen.:	koně	koňů, koní
Dat.:	koni (koňovi)	koňům, koním
Acc.:	koně	koně
Voc.:	koni!	koně!
Pr.:	o koni (koňovi)	o koních
Ins.:	koněm	koňmi

Lidé *(people,* plural of člověk) is declined:

Nom.-Voc.:	lidé
Gen.:	lidí
Dat.:	lidem
Acc.:	lidi
Pr.:	o lidech
Ins.:	lidmi

Přítel *(friend)* has the stem přátel- in the plural: Přátelé, přátel, přátelům, přátele, o přátelích, přáteli.

121. DUAL NUMBER

A few nouns which denote paired parts of the body (eyes, ears, hands, feet, etc.) retain the old dual declension instead of the plural:

	oko, *eye*	ucho, *ear*	ruka, *hand, arm*
Nom.:	oči	uši	ruce
Gen.:	očí	uší	rukou
Dat.:	očím	uším	rukám
Acc.:	oči	uši	ruce
Pr.:	v očích	v uších	v rukou
Ins.:	očima	ušima	rukama

Kolena *(knees)* and ramena *(shoulders)* retain the neuter plural declension, except for the genitive and prepositional plural, which is kolenou, ramenou. Nohy *(feet, legs)* has nohou in the genitive-prepositional plural, nohama in the instrumental plural.

Adjectives used with nouns of dual number end in -ýma, -íma in the instrumental plural: bílýma rukama, *with white hands*.

Note that with parts of the body the possessive adjective is rarely used in Czech, though it is obligatory in English: Měl jsem ho stále na očích, *I kept him constantly in view* (i.e., in my eyes). Often the dative case is used to show possession: Myji si ruce, *I am washing my hands*. Matka mi myje ruce, *Mother is washing my hands*.

The numerals dva, dvě *(two)* and oba, obě *(both)* show dual declension:

	dva, dvě, *two*			oba, obě, *both*		
	Masc.	Fem.	Neut.	Masc.	Fem.	Neut.
Nom.:	dva	dvě	dvě	oba	obě	obě
Gen.:		dvou			obou	
Dat.:		dvěma			oběma	
Acc.:	dva	dvě	dvě	oba	obě	obě
Pr.:		ve dvou			v obou	
Ins.:		dvěma			oběma	

E.g.: Držel jsem balík oběma rukama *(I held the package in both hands)*. Viděl jsem dva přátele *(I saw two friends)*. Seděli jsme ve dvou pokojích *(We sat in two rooms)*.

122. MONTHS OF THE YEAR

leden, *January*	v lednu, *in January*
únor, *February*	v únoru, *in February*
březen, *March*	v březnu, *in March*
duben, *April*	v dubnu, *in April*
květen, *May*	v květnu, *in May*
červen, *June*	v červnu, *in June*
červenec (m.), *July*	v červenci, *in July*
srpen, *August*	v srpnu, *in August*
září (n.), *September*	v září, *in September*
říjen, *October*	v říjnu, *in October*
listopad, *November*	v listopadu, *in November*
prosinec (m.), *December*	v prosinci, *in December*

Note that all month names are masculine except září. Those

ending in e plus consonant drop the e in declension (leden,
ledna, lednu, etc.). Those of hard declension end in -a in
the genitive (ledna, března, etc.), except for listopad,
which has the genitive listopadu. *In* is expressed by the
preposition v with the prepositional.

123. ORDINALS, COMPLETION*

Cardinal	Ordinal	
třicet	třicátý	thirtieth
čtyřicet	čtyřicátý	fortieth
padesát	padesátý	fiftieth
šedesát	šedesátý	sixtieth
sedmdesát	sedmdesátý	seventieth
osmdesát	osmdesátý	eightieth
devadesát	devadesátý	ninetieth
sto	stý	hundredth
tisíc	tisící	thousandth
milion	miliontý	millionth

Remember that each part of a compound ordinal is normally
declined: devadesátá pátá ulice, *95th Street*.

124. EXPRESSIONS OF TIME, REVIEW AND SUPPLEMENT

Seasons are expressed with v or na and the prepositional
(or accusative):

na jaře	in spring
v létě	in summer
na podzim (acc.)	in autumn
v zimě	in winter

Days of the week take v (ve) and the accusative: v pondělí,
v úterý, ve středu, etc.

Months of the year take v (ve) and the prepositional:
v listopadu, v září, etc.

---

* The formation of compound ordinals above one hundred is
beyond the scope of this book. They are formed by joining the
genitive of the cardinal to the proper ordinal: dvoustý, two
hundredth; pětitisící, five thousandth, etc.

Ago is translated by the preposition před with the instrumental:

před týdnem	a week ago
před dvěma roky	two years ago

From and *since* are expressed by od with the genitive:

od ledna	since January
ode dneška	from today

To and *until* are expressed by do with the genitive (usually with až); more rarely by po and the accusative:

od rána do večera	from morning till evening
až do soboty	up to Saturday
dodnes (podnes)	until today

About and *around* are expressed by kolem with the genitive:

kolem poledne	around noon
kolem vánoc	around Christmas time

Towards is translated by k and the dative:

k obědu	towards dinner time
k večeru	towards evening

For is translated by the accusative without preposition when it tells how long an action was carried on:

Četla jsem dvě hodiny.	I read for two hours.
Žili jsme tam pět let.	We lived there for five years.

But when it expresses a time future to that of the action, it is translated by na and the accusative:

Odejel jsem na rok.	I went away for a year.

Before is translated by před and the instrumental:

před válkou	before the war

During is expressed by během with the genitive:

Během roku se mnoho změnilo.	During the year much has changed.

After is expressed by po and the prepositional:

Po chvilce se vrátil.	After a while he came back.

Within is expressed by za and the accusative:

Za hodinu přijdu k vám.	In an hour I will come to your house.
za chvilku	in a little while

Throughout is expressed by the accusative:

Celou noc jsem nespal.	I didn't sleep all night.

Per, a is translated by adverbial forms, or by Za with the accusative:

dvakrát denně (měsíčně, ročně)	twice a day (a month, year)
Platím mu dolar za hodinu.	I pay him one dollar an hour.

Note also:

ve dne	in the daytime
v noci	at night
občas	now and then, once in a while
někdy	sometimes
tehdy	then, at that time
jindy	at another time
teď, nyní	now
potom, pak	than, next, later
kolikrát?	how many times?
jednou, dvakrát, třikrát, etc.	once, twice, three times, etc.
mnohokrát	many times
za chvíli (chvilku)	in a (little) while
každý den (týden, rok, etc.)	every day (week, year, etc.)
každou hodinu (minutu)	every hour (minute)
každou chvíli	every so often
dříve	before, earlier
předtím	previously, formerly
dosud (posud)	up to now

125. PREFIXES, CONTINUED

The prefix Vy- may mean:

1. Motion out of:

vyjíti (perf.)   to go out, exit
vyhoditi (perf.)   to throw out

2. Motion up:

vyskočiti (perf.)   to jump up

3. Acquisition or success:

vyprositi (perf.)   to obtain by asking

4. Full extent of the action performed:

vyčistiti (perf.)   to clean (thoroughly)

The prefix u- may mean:

1. Motion away from:

utéci (perf.)   to run away, escape

2. Action to the point of death or exhaustion:

uběhati se (perf.)   to run until exhausted
upracovati se (perf.)   to work to exhaustion
umučiti (perf.)   to torture to death

3. Simple perfectivization:

udělati (perf.)   to make, do
učiniti (perf.)   to make, do

4. The prefix u- sometimes replaces v-, and then means *into*:

usednouti (perf.)   to take a seat *(sit into)*
upadnouti (perf.)   to fall into (debt, etc.)

CVIČENÍ: EXERCISES

I. Distinguish in English:

1. (a) třicátý měsíc; (b) třicet měsíců.
2. (a) padesát čtyři dní; (b) padesátý čtvrtý den.
3. (a) ve dne; (b) za den; (c) během dne.
4. (a) k obědu; (b) na obědě; (c) do oběda; (d) po obědě.

II. Fill in the correct forms of the words in parentheses:
1. Nikdy jsem nebyl u _____(those people's). 2. Teď jdu ke_____(my friends'). 3. Ve _____(the daytime) nikdy nespím. 4. _____(Both friends) jezdili spolu na _____

(their horses). 5 . Viděl to_____(with his own eyes).
6. Vždycky jsem se živil prací_____(of my own hands).
7. V_____(night) měsíc svítí. 8. Za_____(two weeks)
pojedu do Bratislavy. 9. _____(The feet) mě bolí.
10. Nemusíte nosit ten balík na_____(the shoulders)!
11. Smál jsem se mu přímo do_____(the eyes). 12. Růženko,
nemluv s cizími_____(people)! 13. Šel, kam ho_____(the
feet) nesly. 14. Sotva mohl na_____(the feet) státi.
15. Právě jsem mluvil se_____(my two friends). 16. _____
(Both my parents) odjeli na venkov. 17. Mluvil jsem s vámi o
_____(both our friends). 18. Máme v poli mnoho_____
(horses). 19. Neznáte ty_____ (people)? 20. Už jsem ho
neviděl mnoho_____(weeks).

III. Fill in correct forms of the ordinal numerals:
1. Naši přátelé bydlí na_____(32nd) ulici. 2. Naše
společnost má už 90 členů; kdo bude_____(the 91st)?
3. _____(the 1st) československým presidentem byl Masaryk.
4. Nevíte, kde je_____(47th) ulice? 5. Ten spisovatel už
napsal třicet knih, a brzo vyjde jeho_____(31st).

IV. Translate into Czech:
1. We heard frantic shouting and weeping from the bathroom.
2. Mother ran to the bathroom and found Karel and Marie.
3. Marie was washing Karlík's (dat.) face and hands.
4. Karlík wiped his (Si) eyes and stopped crying. 5. I shall
throw out that old hat. 6. On Monday I shall clean the kit-
chen; it is very dirty. 7. In September this young man must
return to the university. 8. I once earned fifty dollars in
(Za) a week. 9. I have been cleaning onions for an hour al-
ready. 10. Towards dinner the cook was cleaning beans.
11. I cannot sleep at all in the day (time). 12. In a little
while we will sing you our favorite songs. 13. I shall be
away until December. 14. Around Christmas (time) our whole
family will come together. 15. I hope that I will have time
to study over (O) the holidays. 16. I would rather (raději)
speak with you at another time. 17. We all want to go to
Prague for a few days. 18. I have gone to Prague many times
by train, but only once by car. 19. My father used to go
there every week. 20. Sometimes we went with him, especially
in summer.

CHAPTER TWENTY-SEVEN

Diminutives and augmentatives of nouns and adjectives. Review and declension of numerals. Prepositions, concluded.

ČTENÍ: READING

Veselá chudoba

V Montpellier žil velmi chudý člověk, který se jmenoval Rubín. Bydlil pod schody velmi bohatého lakomce. Rubín měl housle, na které po práci hrál na veřejné cestě a někdy vydělal čtyři nebo pět denárů. Z toho si pořídil veliké potěšení a zábavu. Naproti tomu jeho lakomý pán nikdy neměl veselý den, ale ve dne v noci zarmouceně přemýšlel o penězích. Jednoho dne mu řekla jeho manželka:

„Pane, tento Rubín nic nemá a je vždy veselý a vy máte majetek a jste vždy smutný".

Muž odpověděl: „Však já mu brzy vezmu jeho radost".

Žena na to: „To nedokážete, leda jestli[1] mu ublížíte".

A on: „Paní, neublížím mu".

I stalo se[2] jednoho dne, že boháč hodil oknem pytel peněz tajně do komůrky Rubínovy. Rubín ráno našel peníze a celé dny přemýšlel, co by mohl koupiti, a po dlouhý čas úplně zapomněl na zpěv. Po několika dnech řekl lakomec manželce:

„Paní, hle, Rubín teď už nezpívá!"

A paní odpověděla: „To je pravda, pane, už dlouho nezpíval".

On řekl: „Navrátím mu jeho zpěv".

I sestoupil k němu a vyžádal si od něho peníze. Rubín se neodvažoval zapřít a vrátil mu peníze. Potom vzal housle a hrál na ně jako dříve.

A lakomec řekl manželce: „Hle, paní, Rubín zpívá".

A paní: „Opravdu, slyším. Bože můj, jaká historie!"

A lakomec jí vyložil celý průběh věci.

Umlklo stromů šumění
                    Vítězslav Hálek

Umlklo stromů šumění
a lístek sotva dýše,
a ptáček dřímá krásný sen
tak tichounce, tak tiše.

Na nebi vzešlo mnoho hvězd
a kolem je tak volno,
jenom v těch ňadrech teskno tak
a v srdci tak bolno.

Ve kvítků pěkný kalíšek
se bílá rosa skládá,
můj bože, a ta rosa též
se v moje oči vkrádá.

Notes

[1] Leda jestli, without. [2] Státi se, here perfective of
díti se, to happen.

SLOVNÍČEK: VOCABULARY

hle!	look!	manželka	wife
housle (f. pl.)	violin	ňadra (n. pl.)	breast
hvězda	star	naproti (dat.)	across from, op-
chudoba	poverty		posite; by con-
kolem (adv. and			trast with
prep. with gen.)	around	po (acc.)	for, during; up
lakomec (gen.			to
lakomce)	miser	průběh	course, progress
lakomý	miserly,	přece	nevertheless,
(lakomě)	stingy		still
list	leaf, sheet	pták	bird
	(of paper)	pytel (m. soft;	
majetek (gen.	property,	gen. pytle)	bag, sack
majetku)	fortune	radost (f. soft)	joy, gladness

rosa	dew	též	also
růže (f.)	rose	veřejný	
schody (m. pl.)	stairs	(veřejně)	public
sen (gen. snu;		zábava	amusement, en-
but ze sna)	sleep; dream		tainment, fun
sotva	scarcely,	zarmoucený	
	hardly	(zarmouceně)	grieved, sad
smutný (smutně,		zpěv	song
smutno)	sad		

Verbs

Imperfective		Perfective
dřímati (I)	to doze, sleep, nod	
dýchati (I or III: dýchám/dýši)	to breathe	dýchnouti (III)
jmenovati (III)	to name	pojmenovati (III)
jmenovati se (III)	to be called	
umlkati (I)	to stop speaking, fall silent	umlknouti (III)
odvažovati se (III)	to dare (with inf. or gen.)	odvážiti se (II)
přemýšleti (II, 3rd pl.: -ejí)	to think over, ponder	
vydělávati (I)	to earn	vydělati (I)
vykládati (I)	to explain, narrate	vyložiti (II)
vyžadovati (si) (III)	to demand	vyžádati (si) (I)
vzcházeti (II, 3rd pl.: -ejí)	to go up, ascend	vzejíti (III, like jíti)
zapírati (I)	to deny	zapříti (III: zapřu; past: zapřel)

SUPPLEMENTARY VOCABULARY

boháč (m.)	a rich man	historie (f.)	incident, story;
bolno	painful		history
denár	denier (old French mone- tary unit)	kalíšek	little chalice (dimin. of kalich)

kvítek	flower (dimin.	šuměti (impf.)	to rustle,
	of květ)		murmur
navrátiti	to restore,	vkrádati se	
(perf.)	return	(impf.)	to steal in
teskno	depressed, lonely		

MLUVNICE: GRAMMAR

126. DIMINUTIVES OF NOUNS

The Czech language makes extensive use of so-called diminutives, derivative forms of nouns which show small size, endearment, or sometimes contempt. Diminutives are of the same gender as the noun from which they are derived. They are formed through the use of a variety of suffixes, often with palatalization of the final stem consonant and lengthening or shortening of the stem vowel.

Diminutives ending in -ek, -ka and -ko (expressing small size, sometimes affection):

Basic Noun	Diminutive
dar, *gift*	dárek (gen. dárku)
kus, *piece*	kousek (gen. kousku)
kruh, *circle*	kroužek (gen. kroužku)
most, *bridge*	můstek (gen. můstku)
list, *leaf, sheet*	lístek (gen. lístku), *ticket, small leaf*
dům, *house*	domek (gen. domku)
stůl, *table*	stolek (gen. stolku)
strýc, *uncle*	strýček (gen. strýčka)
ryba, *fish*	rybka
myš, *mouse*	myška
ruka, *hand, arm*	ručka
kniha, *book*	knížka
noha, *foot, leg*	nožka
pivo, *beer*	pivko
slovo, *word*	slůvko

Many masculines form diminutives in -ík:

kůň, *horse*	koník
muž, *man*	mužík

Basic Noun   Diminutive
pes, *dog*   psík

Diminutives in –eček (–íček), –ečka (–ička), –ečko (–íčko) express endearment as well as small size:

hrnec, *pot*   hrneček (gen. hrnečku)
kůň, *horse*   koníček (gen. koníčka; m. pl.: koníčky)
teta, *aunt*   tetička
holka, *girl*   holčička
slovo, *word*   slovíčko
srdce, *heart*   srdíčko, srdéčko

A few also end in –ínek (–inka). These usually express endearment:

táta, *Dad, Father*   tatínek (gen. tatínka)
máma, *Mamma*   maminka
matka, *mother*   matinka
teta, *aunt*   tetinka

Sometimes the diminutive acquires a distinct meaning of its own, e.g., list *(leaf, sheet)*, lístek *(ticket)*.

127. AUGMENTATIVES OF NOUNS

These express large size, often contempt or derision. Their use is rarer than that of diminutives. They end in –isko, –ák, –áč, or –án:

Basic Noun   Augmentative
chlap, *fellow*   chlapisko, *a big fellow* (n.)
pes, *dog*   psisko, *a big dog* (n.)
hloupý, *foolish*   hlupák, *a fool*
dlouhý, *long*   dlouhán, *a tall fellow*
veliký, *big, tall*   velikán, *a giant, great man*

128. DIMINUTIVES OF ADJECTIVES

These are formed with the suffix –avý, or with the prefixes na– or při– and the suffix –lý:

Basic Adjective   Diminutive
bílý, *white*   bělavý, *whitish*
černý, *black*   černavý, *blackish*

Basic Adjective	Diminutive
černý, *black*	načernalý, *blackish, a bit black*
hloupý, *foolish*	přihlouplý, *a bit foolish*

129. AUGMENTATIVES OF ADJECTIVES

These are formed with the suffixes –atý, –ičký, –inký, –oučký or –ounký:

Basic Adjective	Augmentative
dlouhý, *long*	dlouhatý, *very long*
krátký, *short*	kratičký, *very short*
starý, *old*	stařičký, *very old*
malý, *small*	malinký, *very small*
bílý, *white*	běloučký, bělounký, *very white*
hezký, *pretty*	hezoučký, hezounký, *very pretty*

All these suffixes except –atý may also carry the connotation of endearment.

The prefix pře– strengthens the adjective's meaning: předobrý, *very good;* přebídný, *very poor.*

130. REVIEW OF NUMERALS

	Cardinal	Ordinal
one	jeden, jedna, jedno	první
two	dva, dvě	druhý
three	tři	třetí
four	čtyři	čtvrtý
five	pět	pátý
six	šest	šestý
seven	sedm	sedmý
eight	osm	osmý
nine	devět	devátý
ten	deset	desátý
eleven	jedenáct	jedenáctý
twelve	dvanáct	dvanáctý
thirteen	třináct	třináctý
fourteen	čtrnáct	čtrnáctý
fifteen	patnáct	patnáctý

	Cardinal	Ordinal
sixteen	šestnáct	šestnáctý
seventeen	sedmnáct	sedmnáctý
eighteen	osmnáct	osmnáctý
nineteen	devatenáct	devatenáctý
twenty	dvacet	dvacátý
twenty-one	dvacet jeden	dvacátý první
twenty-two	dvacet dva	dvacátý druhý
	etc.	
thirty	třicet	třicátý
forty	čtyřicet	čtyřicátý
fifty	padesát	padesátý
sixty	šedesát	šedesátý
seventy	sedmdesát	sedmdesátý
eighty	osmdesát	osmdesátý
ninety	devadesát	devadesátý
hundred	sto	stý
two hundred	dvě stě	dvoustý
three hundred	tři sta	třístý
four hundred	čtyři sta	čtyřstý
five hundred	pět set	pětistý
six hundred	šest set	šestistý
seven hundred	sedm set	sedmistý
eight hundred	osm set	osmistý
nine hundred	devět set	devítistý
thousand	tisíc	tisící
two thousand	dva tisíce	dvoutisící
	etc.	
million	milion	miliontý
billion	miliarda	———

Jeden (one) is declined like ten (this, that).
Dva, dvě has dual declension (see Section 121).
Tři and čtyři are declined as follows:

Nom.:	tři	čtyři
Gen.:	tří	čtyř

Dat.:	třem	čtyřem
Acc.:	tři	čtyři
Pr.:	o třech	o čtyřech
Ins.:	třemi	čtyřmi

Sto *(hundred)* is declined like město (gen. pl. set). With dvě it has the dual form stě (dvě stě, *two hundred*).

Tisíc *(thousand)* is declined like a soft masculine noun, but has the genitive plural tisíc (e.g., pět tisíc, *five thousand*).

Milion and bilion are masculines; miliarda is feminine.

All other numerals are declined as follows:

Nom.:	pět	devět	dvacet
Gen.:	pěti	devíti	dvaceti
Dat.:	pěti	devíti	dvaceti
Acc.:	pět	devět	dvacet
Pr.:	o pěti	o devíti	o dvaceti
Ins.:	pěti	devíti	dvaceti

Note that devět and deset have the forms devíti and desíti in all cases other than the nominative and accusative.

When a numeral and its noun are the subject of the sentence, the verb is singular when the final part of the numeral is jeden (jedna, jedno), plural when it is dva (dvě), tři, čtyři; otherwise it is neuter singular:

Tam byl dvacet jeden hoch.   There were 21 boys there.

Tam byli dvacet dva hoši.   There were 22 boys there.

Tam bylo dvacet pět hochů.   There were 25 boys there.

Numerals are followed by the genitive plural (or nominative and accusative plural with *two, three, four*) when they appear in the nominative or accusative cases only:

Viděl jsem pět lidí.   I saw five people.

Tam byli tři lidé.   Three people were there.

U nás bydlí pět hochů.   Five boys live at our house.

In other cases they are followed by the case of the noun required by the sentence:

Četl jsem to aspoň v šesti knihách.   I have read that in at least six books.

| Dal jsem dárky pěti svým přátelům. | I gave presents to five of my friends. |

All parts of a compound numeral are normally declined:

| Mluvili jsme s dvaceti pěti vojáky. | We talked to twenty-five soldiers. |

131. PREPOSITIONS, CONCLUDED

Prepositions not related to time or space are:

With Genitive

bez, *without*	Šli jsme tam bez vás. *We went there without you.*
dle, podle, *according to*	podle rozkazu, *according to the order*
	podle vás, *in your opinion*
kromě, *except*	všichni kromě vás, *everyone except you*
místo, *instead of*	Já tam pojedu místo pana Nováka. *I will go there in Mr. Novak's place.*

With Dative

kvůli, *for the sake of, because of*	Pomohl jsem vašemu příteli kvůli vám. *I helped your friend for your sake.*
po, *according to*	po zákonu, *according to the law*
proti, *against*	Mluvil proti socialismu. *He spoke against socialism.*

With Accusative

pro, *for, for the sake of, because of*	Udělal jsem to pro vás. *I did that for your sake.*
přes, *in spite of*	přes váš odpor, *in spite of your opposition*
mimo, *besides*	mimo mne, *besides me*
v, *in*	Věřím v Boha. *I believe in God.*
o, *about, of, for*	Jde o vaši pomoc. *It is a question of your help.*
	Prosil mě o pomoc. *He asked me for help.*

za, *for, in exchange for*   Koupil to za dolar. *He bought*
                               that for a dollar.

With Prepositional

O, *about, concerning*   Mluvil jsem o něm. *I talked*
                                about him.

CVIČENÍ: EXERCISES

I. Memorize the following expressions:

Jak se jmenujete?   What is your name?

hráti na housle   to play a violin

jíti komu naproti   to go towards someone; to go
                              to meet someone.

II. Identify the root word from which the following nouns
and adjectives are formed, and tell whether they are diminu-
tives or augmentatives:

dívenka	knížečka	obrázek
dědoušek	hezounký	bratříček
hlupák	stolek	dítko
pivko	růžička	hošík
pomalounký	slaďoučký	zahrádka

III. Replace the numerals in the following sentences with
their proper Czech form:

1. Mluvil jsem s 50 žáky. 2. Napsal jsem to v 24 dopisech.
3. Cestovali jsme po 4 různých zemích. 4. Psal jsem ten dopis
3 různými pery. 5. Vojáci byli dopraveni 137 vozy (ins.)
6. Dal jsem dárky 5 svým přátelům. 7. To je dům mých 2
tetiček. 8. Student stál před 17 profesory.

IV. Translate into Czech:
1. I live on Twenty-fifth Street. 2. This house is the
property (ins.) of my uncle. 3. He is a rich man, but our
family lives in poverty. 4. Even my aunt says that he is a
miser. 5. He says that when I will be earning 10,000 dollars
a year he will give me his whole fortune. 6. I had a strange
dream not long ago. 7. My uncle fell sick; he was scarcely
breathing. 8. We searched for his money, but could not find
it. 9. Finally my aunt found it in a small sack in his room.
10. What is your name? 11. My name is Jan, but you may call
(říkat) me Honza (nom.). 12. The teacher was explaining to

us why the stars shine, when suddenly he fell silent.
13. Some of the pupils were dozing. 14. On the stairs we saw
my aunt, who was just going out. 15. We went towards her.

CHAPTER TWENTY-EIGHT

Prefixes and suffixes. Time and date.

ČTENÍ: READING

Francie první uznala (29. června 1918) naše právo na samo-
statnost. Následovalo prohlášení anglické vlády (9. srpna),
uznávající[1] tři československé armády (v Sibiři, ve Francii
a v Italii) za jednotnou spojeneckou armádu a Československou
národní radu jako autoritu národních zájmů. Následovala 3.
září smlouva dr. Beneše s Anglií, která přiznávala Českoslo-
venské národní radě právo na diplomatické zástupce, právo
vydávat pasy a právo účastnit se všech spojeneckých konfe-
rencí a tak dále. Washingtonská vláda (9. září) zároveň
prohlásila, že uznává válečný stav mezi československým a
německým a rakouským vojskem, a nejvýrazněji ze všech států
řekla, že uznává Československou národní radu za vládu de
facto, za vládu skutečnou. Za měsíc potom (3. října) prohlá-
sil italský ministerský předseda v italské sněmovně totéž co
Spojené státy.

Profesoru Masarykovi a dr. Benešovi se potom podařilo[2]
dosáhnout u Spojenců, že uznali 15. října 1918 dosavadní
Československou vládu a důsledek z toho uznání provedl Masa-
ryk Prohlášením nezávislosti československého národa daným
ve Washingtoně 18. října 1918. Praha se dověděla o nezá-
vislosti 21. října. Dne 28. října 1918 byla veliká hra
skončena. Když byla skončena, musil být vyvolán její autor,
její skladatel. Stalo se to 14. listopadu 1918 v Národním
shromáždění, kde byl Tomáš Garrigue Masaryk zvolen presiden-
tem Československé republiky.

Podle Jana Herbena.

ANEKDOTA: ANECDOTE

Tetička přijde po dlouhé době na návštěvu a ptá se synovečka: „Tak co, Otáčku, už chodíš do školy?"

„Ale nechodím, tetičko, vždyť neumím ani číst, ani psát, co bych tam dělal?"

Notes

[1] Uznávající, recognizing. [2] Dařiti se, podařiti se takes the dative of the person succeeding, with the subject a noun or infinitive denoting the thing in which one has success: Všecko se mu daří. *He succeeds in everything.* Podařilo se mi to nalézti. *I succeeded in finding it.*

SLOVNÍČEK: VOCABULARY

Anglie (f.)	England	shromáždění	assembly
armáda	army	skutečný	
autorita	authority	(skutečně)	actual, real
důsledek (gen.	consequence,	skladatel (m.	
důsledku)	result	soft)	composer
Francie (f.)	France	smlouva	agreement, con-
Italie (f.)	Italy		tract, treaty
jednotný	united, uni-	spojenec (gen.	
(jednotně)	form	spojence)	ally
konference (f.)	conference,	spojenecký	
	meeting	(spojenecky)	allied
nezávislost		stát	state, country
(f. soft)	independence	stav	condition, state
pas	pass, passport	synovec (gen.	
president	president	synovce)	nephew
předseda (m.)	chairman,	totéž	the same thing
	prime minister	učitelka	woman teacher
rakouský		vláda	government
(rakousky)	Austrian	vojsko	army, troops
samostatnost		výrazný	expressive, em-
(f. soft)	independence	(výrazně)	phatic

zároveň   at the same   zástupce (m.,   representative,
               time   like vůdce)   agent

Verbs

Imperfective		Perfective
dařiti se (II)	to succeed (see Note 2)	podařiti se (II)
dovídati se (I)	to find out, learn (o čem)	dověděti se (like věděti)
dosahovati (III)	to reach, attain, win (čeho)	dosáhnouti (III)
končiti (II)	to finish, end	skončiti (II)
končiti se (II)	to be finished, end	skončiti se (II)
následovati (III)	to follow	
spojovati (III)	to unite, join	spojiti (II)
účastniti se (II)	to take part in (čeho, v čem, na čem)	zúčastniti se (II)
uznávati (I)	to admit, recognize	uznati (I)
voliti (II)	to elect, select, choose (koho čím)	zvoliti (II)
vydávati (I)	to issue, publish; to spend	vydati (I)

SUPPLEMENTARY VOCABULARY

diplomatický	diplomatic	válečný	military, pertaining to war
dosavadní	temporary, existing	vyvolati	to call out, single out
ministerský	ministerial	(perf.)	
sněmovna	parliament		

MLUVNICE: GRAMMAR

132. PREFIXES

The prefixes do-, po- and pro- often become dů-, pů- and prů- with adjectives and masculine nouns: důchod *(income)*, důležitý *(important)*, původ *(origin)*, průchod *(passage)*.

This is not true, however, of nouns and adjectives derived from verbs, nor of feminine nouns with prefixes: dokonalý *(perfect*, from dokonati, *to perfect)*, dohra *(epilogue)*, povaha *(character)*, pronikavý *(penetrating)*.

The prefixes na-, při-, u- and za- usually have long vowels
with nouns and adjectives; short vowels with verbs: nábytek
(furniture), nabýti *(to gain, acquire)*; příchod *(arrival)*,
přijíti *(to come)*; účinek *(effect)*, učiniti *(to do)*; zájem
(interest), zajímati *(to interest)*.

The prefix lec- means *all sorts of, many, a number*, etc.,
and is added to interrogatives: lecco(s) *(something, quite a
bit)*; leckdo *(quite a few people, many people)*; leckdy *(many
times, now and then)*; lecjak *(in some way)*; lecjaký *(any kind
of, all sorts of)*; leckterý *(many, all kinds of)*; etc. The
prefix leda- has the same meaning as lec-: ledaco(s), ledakdo,
etc.

The prefix málo- used with interrogatives means *little, few,
seldom*, etc.: málokdo *(few people)*; máloco *(few things)*;
málokde *(in few places)*; málokdy *(seldom, rarely)*; málokterý
(few); etc. Compare also mnohdy *(many times, often)*, mnohde
(in many places).

The prefix kde- with interrogatives has a generalizing
meaning: kdeco *(everything, anything)*; kdekdo *(everyone)*;
kdejaký *(every kind)*; etc.

133. SUFFIXES

The suffix -koli(v) is used with interrogatives in the
sense of *-ever, any at all*: cokoli *(whatever)*; kdokoli *(who-
ever)*; kdekoli *(wherever)*; kamkoli *(wherever)*; kdykoli *(when-
ever)*; jakýkoli *(whatever)*; kterýkoli *(whichever)*; etc.

The suffix -si (-s) is used with interrogatives in the
sense of *some* (less definite than *some* constructions formed
with prefixed ně-, such as někdo, něco, etc.): kdosi *(someone
or other)*; cosi *(something or other)*; kdesi *(somewhere)*;
kdysi *(once, at one time)*; jaksi *(in some way)*; jakýsi *(some
sort of)*; kterýsi *(some one)*.

The suffix -s is also a substitute for the second person
singular of the verb býti, jsi. It is often added to ty, že,
byl, se or si:

Vrátil ses časně.   You have come back early.

Vím, žes šel k doktorovi. I know that you went to the
                          doctor's.

The suffix -č is an alternate of the interrogative pronoun
co, used after certain prepositions: zač for za co; nač for
na co; oč for o co; proč for pro co, etc. Similarly the suf-
fix -ň is an alternate of něho or něj after prepositions:
zaň for za něho; proň for pro něho; naň for na něho; oň for
o něj; etc.

The suffix -tě (-ť) is a contraction of ti je, used as an expletive. It is often joined to the demonstrative to to form toť (i.e., to ti je):

Toť přece něco zhola jiného.	But that is quite a different thing.

The suffix -že (-ž) is joined to interrogatives to express surprise, disagreement or disbelief:

„Můj bratr odjel na Slovensko". „Cože?"	"My brother has gone off to Slovakia." "You don't say?"
Kdože to byl?	Who could that have been?

Což is also used as an indefinitive relative pronoun meaning which, what. It is used only when there is no specific noun referred to:

Odpovídal německy, čemuž jsem nerozuměl.	He answered in German, which I didn't understand.
Není tam nic, z čehož bys mohl něco získat.	There is nothing there which you could turn to any profit.

Aniž is a conjunction meaning without:

Dělají to, aniž vědí proč.	They do that without knowing why.

The suffix -pak is joined to interrogatives to express surprise, anger, etc.:

Copak tam děláš?	Whatever are you doing there?
Kdopak to asi je?	Who can that be?

Note the form kdepak, an interjection of surprise or disagreement:

„To je pravda". „Kdepak!"	"That's the truth." "Go on with you!"

Copak, co and což are frequently used to mean why:

Copak jsi nepřišel?	Why didn't you come?

Note the following distinctions for indefinite expressions:
Most definite: někdo (someone, i.e., some given person):

Někdo sem přichází.	Someone is coming here.

Less definite: kdosi (someone or other):

Kdosi mi to řekl.	Someone (or some people) told me that.

Least definite: kdokoli *(anyone whatsoever, no matter who)*:

Ať přijde kdokoli.   Let anyone come who likes.

Note also:
leckdo (ledakdo) *(all sorts of people)*

Leckdo už to ví.   All sorts of people know that
                                 already.

kdekdo *(everyone)*

Kdekdo to ví.   Everyone knows that.

134. TIME OF DAY

Kolik je hodin?   What time is it (lit., how
                                 many hours)?

Je jedna hodina.   It is one o'clock.

Jsou dvě hodiny.   It is two o'clock.

Jsou tři hodiny.   It is three o'clock.

Jsou čtyři hodiny.   It is four o'clock.

Je pět hodin (gen. pl.).   It is five o'clock.

                    etc.

Je poledne.   It is noon.

Je půlnoc.   It is midnight.

Half past is expressed by půl and the feminine genitive of
the ordinal of the <u>following</u> hour:

Je půl druhé.   It's half past one (i.e., half
                                 of the second hour).

Je půl třetí.   It's half past two.

Je půl osmé.   It's half past seven.

But:
Je půl jedné.   It's half past twelve (here
                                 the cardinal numeral is used
                                 instead of the ordinal).

Quarter after is expressed by čtvrt na with the accusative
of the <u>following</u> hour:

Je čtvrt na jednu.   It's a quarter after twelve
                                 (lit., on the way to one).

Je čtvrt na dvě.   It's a quarter after one.

Je čtvrt na pět.   It's a quarter after four.

Also:

Je tři čtvrti na sedm.   It's a quarter to seven.

There are several methods of expressing exact time in min-
utes. The simplest is to follow the hour with the number of
minutes. The word minuta is generally omitted:

Je pět hodin dvacet.   It's 5:20.

Je deset hodin čtyřicet. It's 10:40.

At what time? is translated: v kolik hodin? The answer is
formed with v and the accusative:

v jednu (hodinu)   at one o'clock
ve dvě (hodiny)   at two o'clock
v půl páté   at half past four
ve čtvrt na jedenáct   at quarter after ten
v šest hodin čtyřicet   at 6:40

135. DATE

Kolikátého je dnes?   What is the date today?

Dates are expressed by the genitive of the ordinal numeral
followed by the genitive of the month:

Dnes je prvního ledna.   Today is the first of January.

Dnes je třetího února.   Today is the third of February.

Dnes je desátého listo-   Today is the tenth of November.
   padu.

Dnes je dvacátého šestého Today is the twenty-sixth of
   prosince.   December

The genitive is also used to express *on such and such a
date:*

Mácha se narodil   Mácha was born on November six-
   šestnáctého listopadu.   teenth.

The year is also put into the genitive. One method involves
the use of a compound ordinal denoting hundreds of years, an
ordinal for tens, and one for single years:

Mácha se narodil šest-   Mácha was born on November 16,
   náctého listopadu roku   1810.
   osmnáctistého desátého.

Note that the genitive of rok *(year)* is then used. The or-
dinal numeral representing hundreds of years is formed by

adding the genitive of the cardinal to stý, the ordinal for
hundred:

Kníže Václav byl
zavražděn roku devítistého dvacátého
devátého.

Prince Václav was murdered in
929.

If the year only is given, the prepositional case with V
may be used instead of the genitive:

Kníže Václav byl
zavražděn v roce devítistém dvacátém devátém.

Prince Václav was murdered in
929.

Roku and v roce are abbreviated as r. and v r.

CVIČENÍ: EXERCISES

I. Memorize the following expressions:

Jak se vám daří?	How are you? How are you getting along?
Dařilo se mi dobře.	I was getting along well.
Kolik je hodin?	What time is it?
V kolik hodin?	At what time?
Kolikátého je dnes?	What date is it today?

II. Translate the following words into English:

leckterý	leckudy	málokterý
ledakdy	ledajak	mnohdy
kdekterý	kamkoli	jakýsi
aniž	copak	pročpak

III. Distinguish carefully in English:

1. (a) Někdo o tom už ví. (b) O tom už může kdosi vědět.
(c) O tom už ví leckdo. (d) O tom kdekdo už ví. (e) Kdokoli
to může vědět.

2. (a) Řekl jsem o tom něco. (b) Řekl jsem o tom cosi.
(c) Řekl jsem o tom leccos. (d) Cokoli jsem o tom řekl...

IV. Write out the following dates and times in Czech:
1. At 8:30 on January 26, 1951. 2. On March 3, 1647. 3. On
December 3, 869. 4. In the year 1937. 5. At 10:07 o'clock.
6. At 1:48 o'clock. 7. What time is it? It is 3:32. 9. What
is the date today? It is the seventeenth of February. 10. In
the year 1952.

V. Translate into Czech:
1. On October 18, 1918, the Czechoslovak Republi: pro-
claimed its independence. 2. The Czechoslovak representatives
succeeded in winning recognition from (u) the allied govern-
ments. 3. The Allies recognized [to] the Czechoslovak govern-
ment the right to take part in all war conferences. 4. Later,
on November 14, 1918, Tomáš G. Masaryk was elected first
president of the Czechoslovak Republic. 5. The Czechoslovak
government now had full authority. 6. The United States, Eng-
land, France and Italy recognized the independence of the new
state. 7. Dr. Beneš was named foreign minister (ministrem
zahraničí — ins.). 8. The war was ended (reflexive) on Novem-
ber 18, 1918. 9. Hard times came after the war. 10. I have
learned that you do not wish to be chairman. 11. How is your
work succeeding? 12. I succeeded in publishing a novel not
long ago. 13. Writers and composers took part in (genitive)
a conference at Prague on April 10. 14. What time is it? It
is 10:33. 15. What is the date today? It is August 29.

CHAPTER TWENTY-NINE

Participles, adjective and adverb. How to avoid participles
in spoken Czech. Emphatic pronouns. Conjunctions.

ČTENÍ: READING

Pán Bůh dědoušek

K. J. Erben

Na počátku člověk, orati neuměje, oral jen od jednoho
konce pole, a přišed na druhý konec, po každé přenášel zase
pluh tam, odkud počal orati. Šel tudy Pán Bůh ve způsobě
stařečka a naučil ho,[1] jak orati má, aby totiž, přijda na
druhý konec, odtud zase oral nazpátek.

Potom Pán Bůh viděl ženu, jak tkajíc, jen s jedné strany
házela člunek a na druhém konci po každé nit překousla a
počala znova. I ukázal jí, aby házela zase nazpátek, niti
nepřekusujíc.

Druhého dne,[2] jda Pán Bůh zase mimo toho oráče, tázal se
ho, kdo ho naučil orati.

„Pán Bůh dědoušek", řekl oráč, a Bůh jemu dobrořečil:

„Den budeš orati a celý rok budeš míti co jísti".

Potom se tázal té ženy, kdo ji naučil tkáti. Odpověděla, že se naučila sama sebou. I řekl Bůh:

„Celý rok budeš tkáti a plátno pak pod paždí odneseš".[3]

Dokud ještě lidé byli dobří, mohl prý člověk rozkazovati nejen věcem živým, ale i neživým. Když si totiž na příklad nasekal dříví, mohl je jen proutkem švihnouti a šlo samo, kam bylo třeba.[4]

Jedna žena si také tak hnala dříví domů; ale nechtíc podle jíti pěšky, sedla si na ně, a dříví zůstalo státi a již se ani s místa nehnulo. I odvázala si pás a vzala je na záda.

Tu se jí zjevil Pán Bůh a řekl:

„Protože ses jemu chtěla dát nositi, budeš je nyní nositi sama".

ANEKDOTA: ANECDOTE

Jeník nemá rád školu. Neustále přemýšlí, jak by se jí vyhnul. Kteréhosi rána se zrodila v jeho mozečku geniální myšlenka. Vkradl se do kanceláře svého otce, popadl telefonní sluchátko[5] a žádal spojení s třídním učitelem. Ozval se učitel. Načež Jenda žalostným, změněným hlasem hlásí: „Jeník nemůže dnes přijít do školy, je nemocen". --„Kdo u telefonu?" ptá se učitel. Načež Jeník bez rozmyšlení: „Můj otec".

Notes

[1] Učiti, naučiti means *to teach* (koho čemu); the reflexive form učiti se means *to learn*. [2] Druhého dne, on the next day. [3] A plátno pak pod paždí odneseš, and then you will carry linen away under your arm (i.e., you will spin no more than that). [4] Kam bylo třeba, where it was needed. Je třeba means *it is necessary* and takes the genitive case of a noun: Je třeba peněz, [We] need money. [5] Popadl telefonní sluchátko, grasped the telephone receiver.

SLOVNÍČEK: VOCABULARY

děd, dědeček	grandfather, old man (dimu- tive: dědoušek)	pluh počátek (gen. počátku)	plow beginning, start
dokud	as long as	podle (gen.)	beside, along- side, according
geniální (geniálně)	of genius, per- taining to genius	po každé	to each time
kancelář (f.) konec (gen. konce)	office end, finish	proutek (gen. proutku) příklad	twig, rod example (na
mozek (gen. mozku)	brain		příklad, for example)
myšlenka	thought, idea	rozmyšlení	reflection
nazpátek	back, return (adv.)	stařeček (gen. stařečka)	old man
nemocný	sick, ill	záda (n. pl.)	back (of a person)
neustále	constantly, without ceas- ing	změněný způsob	changed means, method; form
nit (f. soft)	thread	žalostný	sorrowful,
oráč (m.)	plowman	(žalostně)	plaintive

Verbs

Imperfective		Perfective
hlásiti (II)	to announce, report	ohlásiti (II)
hnáti (III: ženu, ženeš, etc.; past: hnal)	to drive, chase, urge (corresponds to the iterative honiti: to chase, hunt, go hunting)	
hýbati se (I)	to move (intr.)	hnouti se (III)
orati (III: oři)	to plow	
počínati (I)	to start, begin, do	počíti (III: počnu; past: počal)
přenášeti (II, 3rd pl.: –ejí)	to transfer, move (trans.)	přenésti (III: přenesu)

Imperfective		Perfective
rozkazovati (III)	to command, order (komu co)	rozkázati (III: rozkáži)
tázati se (III: táži se)	to ask, question (koho na co)	otázati se (III)
tkáti (I)	to weave	utkati
ukazovati (III)	to show, point out (komu co)	ukázati (III: ukáži)
vyhýbati se (I)	to avoid (komu, čemu)	vyhnouti se (III)

SUPPLEMENTARY VOCABULARY

člunek	shuttle	překousnouti	to bite through
dobrořečiti	to praise,	švihnouti	
(perf.)	bless	(perf.)	to lash, whip
dříví	wood	třídní	class (adj.)
načež	to which	vkrásti se	
nasekati	to chop a large quantity of	(perf.)	to steal into
		zjeviti se	
		(perf.)	to appear
odvázati	to untie, unfasten	zroditi se	
		(perf.)	to be born
překusovati,			

MLUVNICE: GRAMMAR

136. PRESENT ACTIVE PARTICIPLES, ADJECTIVE AND ADVERBIAL

Besides the past passive participle, described in Chapter Twenty-three, Czech has present and past active participles. Each of these has two forms, adjective and adverbial. The adjective participles are used immediately before or after the noun they modify; the adverbial participles may stand anywhere in the sentence, but can refer only to the subject (compare the English rule against "dangling" or misrelated participles).

The present adverbial participle is formed from the third person plural of the present. The present ending –ou is replaced by the adverbial participle endings –a (masc.), –ouc (fem. and neuter), and –ouce (plural, all genders). The pres–

ent ending -í is replaced by the adverbial participle endings -e (-ě) (masc.), -íc (fem. and n.), and -íce (plural):

Conjugation	Infinitive	3rd Plural	Present Adverbial Participle		
			Masc.	Fem.-N.	Plural
I	dělati	dělají	dělaje	dělajíc	dělajíce
II	slyšeti	slyší	slyše	slyšíc	slyšíce
	viděti	vidí	vidě	vidíc	vidíce
	uměti	umějí	uměje	umějíc	umějíce
	mluviti	mluví	mluvě	mluvíc	mluvíce
III	nésti	nesou	nesa	nesouc	nesouce
	táhnouti	táhnou	táhna	táhnouc	táhnouce
	píti	pijí	pije	pijíc	pijíce
	děkovati	děkují	děkuje	děkujíc	děkujíce
Also:	býti	jsou	jsa	jsouc	jsouce
Exceptions:	věděti	vědí	věda	vědouc	vědouce
	jísti	jedí	jeda	jedouc	jedouce
	říci		řka	řkouc	řkouce

Note that the present adverbial participle řka, řkouc, řkouce has an imperfective meaning, *saying* (i.e., present), though the verb říci is itself perfective.

Present adverbial participles formed from imperfective verbs express actions which are simultaneous to the action of the main action of the sentence. Both actions must be performed by the subject of the sentence:

Stoje na ulici, hoch četl noviny.	Standing on the street, the boy read the newspaper.
Ležíc v posteli, žena četla knihu.	Lying in bed, the woman read a book.

Present participles of perfective verbs express a future action which will be completed before a second future action. In narration they are often substituted for perfective <u>past</u> adverbial participles:

Přečta noviny, otec odejde.	Having read the newspaper, Father will go away.
Přijdouce domů, matka a sestra uvaří oběd.	When they come home, Mother and Sister will cook dinner.

Present adjective participles can be formed from adverbial participles by adding -í to the feminine singular form:

Present Adverbial Participle   Present Adjective Participle

Masc.   Fem.-N.

nesa   nesouc   nesoucí, *carrying*

stoje   stojíc   stojící, *standing*

Present adjective participles may modify any noun in the sentence, even be used to replace a noun which is understood. While adverbial participles answer questions proper to adverbs (*how? when? why?* etc.), adjective participles answer those proper to adjectives (*which one? what kind of?* etc.):

Mluvil jsem s hochem stojícím na ulici.

I was talking to the boy (who was) standing on the street.

Člověk čtoucí noviny je můj otec.

The man reading the paper is my father.

Present adjective participles must not be confused with a class of verbal adjectives ending in -cí, which express means or purpose. The thematic vowel is long in the present adjective participle; short for the verbal adjective:

Contrast:

balící muž *(a man who is wrapping)*   balicí papír *(wrapping paper)*

Hledá se úředník, píšící na stroji. *(Wanted: a clerk who types.)*   psací stůl *(a writing table, desk)*   psací stroj *(a typewriter, lit., a writing machine)*

137. PAST ACTIVE PARTICIPLES, ADJECTIVE AND ADVERBIAL

The past adverbial participle is formed from the past tense by dropping the ending -l and adding -v for the masculine, -vši for the feminine and neuter, and -vše for the plural, all genders:

Conj.	Infinitive	Past	Past Adverbial Participle		
			Masc.	Fem.-N.	Plural
I	udělati	udělal	udělav	udělavši	udělavše
II	uslyšeti	uslyšel	uslyšev	uslyševši	uslyševše
	mluviti	mluvil	mluviv	mluvivši	mluvivše
III	vypíti	vypil	vypiv	vypivši	vypivše
	minouti	minul	minuv	minuvši	minuvše
	poděkovati	poděkoval	poděkovav	poděkovavši	poděkovavše

Third conjugation verbs which are consonant stems and which do not end in -nouti simply drop the -l of the past tense for the masculine; they add -ši for the feminine-neuter and -še for the plural:

Conjugation	Infinitive	Past	Past Adverbial Participle		
			Masc..	Fem.-N.	Plural
III	přečísti	přečetl	přečet	přečetši	přečetše
	přinésti	přinesl	přines	přinesši	přinesše

Jíti and its compounds have the past adverbial participle šed:

přijíti   přišel   přišed   přišedši   přišedše

Past adverbial participles express an action performed by the subject prior to the performance of the main action of the sentence. Since this generally implies completion of the first action, past active participles are usually perfective:

Uviděv svého nepřítele,   Seeing (having seen) my enemy,
   hned jsem utekl.   I ran away at once.

Vypivše několik sklenic   Having drunk several glasses of
   piva, odešli z hospody.   beer, they left the inn.

Past adjective participles have the ending -vší (-ší). They are rarely used.

Past Adverbial Participle			Past Adjective Participle
Masc.	Fem.-N.	Plural	
vypiv	vypivši	vypivše	vypivší
přišed	přišedši	přišedše	přišedší

138. HOW TO AVOID PARTICIPLES IN SPOKEN CZECH

Active participles (in contrast to the past passive participle) are very rarely used in spoken Czech. Hence the student can be satisfied with a recognitional knowledge of them.

In spoken Czech adverbial participles can be replaced by clauses beginning with když, protože, až, etc., or simply by two clauses:

Přišedši domů, matka
   začala vařit oběd.   When she came home, Mother

Když přišla domů, matka   began to cook dinner.
   začala vařit oběd.

Sedě, otec čte.   Sitting, Father is reading
Otec sedí a čte.   (Father is sitting and
                                   reading).

Adjective participles can often be replaced by relative
clauses:

Hledá se hoch mluvící
anglicky.   Wanted: a boy who speaks Eng-
Hledá se hoch, který   lish.
mluví anglicky.

139. EMPHATIC PRONOUNS

The Czech emphatic pronoun is sám, *oneself*. It is declined
the same for all three persons:

Declension of sám, "oneself"

Singular

	Masculine	Feminine	Neuter
Nom.:	sám	sama	samo
Gen.:	samého	samé	samého
Dat.:	samému	samé	samému
Acc.:	samého (sám, inan.)	samu	samo
Pr.:	o samém	o samé	o samém
Ins.:	samým	samou	samým

Plural

	Masculine	Feminine	Neuter
Nom.:	sami (samy, inan.)	samy	sama
Gen.:		samých	
Dat.:		samým	
Acc.:	samy	samy	sama
Pr.:		o samých	
Ins.:		samými	

Udělal jsem to všecko   I did all that myself.
sám.

Já sám nevím, jak to   I myself do not know how to do
udělat.   that.

Mně samému se to nelíbí.   I myself do not like that.

Učitelka sama to řekla.   The teacher said that herself.

Sám often means *alone*, especially in the predicate:

Byli jsme sami v domě.   We were alone in the house.

Sám jsem šel lesem.   I walked by myself (alone) through the woods.

Sám must not be confused with the reflexive pronouns (se, sebe), which signify that the action is directed back to the subject. Nor must it be confused with the adjective samý, meaning *nothing but, only, very*:

To maso je samá kost.   That meat is nothing but bone.

Byli tam samí Angličané.   There were only Englishmen there.

Na samém kraji.   At the very edge.

140. CONJUNCTIONS

Coordinating Conjunctions (and Conjunctive Adverbs)

a, *and*

ale, *but*

však,* *but, however*   Chceme jít do divadla, nevíme však, kdo hraje. *We want to go to the theater, but we don't know who is playing.*

avšak, *but, however*   Chceme jít do divadla, avšak nevíme, kdo hraje.

i, *and even, as well as*   Pracuji i v neděli. *I work even on Sunday.*

i ... i, *both ... and*   I on i ona to vědí. *Both he and she know it.*

ne ... nýbrž, *not ... but (rather)*   Nešel k nám, nýbrž k nim. *He did not come to see us, but went to see them.*

nejen ... nýbrž (i), *not only ... but also*   Šel nejen k nám, nýbrž i k nim. *He not only came to our house, but also went to theirs.*

---

* Však and sice are usually enclitic (follow the first stressed word or phrase in the clause); other conjunctions (ale, přece, etc.) may at times occupy enclitic position.

(a)nebo, *or*

buď ... (a)nebo, *either ...* *or*	Buď ten žák je hloupý, anebo se neučí. *Either that pupil* *is stupid, or else he does* *not study.*
ani, *nor, neither, and not,* *not even*	Nejedl ani nepil. *He did not* *eat and he did not drink.*
ani ... ani, *neither ... nor*	Nemám ani čas, ani zájem. *I have* *neither the time nor the in-* *terest.*
neboť, *for*	Nemohu ho najmout, neboť není poctivý. *I cannot hire him,* *for he is not honest.*
vždyť, *indeed, really, why,* *you see*	Vždyť to není pravda! *Why, that* *isn't true!*
(a) přece, *still, neverthe-* *less*	A přece to je pravda! *But still* *it is true!*
(a) přesto, *nevertheless*	Pršelo, a přesto jsme jeli na výlet. *It was raining, but* *nevertheless we went on an* *outing.*
sice,* *to be sure, no doubt*	Je sice profesor, ale není vzdělaný. *No doubt he is a* *professor, but he is not cul-* *tured.*

než, *than* (after comparatives) Jsem starší než vy. *I am older*
than you.

Subordinate Conjunctions

protože, *because*
poněvadž, *because, since*
že, *that*

ač, ačkoli(v), *although*	Ačkoli ho znám, nejsem jeho přítelem. *Although I know* *him, I am not his friend.*
kdežto, *while*	Toto okno je špinavé, kdežto ono je čisté. *This window is* *dirty, while that one is clean.*

---

* See footnote on page 260.

až, *until, when*	Počkej, až přijde. *Wait until he comes.*
	Až přijde, řeknu mu to. *When he comes, I will tell him that.*
jakmile, *as soon as*	Jakmile přijde, začneme pracovat. *As soon as he comes, we will begin to work.*
-li, *if, whether*	Nevím, je-li to pravda. *I don't know if that is true.*
jestliže, *if*	Jestliže prodá dům, odjede z Prahy. *If he sells his house, he will leave Prague.*
zdali, *if, whether*	Ptal jsi se, zdali se zde prodávají knihy? *Did you ask whether books are sold here?*
I kdybych (kdybys, etc.), *even if*	I kdybychom to byli věděli, nebyli bychom přišli. *Even if we had known that, we would not have come.*
jak(o) bych (bys, etc.), *as if*	Chodí, jako by kulhal. *He walks as if he were limping.*
pokud, dokud, *as long as, as far as*	pokud vím, *as far as I know*

CVIČENÍ: EXERCISES

I. Memorize the following expressions:

Nevím, co počíti.	I don't know what I am to do (attempt).
Na příklad	For example
Na počátku	At the beginning
Na konci	At the end

II. Rewrite the following sentences by substituting clauses beginning with který, když, protože, etc., for participles:

1. Mluvil jsem s chlapcem nesoucím knihy. 2. Sedě u stolu, cítil jsem se nemocen. 3. Sednuv si k oknu, začal jsem číst. 4. Přečetši noviny, matka vstala a odešla. 5. Přišedše ke

mně, hoši chtěli zpívat staré písně. 6. Nechtěje, přece jsem
šel do školy. 7. Sestra, vypivši šálek kávy, dala nádobí do
skříně. 8. Nevidouce, ztratili jsme cestu. 9. Děti, jsouce
nemocny, musely zůstat doma. 10. Řekni to člověku hrajícímu
na housle. 11. Babička odjela domů, nerozloučivši se s námi.
12. Přijda domů, pošlu vám tu knihu. 13. Vrátiv se domů, náš
strýc se rozstonal. 14. Rozloučili jsme se s umírajícím
člověkem. 15. Přinesši chléb z obchodu, služka začala mýt
podlahu.

III. Translate into Czech:
1. As far as I know, he is a wealthy man. 2. Although I
do not like him very much, I often go to their house. 3. As
soon as I will arrive home, I will tell that to Mother. 4. If
I have time tomorrow, I will help you. 5. He wrote to us as
if nothing had happened. 6. Come to our house either today
or tomorrow. 7. He studies a great deal, but still he is
stupid. 8. I know not only her parents, but also her uncle
and aunt. 9. I have less money than you. 10. Wait for him
until he comes. 11. Sister came home at ten o'clock, while
Brother came at eleven. 12. Even if I knew that she was in
Prague, I could not visit her. 13. He asked me whether you
know him. 14. I must go to the office today, and therefore
I cannot help you.   15. I do not know if I will dine at
home today.

IV. Fill in proper forms of the emphatic pronoun sám:
1. Učitel nám to _____ řekl. 2. Dostal jsem tu knihu od
_____ Čapka. 3. Nesměji se vám _____, ale vašemu kabátu.
4. Znám všechny jeho knihy, ale jeho _____ neznám. 5. Jednou
jsem mluvil se _____ Masarykem. 6. Děti zůstaly _____ v domě.
7. Matka nemohla jet na Hradčany, a otec tam šel _____.
8. _____ jsem nemohla to udělat.

V. Translate into Czech:
1. Show me your new present, please. 2. Our grandmother
is very ill. 3. We do not know what to do. 4. I have been
thinking over what I should do. 5. Our uncle has been avoid-
ing us for many months. 6. I questioned Mother about (na
with acc.) him. 7. Mother could not find her threads, so I
pointed them out to her. 8. At the beginning of April I be-
gan to plow my fields. 9. The king ordered his servant to
(aby) show him where the poor girl lived. 10. We walked on

foot to the office. 11. He is a man of genius! 12. But he is
old, and may soon die. 13. At the end of summer I shall have
to return to the university. 14. From September to May I shall
have to study. 15. I answered him without reflection.

CHAPTER THIRTY

Týž, "the same." Relative pronouns. Sentence order. Review
exercises.

ČTENÍ: READING

Vrba

K. J. Erben

Ráno sedá ke snídaní,
táže se své mladé paní:

„Paní moje, paní milá,
vždycky upřímná jsi byla,

vždycky upřímná jsi byla --
jednoho's mi nesvěřila.

Dvě léta jsme spolu nyní --
jedno[1] nepokoj mi činí.

Paní moje, milá paní,
jaké je to tvoje spaní?

Večer lehneš zdráva, svěží,
v noci tělo mrtvo leží.

Ani ruchu, ani sluchu,
ani zdání o tvém duchu.

Studené jest to tvé tělo,
jak by zpráchněvěti chtělo.[2]

Aniž to maličké dítě,
hořce plačíc, probudí tě. --

Paní moje, paní zlatá,
zdali nemocí jsi jata?[3]

Jestli nemoc ta závada,
nech ať přijde moudrá rada.[4]

V poli mnoho bylin stojí,
snad některá tebe zhojí.

Pakli v býlí není síly,
mocné slovo neomýlí.

Mocné slovo mračna vodí,
v bouři líté chrání lodi.

Mocné slovo ohni káže,[5]
skálu zdrtí, draka sváže.

Jasnou hvězdu strhne s nebe,
slovo mocné zhojí tebe". --

„„Ó pane můj, milý pane,
nechtěj dbáti řeči plané!

Co souzeno při zrození,
tomu nikdež léku není.

Ač bezduchá na svém loži,
vždy jsem přece v moci boží.

Vždy jsem přece v boží moci,
jež mne chrání každé noci.

Ač co[6] mrtvé mi je spáti,
ráno duch se zase vrátí.

Ráno zdráva vstáti mohu:
protož poruč Pánubohu!"""

Darmo, paní, jsou tvá slova,
pán úmysl jiný chová.

Sedí babka při ohnisku,
měří vodu z misky v misku,

dvanáct misek v jedné řadě.
Pán u baby na poradě.

„Slyšíš, matko, ty víš mnoho:
víš, co potkati má koho,

víš, kde se čí nemoc rodí,
kudy smrtná žena chodí.

Pověz ty mi zjevně nyní,
co se s mojí paní činí?

Večer lehne zdráva, svěží,
v noci tělo mrtvo leží,

ani ruchu, ani sluchu,
ni zdání o jejím duchu;

studené jest její tělo,
jak by zpráchnivěti chtělo". --

„„Kterak nemá mrtva býti,
když má jen půl živobytí?

Ve dne s tebou živa v domě
v noci duše její v stromě.

Jdi k potoku pod oborou,
najdeš vrbu s bílou korou;[7]

žluté proutí roste na ní:
s tou je duše tvojí paní!"""

„Nechtěl jsem já paní míti,
aby s vrbou měla žíti;

paní má ať se mnou žije,
a vrba ať v zemi hnije!" --

Vzal sekeru na ramena,
uťal vrbu od kořena;

padla těžce do potoka,
zašuměla od hluboka,

zašuměla, zavzdychala,
jak by matka skonávala,

jakby matka umírajíc,
po dítku se ohlédajíc. --

„Jaký shon to k mému domu?
Komu zní hodinka, komu?" --

„„Umřela tvá paní milá,
jak by kosou sťata byla;

zdráva chodíc při své práci,
padla, jako strom se skácí;

zavzdychala umírajíc,
po dítku se ohlédajíc"". —

„Ó běda mi, běda, běda,
paní zabil jsem nevěda[8]

a z děťátka v túž hodinu
učinil jsem sirotinu!

Ó ty vrbo, vrbo bílá,
což jsi ty mne zarmoutila!

Vzala's mi půl živobytí:
co mám s tebou učiniti?" —

„„Dej mne z vody vytáhnouti,
osekej mé žluté proutí;

dej prkének nařezati,
kolébku z nich udělati;

na kolébku vlož děťátko,
ať nepláče ubožátko.

Když se bude kolébati,
matka bude je chovati.

Proutí zasaď podle vody,
by nevzalo žádné škody.

Až doroste hoch maličký,
bude řezat píšťaličky;

na píšťalku bude pěti —
se svou matkou rozprávěti!"""

Notes

[1] Jedno, one thing. [2] Chtělo, here the word means *was going
to* rather than *wanted to*. [3] Jata, past passive participle of

jmouti, *to seize, take*. [4] Nech and ať both mean *let, may:* Ať
žije král! Long live the king! (May the king live!) Nech
přijde, co přijde! Let come what may! [5] Káže, commands (ar-
chaic). [6] Co here means jak, *like, as*. [7] Korou, instrumental
singular of kůra, *bark*. [8] Nevěda, unwittingly (present ad-
verbial participle of nevěděti, *not to know*).

SLOVNÍČEK: VOCABULARY

ať	let (see Note 4)	oheň (m., gen.	
baba	old woman	ohně)	fire
běda!	alas! woe!	pakli	if, but if
bouře (f.)	storm	planý (planě)	vain, useless
boží	God's, of God (adj.)	porada	council, conference
		řada	row, line
darmo	in vain	řeč (f.)	speech
duch	spirit	sekera	ax
duše (f.)	soul	síla	strength, power
jasný (jasně,		skála	cliff
jasno)	clear, bright	sluch	hearing, sound
kořen	root	snídaně (f.),	
kterak	how, by what means	snídaní (n.)	breakfast
		studený (stu-	
lék	remedy, medi-cine	deno, studeně)	cold, chilly
		svěží (svěže)	fresh
maličký		týž, tentýž	the same
(maličko)	tiny, infant	úmysl	intention
moc (f.)	power, might	upřímný	
mocný (mocně)	powerful	(upřímně)	sincere, frank
moudrý		závada	defect, fault
(moudře)	wise	zdali	if, whether (may
mračno	cloud		introduce a
nech (nechť)	let (see Note 4)		question)
nemoc (f.)	sickness, ill-ness	živobytí	life, existence; livelihood
nepokoj (m.)	disquiet, wor-ry, concern	žlutý (žluto, žlutě)	yellow

Verbs

Imperfective		Perfective
buditi (II)	to awaken	probuditi (II)
dbáti (I)	to heed, pay atten- tion to	
drtiti (II)	to crush	zdrtiti (II)
chovati (I)	to keep, conceal, bring up, nourish	
chrániti (II)	to protect, guard	
lehati (I)	to lie down	lehnouti si (III)
rozprávěti (II, 3rd pl.: -ějí)	to converse	
svěřovati (III)	to confide (komu co)	svěřiti (II)
vésti (III: vedu; past: vedl)	to lead, conduct, guide	
voditi (II)	to lead, guide around (iterative corresponding to vésti)	
zabíjeti (II, 3rd pl.: -ejí)	to kill	zabíti (II: zabiji)
zníti (II)	to sound, ring, peal	

SUPPLEMENTARY VOCABULARY

bezduchý	lifeless	kosa	scythe
býlí	herbs (col- lective)	lítý	cruel, fierce
		lože	couch, bed
bylina	herb	nařezati	
dorůsti (perf.)	to grow up, mature	(perf.)	to cut (much)
		obora	game preserve
drak	dragon	ohlédati se	to look over
hluboko	depth	(impf.)	one's shoulder
hníti (impf.)	to rot	ohnisko	hearth
kolébati		omýliti (perf.)	to fail, err
(impf.)	to rock	osekati (perf.)	to cut off
kolébka	cradle	pěti (impf.)	to sing

píšťalka	whistle, pipe	vložiti (perf.)	to put in, lay
poručiti (perf.)	to trust	vrba	willow
prkénko	board	vytáhnouti	
proutí	twigs (collective)	(perf.) zarmoutiti	to pull out
ruch	bustle, motion, disturbance	(perf.) zasaditi	to grieve
shon	bustle, crowd	(perf.)	to plant
sirotina	orphan	zašuměti	
skáceti se (perf.)	to topple over	(perf.) zavzdychati	to rustle
smrtný	of death (adj.)	(perf.)	to sigh, groan
sťatý	mowed down	zdání	semblance
strhnouti (perf.)	to tear down, pull down	zhojiti (perf.)	to heal
svázati (perf.)	to bind	zjevně	openly
ubožátko	poor child	zpráchnivěti	
utíti (past: uťal, perf.)	to cut off	(perf.) zrození	to decay, rot birth

MLUVNICE: GRAMMAR

141. DECLENSION OF týž, "THE SAME"

Singular

	Masculine	Feminine	Neuter
Nom.:	týž, tentýž	táž, tatáž	totéž
Gen.:	téhož	téže	téhož
Dat.:	témuž	téže	témuž
Acc.:	tentýž (téhož, an.)	touž (archaic: túž)	totéž
Pr.:	o témž(e)	o téže	o témž(e)
Ins.:	týmž	touž(e)	týmž

Plural

Nom.:	tytéž (tíž, titíž, an.)	tytéž	táž, tatáž
Gen.:		týchž	
Dat.:		týmž	
Acc.:	tytéž	tytéž	táž, tatáž
Pr.:		o týchž	
Ins.:		týmiž	

Týž, tentýž means *the same* only in the sense of *the identical one, the very same*. The adjective stejný is used when the English word *same* means *of the same kind, similar,* etc.

142. RELATIVE PRONOUNS

The relative pronoun který is most common in spoken Czech. There is a second one, jenž, used chiefly in writing:

Declension of jenž, "who," "which," "that"

Singular

	Masculine	Feminine	Neuter
Nom.:	jenž	jež	jež
Gen.:	jehož	jíž	jehož
Dat.:	jemuž	jíž	jemuž
Acc.:	jejž (jehož, an.)	již	jež
Pr.:	o němž	o níž	o němž
Ins.:	jímž	jíž	jímž

Plural

	Masculine	Feminine	Neuter
Nom.;	jež (již, an.)	jež	jež
Gen.:		jichž	
Dat.:		jimž	
Acc.:		jež	
Pr.:		o nichž	
Ins.:		jimiž	

Note that except for the nominative forms, the declension is like that of on, ona, ono *(he, she, it)* with the addition of the suffix –ž. Note that n– replaces initial j– after prepositions: s nímž, *with whom,* etc.

The derived forms jehož (m.), jejíž (f.), jehož (n.) and jejichž (plural, all genders) are used to translate *whose* in relative clauses. Remember that čí? serves as the interrogative for *whose?*

> To je pán, jehož bratr That is the gentleman whose
>   je náš lékař.   brother is our physician.
> But:
> Čí jsou tyto knihy? Whose are these books?

Kdo (kdož) is sometimes used as a relative pronoun denoting people, and co (což) as one denoting things or people.

143. SENTENCE ORDER

In Czech sentences the first and last words (or phrases) have greater stress. This is especially true when the normal order of the sentence is changed. These positions are then usually reserved for stressed words which strongly emphasize exclusion of all other possibilities:

Stressed:
Mně se to nelíbí.   I don't like that (whatever
                                anyone else may think).

Normal:
To se mi nelíbí.

Stressed:
Dobře jsi to udělal.   You did that well (very well,
                                not at all badly).

Normal:
Udělal jsi to dobře.

Stressed:
Do Prahy jel pan Novák.   Mr. Novák (and not Mr. Dvořák)
                                went to Prague (and not to
                                Brno).

In this sentence either the phrase do Prahy or the phrase Pan Novák may be stressed, depending on the intonation.

Normal:
Pan Novák jel do Prahy.

Stressed:
Tam byla i naše Milada.   Our Milada was there, too.

Normal:
Naše Milada tam byla.

The last position in the sentence is often reserved for an element of the sentence which is new to the context:

V pokoji byl stůl. Na   In the room was a table. On the
stole ležely knihy a   table there lay books and
papír. Za knihami   paper. Behind the books there
hořela svíčka. Při   burned a candle. By the candle
svíčce četl neznámý   a stranger was reading.
člověk.

(Note how these sentences join in chain fashion, with the new element always coming last.)

The second position in the sentence, i.e., the one following the first stressed word or phrase (a, i, ale and avšak

are not considered stressed), is that of <u>least</u> emphasis.
This position is usually taken by short, common words on
which no special stress is laid. Such words are called <u>en-
clitics.</u>

Certain words are always or almost always enclitic. This
group includes the auxiliaries of the past tense and the
subjunctive mood (jsem, bych), the reflexive enclitic pro-
nouns (se, si), several conjunctions and conjunctive ad-
verbs (však, sice), the enclitic forms of the personal pro-
nouns in the dative and accusative (occasionally in the geni-
tive): mě, tě, mi, ti, etc.

Certain other words are frequently, but not always enclit-
ic. Such are the verb *to be*, the verb *to have*, most pronouns
(except forms which are always stressed, such as já, ty, mne,
tebe, etc.), certain adverbs and particles (tak, už, ještě,
asi, snad, skoro, tedy, prý, etc.), and certain conjunctions
and conjunctive adverbs (proto, třeba, přece, etc.). These
words are enclitic at times, but when special stress is
placed on them, they assume other positions:

Enclitic:
Udělal jste to dobře.   You did that well.

Stressed:
<u>To</u> jste dobře udělal.   *That* you did well.

Many other words are capable of assuming enclitic position
when they are not stressed.

Rules for the position of several enclitics in the same
clause or sentence are rather complicated, and can only be
mastered from some experience with the language. The follow-
ing enclitics have a tendency to precede others, according
to the order listed:

1. -li *(if, whether)*. This enclitic is always joined to
the verb, which then stands first in the clause.

Nevím, vrátil—<u>li se.</u>   I don't know if he has come
                             back.

2. Však *(but, however)*.

Dnes <u>však je to</u> jinak.   But today that is different.

3. Prý *(they say, it is said)*.

Tak <u>prý se to</u> stalo.   So, they say, it happened.

4. Verbal auxiliaries (jsem, jsi, etc.; bych, bys, etc.).

Včera <u>jsme tam už</u> nebyli. Yesterday we were no longer
                             there.

Kdo <u>by nám</u> pomohl?   Who would help us?

5. The verb *to be* in the present tense:

On <u>je už</u> doma.   He is already at home.

6. Reflexive enclitic pronouns (se, si):

Vrátil <u>jste se?</u>   Have you returned?

7. The pronoun to:

Kdo <u>by si to</u> pomyslil!   Who would ever think that!

Other rules are:

A. Regular enclitics usually precede words which are not always enclitic:

Nevrátil <u>se už</u>.   He came back no more (už is not always enclitic, while se is).

B. Dative pronouns usually precede accusative:

Dej <u>mi to</u>!   Give me that!

C. Monosyllabic enclitics usually precede enclitics of more than one syllable (e.g., bude, ještě, přece, sice, asi, pořád, etc., as well as most prepositional phrases which are enclitic):

Já <u>jim o tom</u> řeknu.   I will tell them about it.

Myslím, že <u>to bude</u> pěkné.   I think that will be fine.

Ten člověk <u>je sice</u> pro-   That man may be a professor,
fesor, ale <u>není</u> vědec.   but he is not a scholar.

CVIČENÍ: EXERCISES

I. Translate into Czech:
1. I do not understand why nothing grows in our garden.
2. I have not yet told them that. 3. We know no remedy for (proti) that illness. 4. My father died of (na with acc.) the same sickness. 5. I will tell you quite frankly that all these medicines are worth nothing (nestojí za nic). 6. I will lie down for a while; let Brother wake me up within an hour. 7. I pay no heed (to) his foolish speeches. 8. That mother takes (leads) her child to school every day. 9. They say that thief killed someone with an ax. 10. No one knew that he had such an intention! 11. That infant child is very sick. 12. My uncle is an author whose works are well known. 13. The wise and powerful king could not protect his land against the enemy (nepřítel). 14. Tell your friend what I said to you. 15. I do not know if Honza washed himself today.

REVIEW EXERCISES

I. Fill in the correct form of the words in parentheses:

1. Dal jsem tomu_____(děvče) dárek. 2. Ještě jste nemluvila s těmi_____(paní)? 3. Neznám vašeho přítele_____ (Jiří). 4. Nezaplatili jsme_____(hostinský). 5. V_____ (pátek) ve čtyři_____(hodina) odjedu na venkov. 6. V_____ (květen) nemáme prázdniny. 7. Četl jsem nedávno o_____ (dvě světové války). 8. V roce_____(1918) se skončila první světová válka. 9. V_____(sobota) nemusíme chodit do školy. 10. Na_____(podzim) budeme mít novou učitelku.

II. Translate into Czech:

1. Onions and beans grow in our garden. 2. I saw how the hero carried the banner over the bridge toward the enemy (nepřítel). 3. Honza, wash your hands, they are dirty! 4. I told that only to my three best friends. 5. On the stairs I met the rich miser who lives above us. 6. When I got up dew was still falling; the leaves and flowers shone clearly. 7. What is your name? My name is Jan Malík. 8. My nephew has become a famous composer. 9. On November 14, 1918, T. G. Masaryk was elected the first president of the new Czechoslovak republic. 10. The conference ended (reflexive) without results. 11. I succeeded in showing their representatives why our government is so weak and powerless. 12. Our teacher lectured to us about Czech literature. 13. Why do you avoid your grandfather? He is really (vždyť) a fine man! 14. These books have great value; you should sell them. 15. I will sell them only to you.

APPENDIX A: TABLE OF NOUN ENDINGS

Note that the accusative case has been placed after the nominative, and the prepositional after the dative.

Singular

	Masculine Animates				Masc. Inanimates		Neuters			Feminines		
	in -a sluha	in -e vůdce	in soft cons. muž	in hard cons. syn	in hard cons. hrad	in soft cons. míč	in -o okno	in -e (-ě) pole	in -í psaní	in -e (-ě) duše	in cons. kost	in -a žena
Nom.	-a	-e	⋮	⋮	⋮	⋮	-o	-e (-ě)	-í	-e (-ě)	⋮	-a
Acc.	-u	-e	-e	-a	⋮	⋮	-o	-e (-ě)	-í	-i	⋮	-u
Gen.	-y	-e	-e	-a	-u	-e	-a	-e (-ě)	-í	-e (-ě)	-i	-y
Dat.	-ovi	-ovi	-ovi	-ovi	-u	-i	-u	-i	-í	-i	-i	-e* (-ě*)
Pr.	-ovi	-ovi	-ovi	-ovi	-u	-i	-ě	-i	-í	-i	-i	-e* (-ě*)
Ins.	-ou	-em	-em	-em	-em	-em	-em	-em	-ím	-í	-í	-ou
Voc.	-o	-e	-i	-e, -u	-e, -u	-i	like nominative	like nominative	like nominative	-e	-i	-o

Plural

	Masculine Animates				Masc. Inanimates		Neuters			Feminines		
	sluhové	vůdcové	muži (-ové)	syni (-ové)	hrady	míče	okma	pole	psaní	duše	kosti	ženy
Nom. Voc.	-i*, -ové, -é				-y for hard nouns; -e for soft nouns		-a	-e (-ě)	-í	-e (-ě)	-i	-y
Acc.	-y for hard nouns; -e for soft nouns						-a	-e (-ě)	-í	-e (-ě)	-i	-y
Gen.	-ů						no ending		-í	-í		no ending
Dat.	-ům						-ům	-ím	-ím	-ím	-em	-ám
Pr.	-ech for hard nouns; -ích for soft nouns										-ech	-ách
Ins.	-y for hard nouns; -i for soft nouns								-ími	-emi (-ěmi)	-mi	-ami

Notes to Appendix A

An asterisk (*) represents endings which palatalize the preceding consonant.

Masculine animate dative and prepositional singular: The endings –u and –ovi alternate for hard nouns; –i and –ovi for soft nouns. Masculines ending in –a take –ovi only.

Masculine vocative singular: The normal ending is –e, but after k, ch and h the ending is –u.

Masculine inanimate prepositional singular: The ending –e (–ě), with palatalization of the preceding consonant, often occurs for hard nouns. The ending –u is regular after final r, k, ch and h; otherwise the ending –e (–ě) is more frequent. some nouns take either ending, while with some the endings are semantically differentiated, e.g., v obchodě means *in the store;* v obchodu, *in business.* See Czech–English Vocabulary for the correct ending when in doubt.

Masculine animate nominative plural: The endings –i and –ové sometimes are alternants, sometimes are distinguished (see Czech–English Vocabulary). Masculines in –a (sluha) take only –ové, except nouns in –ista (houslista), which take only –é.

Masculine prepositional plural: Nouns ending in k, ch and h undergo palatalization and end in –cích, –ších and –zích.

Neuter prepositional singular: After final r, k, ch and h the ending is –u; otherwise –e (–ě) with palatalization of the preceding consonant is more common. See Czech–English Vocabulary.

Neuter prepositional plural: After k, ch and h the ending is –ách, or –ích with palatalization of the preceding consonant.

Feminine genitive plural: Nouns ending in –ce and –ně usually have –c, –ň in the genitive plural.

Feminine soft nouns: A number of feminines ending in a consonant have the endings of duše in the genitive singular and the entire plural. See Czech–English Vocabulary.

APPENDIX B: CONJUGATION OF VERBS

FIRST CONJUGATION

	dělati, *to do* (impf.)	dávati, *to give* (impf.)
Present:	dělám děláme	dávám dáváme
	děláš děláte	dáváš dáváte
	dělá dělají	dává dávají
Imperative:	dělej, –me, –te	dávej, –me, –te
Past:	dělal, –a, etc.	dával, –a, etc.
Past pass. part.:	dělán, dělaný	dáván, dávaný
Verbal noun:	dělání	dávání
Pres. act. part.:	dělaje, dělajíc(e)	dávaje, dávajíc(e)
Past act. part.:	dělav, –ši –še	dávav, –ši, –še

SECOND CONJUGATION

Infinitives in –eti (–ěti)

	slyšeti, *to hear* (impf.)	házeti, *to throw* (impf.)
Present:	slyším slyšíme	házím házíme
	slyšíš slyšíte	házíš házíte
	slyší slyší	hází házejí
Imperative:	slyš, –me, –te	házej, –me, –te
Past:	slyšel, slyšela, etc.	házel, házela, etc.
Past pass. part.:	slyšen(ý)	házen(ý)
Verbal noun:	slyšení	házení
Pres. act. part.:	slyše, slyšíc(e)	házeje, házejíc(e)
Past act. part.:	slyšev, –ši, –še	házev, –ši, –še

Infinitives in –iti

	prositi, *to ask* (impf.)	mysliti, *to think* (impf.)
Present:	prosím prosíme	myslím myslíme
	prosíš prosíte	myslíš myslíte
	prosí prosí	myslí myslí
Imperative:	pros, –me, –te	mysli, mysleme, myslete

Past:	prosil, -a, etc.	myslil, -a, etc.
Past pass. part.:	prošen(ý)	myšlen(ý)
Verbal noun:	prošení	myšlení
Pres. act. part.:	prose, prosíc(e)	mysle, myslíc(e)
Past act. part.:	prosiv, -ši, -še	mysliv, -ši, -še

THIRD CONJUGATION

Monosyllabic Infinitives, Consonant Stems

čísti, *to read* (impf.)   moci, *to be able* (impf.)

Present:	čtu	čteme	mohu	můžeme
	čteš	čtete	můžeš	můžete
	čte	čtou	může	mohou
Imperative:	čti, čtěme, čtěte			
Past:	četl, četla, etc.		mohl, mohla, etc.	
Past pass. part.:	čten(ý)			
Verbal noun:	čtení		možení	
Pres. act. part.:	čta, čtouc(e)		moha, mohouc(e)	
Past act. part.:	čet, -ši, -še		moh, -ši, -še	

dostati, *to get* (perf.)   říci, *to say* (perf.)

Future:	dostanu	dostaneme	řeknu	řekneme
	dostaneš	dostanete	řekneš	řeknete
	dostane	dostanou	řekne	řeknou
Imperative:	...	...	řekni, řekněme, řekněte	
Past:	dostal, dostala, etc.		řekl, řekla, etc.	
Past pass. part.:	....	...	řečen(ý)	
Verbal noun:	dostání		rčení	
Pres. act. part.:	dostana, dostanouc(e)		řekna, řeknouc(e)	
Past act. part.:	dostav, -ši, -še		řek, -ši, -še	
Pres. act. part. (impf.):	...		řka, řkouc(e)	

	jíti, *to go on foot* (impf.)	jeti, *to ride* (impf.)
Present:	jdu jdeme jdeš jdete jde jdou	jedu jedeme jedeš jedete jede jedou
Imperative:	jdi, jděme, jděte	jeď, –me, –te
Past:	šel, šla, šlo, etc.	jel, jela, etc.
Verbal noun:	jití	jetí
Pres. act. part.:	jda, jdouc(e)	jeda, jedouc(e)
Past act. part.:	šed, –ši, –še	jev, –ši, –še

Monosyllabic Infinitives, Vocalic Stems

	krýti, *to cover* (impf.)	chtíti, *to want* (impf.)
Present:	kryji (–u) kryjeme kryješ kryjete kryje kryjí (–ou)	chci chceme chceš chcete chce chtějí
Imperative:	kryj, –me, –te	chtěj, –me, –te
Past:	kryl, kryla, etc.	chtěl, chtěla, etc.
Past pass. part.:	kryt(ý)	chtěn
Verbal noun:	krytí	chtění
Pres. act. part.:	kryje, kryjíc(e)	chtěje, chtějíc(e)
Past act. part.:	kryv, –ši, –še	chtěv, –ši, –še

Infinitives in –nouti

	Vocalic Stems	Consonant Stems
	minouti, *to pass, miss* (impf.)	táhnouti, *to pull* (impf.)
Present:	minu mineme mineš minete mine minou	táhnu táhneme táhneš táhnete táhne táhnou
Imperative:	miň, –me, –te	táhni, táhněme, táhněte
Past:	minul, minula, etc.	táhl, táhla, etc.
Past pass part.:	minut(ý)	tažen(ý)
Verbal noun:	minutí	tažení
Pres. act. part.:	mina, minouc(e)	táhna, táhnouc(e)
Past act. part.:	minuv, –ši, –še	táhnuv, –ši, –še

Infinitives in –ati

	Hard Stems		Soft Stems	
	poslati, *to send* (perf.)		vázati, *to tie* (impf.)	
Present (future):	pošlu	pošleme	váži (–u) vážeme	
	pošleš	pošlete	vážeš	vážete
	pošle	pošlou	váže	váží (–ou)
Imperative:	pošli, pošleme, pošlete		važ, –me, –te	
Past:	poslal, –a, etc.		vázal, –a, etc.	
Past pass. part.:	poslán, poslaný		vázán, vázaný	
Verbal noun:	poslání		vázání	
Pres. act. part.:	pošle, pošlíc(e)		váže, vážíc(e)	
Past act. part.:	poslav, –ši, –še		vázav, –ši, –še	

Infinitives in –ovati

	děkovati, *to thank* (impf.)		kupovati, *to buy* (impf.)	
Present:	děkuji (–u) děkujeme		kupuji (–u) kupujeme	
	děkuješ	děkujete	kupuješ	kupujete
	děkuje	děkují	kupuje	kupují
Imperative:	děkuj, –me, –te		kupuj, –me, –te	
Past:	děkoval, –a, etc.		kupoval, –a, etc.	
Past pass. part.:	děkován, děkovaný		kupován, kupovaný	
Verbal noun:	děkování		kupování	
Pres. act. part.:	děkuje, děkujíc(e)		kupuje, kupujíc(e)	
Past act. part.:	děkovav, –ši, –še		kupovav, –ši, –še	

IRREGULAR VERBS

	býti, *to be* (impf.)		míti, *to have* (impf.)	
Present:	jsem	jsme	mám	máme
	jsi	jste	máš	máte
	je (jest; neg. není)	jsou	má	mají
Future:	budu	budeme		
	budeš	budete		
	bude	budou		
Imperative:	buď, –me –te		měj, –me, –te	

Past:	byl, byla, etc.		měl, měla, etc.
Verbal noun:	bytí		(jmění)
Pres. act. part.:	jsa, jsouc(e)		maje, majíc(e)
Past act. part.:	byv, -ši, -še		měv, -ši, -še
Fut. act. part.:	buda, budouc(e)		

	jísti, *to eat* (impf.)		vědĕti, *to know* (impf.)	
Present:	jím	jíme	vím	víme
	jíš	jíte	víš	víte
	jí	jedí	ví	vědí
Imperative:	jez, -me, -te		vĕz, -me, -te	
Past:	jedl, jedla, etc.		vĕdĕl, -a, etc.	
Past pass. part.:	jeden		vĕdĕn	
Verbal noun:	jedení		vĕdĕní	
Pres. act. part.:	jeda, jedouc(e)		vĕda, vĕdouc(e)	
Past act. part.:	jed, -ši, -še		vĕdĕv, -ši -še	

	státi, *to stand* (impf.)		státi se, *to become, happen* (perf.)	
Present (future):	stojím	stojíme	stanu se	staneme se
	stojíš	stojíte	staneš se	stanete se
	stojí	stojí	stane se	stanou se
Imperative:	stůj, -me, -te		staň se, -me se, -te se	
Past:	stál, stála, etc.		stal se, stala se, etc.	
Verbal noun:	stání		stání	
Pres. act. part.:	stoje, stojíc(e)		stana se, stanouc(e) se	
Past act. part.:	stáv, -ši, -še		stav se, -ši se, -še se	

	báti se, *to fear* (impf.)		spáti, *to sleep* (impf.)	
Present:	bojím se	bojíme se	spím	spíme
	bojíš se	bojíte se	spíš	spíte
	bojí se	bojí se	spí	spí
Imperative:	boj se, -me se, -te se		spi, spĕme, spĕte	
Past:	bál se, bála se, etc.		spal, spala, etc.	
Past pass. part.:	...		spán	
Verbal noun:	bání		spaní	
Pres. act. part.:	boje se, bojíc(e) se		spĕ, spíc(e)	
Past act. part.:	báv se, -ši se, -še se		spav, -ši, -še	

APPENDIX C: INDEX OF "IRREGULAR" VERB AND NOUN FORMS IN CZECH

Following is a list of divergent verbal and nominal forms
not usually found in dictionaries, which normally give only
the infinitive of verbs and the nominative singular of nouns.
The list has been compiled on a practical basis: if the ver-
bal form in question would occur in the dictionary only one
or two entries away from the infinitive, it has not been
listed here (e.g., hodnocen, hodnotiti). On the other hand,
regular forms have been listed if stem palatalization or
vowel shortening make them difficult to find (e.g., prošen,
prositi).

The verbal forms usually listed are present tense (normally
first person singular; other forms where appropriate), past
(masculine singular), past passive participle (short form),
and imperative. Other forms are derived from these (e.g.,
verbal noun from past passive participle; past active partici-
ple from past tense, etc.), and have therefore not usually
been listed. In each case, the reader is referred in the sec-
ond column to the pertinent entry in a standard Czech-English
dictionary. Prefixed verbs have not been included, with sever-
al exceptions. The user must remove the verbal prefix before
looking for the verb in question.

Divergent noun forms have been given as stems, unless one
case form only is divergent.

Divergent Form	See under	English
beru (pres.); béřeš (archaic pres.)	bráti (III)	to take
běd (gen. pl.)	bída	misfortune
bluď(te) (imp.)	blouditi (II)	to stray
boh-	bůh	god
bojím se (pres.)	báti se (irreg.)	to fear
borcen (p.p.p.)	bortiti (II)	to warp, crack
brocen (p.p.p.)	brotiti (II)	to stain
brus(te) (imp.)	brousiti (II)	to whet, grind
bředl (past), bředu (pres.)	břísti (III)	to bathe
bud (gen. pl.)	bouda	hut, shed
buď(te) (imp.); buda (fut. part.); budu (fut.)	býti (irreg.)	to be
buř(te) (imp.)	bouřiti (II)	to storm, rage
buzen (p.p.p.)	buditi (II)	to awaken

Divergent Form	See under	English
cezen (p.p.p.)	cediti (II)	to strain, filter
–čal (past)	–číti (III)	
čazen (p.p.p.)	čaditi (II)	to soot, smoke
češ(te) (imp.); češi (pres.)	česati (III)	to comb
–četí (v.n.)	–číti (III)	
četl (past)	čísti (III)	to read
čištěn (p.p.p.)	čistiti (II)	to clean
–čnu (fut.)	–číti (III)	
čten (p.p.p.); čti, čtěte (imp.); čtu (pres.)	čísti (III)	to read
deru (pres.)	dráti (III)	to tear
děje se (pres.); dělo se (past); dění (v.n.)	díti se (III)	to happen
dějí (pres.), děl (past)	díti (II)	to say
děl (gen. pl.)	dílo	work, volume
děr–	díra	hole
děť– (pl.)	dítě (n.)	child
dluž(te) (imp.)	dloužiti (II)	to lengthen
dol–	důl	pit, mine
dověz(te) se (imp.); dovím se (fut.)	dověděti se (irreg.)	to find out, learn
drcen (p.p.p.)	drtiti (II)	to crush
dru, dřu (pres.); dřel (past)	dříti (III)	to flay, drudge
duji (pres.); dul (past); dutí (v.n.)	douti (III)	to blow
dušen (p.p.p.)	dusiti (II)	to smother
dvor–	dvůr	court, yard
dýši (pres.)	dýchati (III)	to breathe
for–	fůra	cartload
hašen (p.p.p.)	hasiti (II)	to extinguish
hlcen (p.p.p.)	hltiti (II)	to swallow
hnoj–	hnůj (m. soft)	manure

Divergent Form	See under	English
hol-	hůl (f. soft)	stick, cane
hozen (p.p.p.)	hoditi (II)	to throw
hrazen (p.p.p.)	hraditi (II)	to fortify, reimburse
hroucen (p.p.p.)	hroutiti (II)	to tear down
hrožen (p.p.p.)	hroziti (II)	to threaten
hrud (gen. pl.)	hrouda	clod, lump
hryži (pres.)	hryzati (III)	to gnaw
hřeji (pres.)	hřáti (III)	to warm
hub (gen. pl.)	houba	mushroom
chci (pres.)	chtíti (irreg.)	to want
chlazen (p.p.p.)	chladiti (II)	to cool
chozen (p.p.p.)	choditi (II)	to go, walk
chruji se (pres.); chrul se (past)	chrouti se (III)	to wrap oneself, bore into
chuzen (p.p.p.)	chuditi (II)	to impoverish
chycen (p.p.p.)	chytiti (II)	to seize, catch
jal (past), jat (p.p.p.)	jmouti (III)	to take, begin
jdu (pres.)	jíti (III)	to go, walk
je, jest (pres.)	býti (irreg.)	to be
jedí (pres.); jedl (past); jedení (v.n.)	jísti (irreg.)	to eat
jedu (pres.)	jeti (III)	to drive, go
jetí (v.n.)	jmouti (III)	to take, begin
jez(te) (imp.)	jísti (irreg.)	to eat
ježděn (p.p.p.)	jezditi (II)	to ride, travel
jím (pres.)	jísti (irreg.)	to eat
jištěn (p.p.p.)	jistiti (II)	to assure
jmi, jměte (imp.); jmu (fut.)	jmouti (III)	to take, begin
jsem, jsi, jsme, jste, jsou (pres.)	býti (irreg.)	to be
kacen (p.p.p.)	katiti se (II)	to get angry
kářu (pres.)	kárati (III)	to reprove

Divergent Form	See under	English
kaž(te) (imp.); káži (pres.)	kázati (II)	to preach, command
kažen (p.p.p.)	kaziti (II)	to spoil
klat (p.p.p.); kleji (pres.); klel (past); klení (v.n.); klet (p.p.p.)	klíti (III)	to swear
klizen (p.p.p.)	kliditi (II)	to reap
kocen (p.p.p.)	kotiti (II)	to fell, turn over
kol-	kůl	stake, post
koli, kolu (pres.)	kláti (III)	to stab
koň-	kůň (m.)	horse
kor-	kůra	bark
kouši (pres.)	kousati (III)	to bite
krácen (p.p.p.)	krátiti (II)	to shorten
kradl (past); kradu (pres.)	krásti (III)	to steal
krocen (p.p.p.)	krotiti (II)	to tame
kroucen (p.p.p.)	kroutiti (II)	to turn, twist
krup (gen. pl.)	kroupa	groat
kruť(te) (imp.)	kroutiti (II)	to turn, twist
křeši (pres.)	křesati (III)	to kindle
kuji (pres.); kul (past); kut (p.p.p.)	kouti (III)	to forge
kup(te) (imp.)	koupiti (II)	to buy
kuř(te) (imp.)	kouřiti	to smoke
kušen (p.p.p.)	kusiti (II)	to taste, try
kvetl (past); kvete (pres.)	kvésti (III)	to bloom
kyše (pres.)	kysati (II)	to ferment
leji (pres.)	líti (III)	to pour
ležení (v.n.)	lehnouti (III)	to lie down
liž(te) (imp.); líži (pres.)	lízati (III)	to lick
loj-	lůj (m. soft)	tallow
lstěn, lštěn (p.p.p.)	lstíti (II)	to deceive
luk-	louka	meadow
lžu (pres.)	lháti (III)	to lie

Divergent Form	See under	English
mám (pres.)	míti (irreg.)	to have
mátl (past); matu (pres.)	másti (III)	to confuse
maštěn (p.p.p.)	mastiti (II)	to grease
maž(te) (impf.); maži (pres.)	mazati (III)	to grease
melu (pres.)	mlíti (III)	to grind
měj(te) (impf.); měl (past)	míti (irreg.)	to have
měr–	míra	measure
míšen (p.p.p.)	mísiti (II)	to mix
mlácen (p.p.p.)	mlátiti (II)	to thresh
mlazen (p.p.p.)	mladiti (II)	to make young
mlel (past)	mlíti (III)	to grind
mohl (past); mohu (pres.)	moci (irreg.)	to be able
–možen (p.p.p.)	–moci (irreg.)	
mru, mřu (pres.); mřel (past)	mříti (III)	to die
much (gen. pl.)	moucha	fly
můžeš (pres.)	moci (irreg.)	to be able
mýcen (p.p.p.)	mýtiti (II)	to clear, fell
myšlen (p.p.p.)	mysliti	to think
nadšen (p.p.p.)	nadchnouti (III)	to inspire
nebes– (pl.)	nebe (n.)	sky, heaven
není (neg. pres.)	býti (irreg.)	to be
nícen (p.p.p.)	nítiti (II)	to inflame
nošen (p.p.p.)	nositi (II)	to bear, wear
nož–	nůž (m. soft)	knife
nucen (p.p.p.)	nutiti (II)	to force
nuzen (p.p.p.)	nuditi (II)	to weary, bore
obleku, obléknu (fut.)	obléci (III)	to put on
obležen (p.p.p.)	oblehnouti (III)	to besiege
obrácen (p.p.p.)	obrátiti (II)	to turn
oč– (dual)	oko	eye
oději (fut.); oděl (past)	odíti (III)	to put on
odňal (past); odňat (p.p.p.); odnětí (v.n.)	odejmouti (III)	to take away

Divergent Form	See under	English
oře (pres.)	orati (III)	to plow
páři (pres.)	párati (III)	to rip
páši (pres.)	páchati (III)	to commit
pečeš (pres.); pekl (past); peku (pres.)	péci (III)	to bake
peru (pres.)	práti (III)	to launder
-pětí (v.n.)	-pnouti (III)	
píši (pres.)	psáti (III)	to write
pjal (past); pjat (p.p.p.)	pnouti (III)	to stretch
placen (p.p.p.)	platiti (II)	to pay
plač(te) (imp.); pláči (pres.)	plakati	to weep
pleji (pres.); plel (past); plet (p.p.p.)	plíti (III)	to weed out
plozen (p.p.p.)	ploditi (II)	to bear, produce
pluji (pres.); plul (past); plutí (v.n.)	plouti (III)	to swim, float, sail
pocen (p.p.p.)	potiti (II)	to sweat
počal (past); počat (p.p.p.); početí (v.n.); počnu (fut.)	počíti (III)	to begin, do
post-	půst	fast
pověz(te) (imp.); povím (fut.)	pověděti (irreg.)	to tell
požděn (p.p.p.)	pozditi se (II)	to go slow
prošen (p.p.p.)	prositi (II)	to ask
-proštěn (p.p.p.)	-prostiti (II)	
pru (se) (pres.)	příti (se) (III)	to prop; to quarrel
přadl (past); přadu (pres.)	přísti (III)	to spin
přátel- (pl.)	přítel (m. soft)	friend
-přažen (p.p.p.)	-přahnouti (III)	
předl (past); předu (pres.)	přísti (III)	to spin
přeji (pres.)	přáti (III)	to wish
přel (se) (past); přu (se) (pres.)	příti (se)	to prop; quarrel
půjdu (fut.)	jíti (III)	to go, walk
puštěn (p.p.p.)	pustiti (II)	to release, drop

Divergent Form	See under	English
puzen (p.p.p.)	puditi (II)	to drive
ražen (p.p.p.)	raziti (II)	to coin, strike
rčení (v.n.)	říci (III)	to say
rozen (p.p.p.)	roditi (II)	to give birth
rozžal (past); rozžat (p.p.p.)	rozžehnouti (III)	to kindle
rostl (past); roste (pres.)	růsti (III)	to grow
ruce (nom. acc. dual)	ruka	hand, arm
řazen (p.p.p.)	řaditi (II)	to arrange
-řčen (p.p.p.)	-řknouti (III)	
řečen (p.p.p.); řeknu (fut.)	říci (III)	to say
řeži (pres.)	řezati (III)	to cut
řícen (p.p.p.)	řítiti se (II)	to collapse, rush
řízen (p.p.p.)	říditi (II)	to direct
řka (pres. act. part.)	říci (III)	to say
sazen (p.p.p.)	saditi (II)	to seat, place
-sažen (p.p.p.)	-sáhnouti (III)	
sec(te) (imp.); sečeš (pres.); seku (pres.)	síci (III)	to cut, mow
sezení (v.n.)	seděti (II)	to sit
slazen (p.p.p.)	sladiti (II)	to sweeten
slovu (pres.); sluji (pres.); slul (past)	slouti (III)	to be called
směji se (pres.)	smáti se (III)	to laugh
smluv (gen. pl.)	smlouva	agreement
sňal (past); sňat (p.p.p.); snětí (v.n.)	sejmouti (III)	to take down, away
sněden (p.p.p.); snědí (pres.); snědl (past); sněz(te) (imp.); sním (fut.)	snísti (irreg.)	to eat, consume
sněh-	sníh	snow
snuji (pres.); snul (past); snut (p.p.p.)	snovati (III); snouti (III)	to spin, plot
sol-	sůl (f. soft)	salt

Divergent Form	See under	English
souzen (p.p.p.)	souditi (II)	to judge
spím (pres.); spi, spěte (imp.)	spáti (irreg.)	to sleep
staletí (pl.)	století	century
stanu se (fut.)	státi se (III)	to become
stelu (pres.)	stláti (III)	to strew, bed
stižen (p.p.p.)	stihnouti (III)	to catch
stojím (pres.)	státi (irreg.)	to stand; cost, be worth
stol-	stůl	table
stru, střu (pres.); střel (past)	stříti (III)	to spread
střehl (past); střehu (pres.); střežeš (pres.)	stříci (III)	to beware
střižen (p.p.p.)	střihnouti (III)	to cut
stůj(te) (imp.)	státi (irreg.)	to stand
stůňu (pres.)	stonati (III)	to be ill
stuzen (p.p.p.)	studiti (II)	to chill
suď(te) (imp.)	souditi (II)	to judge
suji (pres.); sul (past); sutí (v.n.)	souti (III)	to strew, scatter
suž(te) (imp.)	soužiti (II)	to trouble
svěcen (p.p.p.)	světiti (II)	to consecrate
sycen (p.p.p.)	sytiti (II)	to satiate
šed (past act. part.); šel (past)	jíti (III)	to go, walk
ševc-	švec (m.)	shoemaker
šizen (p.p.p.)	šiditi (II)	to cheat
šla, šlo (past)	jíti (III)	to go, walk
šlu (pres.)	slát (III)	to send
štvu (pres.)	štváti (III)	to incite
ťal (past); ťat (p.p.p.)	títi (III)	to cut, strike
tažen (p.p.p.)	táhnouti (III)	to drag, pull
-tčen (p.p.p.)	-tknouti (III)	
teče (pres); tekl (past); tekou (pres.)	téci (III)	to flow

Divergent Form	See under	English
teš(te) (imp.); teši (pres.)	tesati (III)	to hew
tištěn (p.p.p.)	tisknouti (III)	to print, press
tlučeš (pres.); tluku (pres.)	tlouci (III)	to beat, strike
tna (pres. act. part.); tnu (pres.)	títi (III)	to cut, strike
tracen (p.p.p.)	tratiti (II)	to lose
tresce (pres.)	trestati (III)	to punish
troušen (p.p.p.)	trousiti (II)	to scatter
tru (pres.)	tříti (III)	to rub
trub (gen. pl.)	trouba	trumpet
trub(te) (imp.)	troubiti (II)	to trumpet
trus(te) (imp.)	trousiti (II)	to scatter
tržen (p.p.p.)	trhnouti (III)	to tear, jerk
třel (past); třu (pres.)	tříti (III)	to rub
třes (imp.); třesu (pres.)	třásti (III)	to shake
tvrzen (p.p.p.)	tvrditi (II)	to assert
týče se (pres.)	týkati se (III)	to concern
uš- (dual)	ucho	ear
uzen (p.p.p.)	uditi (II)	to smoke (meat)
vajec (gen. pl.)	vejce (n.)	egg
važ(te) (imp.); váži (pres.)	vázati (III)	to tie, bind
vedl (past); vedu (pres.)	vésti (III)	to lead
vezmi, -ěte (imp.); vezmu (fut.)	vzíti (III)	to take
věji (pres.)	váti (III)	to blow, waft
věr-	víra	faith
věšen (p.p.p.)	věsiti (II)	to hang
větr-	vítr	wind
věz(te) (imp.); vím (pres.)	věděti (irreg.)	to know
viz(te) (imp.)	viděti (II)	to see
vlečeš (pres.); vlekl (past); vleku (pres.)	vléci (III)	to drag
vol-	vůl (m. soft)	ox
voz-	vůz	wagon

Divergent Form	See under	English
vozen (p.p.p.)	voditi (II)	to lead
vožen (p.p.p.)	voziti (II)	to haul
vrácen (p.p.p.)	vrátiti (II)	to return
vrhu (pres.); vrz(te) (imp.); vržeš (pres.)	vrci (III)	to cast, hurl
vržen (p.p.p.)	vrhnouti (III)	to cast, hurl
vrži (pres.)	vrzati (III)	to creak
vřel (past); vřu (pres.)	vříti (III)	to boil
všehomíra, všemíru, etc.	vesmír	universe
vyňal (past); vyňat (p.p.p.); vynětí (v.n.)	vyjmouti (III)	to take out
vzal (past); vzat (p.p.p.); vzetí (v.n.)	vzíti (III)	to take
vzňal se (past); vzňat (p.p.p.); vznětí (v.n.)	vzejmouti se; vzníti se (III)	to flame up
zábl (past); zabe (pres.)	zábsti (III)	to be cold
začal (past); začat (p.p.p.); začetí (v.n.); začnu (fut.)	začíti (III)	to begin
zamčen (p.p.p.)	zamknouti (III)	to lock
zdvižen (p.p.p.)	zdvihnouti (III)	to raise
zebe (pres.)	zábsti (III)	to be cold
zeji (pres.); zel (past)	záti (zeti)(III)	to gape
zněl (past)	zníti (III)	to sound
zovu (pres.)	zváti (III)	to call, name
zrazen (p.p.p.)	zraditi (II)	to betray
zřel (past); zři (pres.)	zříti (III)	to perceive
zuji (pres.); zul (past); zut (p.p.p.)	zouti (III)	to unshoe
zvu (pres.)	zváti (III)	to call, name
žal (past); žat (p.p.p.)	žíti (III)	to reap
–žal (past); –žat (p.p.p.)	–žehnouti (III)	
žehl (past)	žíci (III)	to burn
žetí (v.n.)	žíti (III)	to reap
ženu (pres.)	hnáti (III)	to drive, chase
žhu (pres.); žžeš (pres.)	žíci (III)	to burn
žni, žněte (imp.); žnu (pres.)	žíti (III)	to reap

APPENDIX D: SOME COMMON CZECH IDIOMS

IDIOMS WITH býti

býti s to	to be up to it
seč jsem	as far as I am able
Co je to za člověka?	What kind of person is he?
Co je vám do toho (po tom)?	What business is that of yours?
Do toho (po tom) vám nic není.	That's no business of yours.
Co je vám?	What's the matter with you?
Co je nového?	What's new? What's the news?
Je to k smíchu.	That's silly (funny).
Bylo mi do pláče.	I felt like crying.
Je po něm.	He is done for (dead).
To není k ničemu.	That's good for nothing.
To je něco jiného.	That's something different.
bylo nebylo	once upon a time

IDIOMS WITH míti

míti kdy	to have time
míti rozum	to be sensible
míti radost, zlost	to be joyful, angry
míti strach	to be afraid
míti hlad, žízeň	to be hungry, thirsty
míti pravdu	to be right
míti chuť k něčemu	to be eager for something
míti starosti o něco	to worry about something, have trouble with something
míti komu něco za zlé	to hold something against someone
míti něco na sobě	to wear something
míti něco před sebou	to have something in prospect
míti něco za sebou	to have finished with something, be through with it
Mám práce nad hlavu.	I'm up to my neck in work.
Mám po práci.	I am through with my work.

Mám to s krku!	I have that off my shoulders!
Tu máš!	Here you are! Take it!
míti se dobře	to be well, to be well off
míti se do práce	to be ready for work

IDIOMS WITH jíti AND choditi

To jde (nejde).	That is possible (impossible).
To by šlo.	That would work.
Jde to dobře.	Things are going well.
Oč jde?	What is it a question of?
Jde o (with acc.)...	It is a question of...
Jdi pryč! Jdi mi s očí!	Go along with you! (expressions
Ale jdi!	of surprise, disbelief, etc.)
přijíti o něco	to lose something
Na tom nesejde.	That doesn't matter.
Ujde to.	That will do. That's not so bad.
choditi za školu	to play truant
choditi v něčem	to wear something

IDIOMS WITH dáti

dáti si schůzku	to arrange a meeting
dáti něco dohromady (schůzku, zábavu)	to arrange, prepare (a meeting, entertainment)
dáti pozdravení, dobrou noc	to greet, say good night, etc.
dáti pozor na něco	to pay attention to something
dáti si pivo, víno	to order a beer, wine, etc.
dáti si s něčím práci	to take pains with something
dáti na někoho	to rely on someone
dáti komu po hlavě	to slap someone
dáti komu co věděti	to let someone know something
dáti (si) něco dělat	to have something done
dáti se do práce, jídla	to set to (work, eating, etc.)
dáti komu co proto	to teach someone a lesson
To se nedá dělat.	That cannot be done.
Nedá se nic dělat.	Nothing can be done about it.

Ten si nedá říci.	He will not take advice.
Dá to hodně práce.	That takes a lot of work.
To jsem si dal!	I've made a mess of things!
Dej mi pokoj!	Let me alone!
Dejme tomu	Let's admit that; admitting that; even so

IDIOMS WITH dělati

Co dělat?	What can I (we, etc.) do?
dělati si blázny z koho	to make a fool of someone
Nic si z toho nedělejte.	Don't mind that.
Nic si z toho nedělám.	That doesn't bother me.
Dělá jakoby nic.	He pretends that nothing has happened.
Dělá ti to dobře?	Is it doing you any good?
To se nedělá.	That isn't done.

IDIOMS WITH říkati; říci

Co tomu říkáte?	What do you say to that?
Jak se tomu říká?	What is that called?
lépe řečeno	rather, more exactly
mezi námi řečeno	between ourselves
dáti si říci	to listen to reason
To je co říci!	Well, I never!

IDIOMS WITH věděti

nevěděti si rady (pomoci)	to be at one's wits' end
Neví kudy kam.	He does not know which way to turn.
toť se ví	of course

IDIOMS WITH znáti

znáti se k někomu	to recognize someone, admit knowing him
Nezná se.	He cannot restrain himself.
To mě neznáš.	You underrate me.
Dal mi znáti	He gave me to understand

IDIOMS WITH státi

státi na svém	to stand on one's ground, insist
stůj co stůj	at any price; cost what it may

IDIOMS WITH chtíti

Chci domů.	I want to go home.
chtěj nechtěj	willy-nilly

IDIOMS WITH mysliti

To si myslím!	I should think so!
Co tím myslíte?	What do you mean by that?
Dobře to s ním myslím.	I have good intentions toward him.

IDIOMS WITH viděti

vidět komu do duše	to know someone's thoughts
co nevidět	in a flash

IDIOMS WITH co

Co z toho?	What's the good of that?
Co na tom!	That doesn't matter!
Ale co!	That's nothing!
Dostane co proto!	He'll catch it!
co nejlepší	the best possible
co nejlépe	as well as possible
den co den (rok co rok)	day by day, year by year
co chvíli	every so often
Co do toho?	What good is it?

OTHER IDIOMS

těšiti se na něco	to look forward to something
těšiti se na někoho	to look forward to seeing someone
To se rozumí (samo sebou).	That goes without saying.
Bolí mě hlava (zub, nohy, etc.).	I have a headache, toothache; my feet hurt, etc.

Něco mi schází.	I don't feel well.
To se nesmí!	That is not allowed; that is forbidden!
hráti si na někoho	to pretend to be someone
Nemohu za to.	I cannot answer for that.
Vězí v tom až po uši.	He's in it up to his neck.
Rádo se stalo.	I was glad to do it.
do roka	before the year is out
dostáti slovu	to keep one's word

CZECH-ENGLISH VOCABULARY

Nouns are listed in the nominative case singular, but the end-
ings of the genitive and prepositional singular and the nominative
and genitive plural are also given as the four cases apt to give
the most difficulty in formation. The forms of the plural have
been omitted when they are rare or nonexistent or when the plural
has a distinct meaning.

Verbs are listed in the infinitive. When two related verb forms
appear together, the first is imperfective, the second perfective,
unless otherwise indicated. Verbs appearing singly are indicated
as imperfective (impf.) or perfective (perf.). For monosyllabic
verbs of Class III (consonant stems) the first person singular
present, imperative, past and past passive participle (or verbal
noun) are always given. Individual forms are given for other
classes only when they are needed.

The ending of derived adverbs follows the adjective in paren-
theses.

Numerals have not been included in this or in the English-Czech
Vocabulary. The student is referred to Chapter XXVII.

Most irregular and a few regular nouns, pronouns, adjectives and
verbs are also listed in the Index. By consulting it the student
can locate the desired paradigm in the grammar.

Divergent stems are listed in Appendix C and have therefore not
been included here.

a, and, but
ach! oh! ah!
ale, but
alespoň, at least
almužn-a, -y, -ě, alms
americký (-cky), American
Ameri-ka, -ky, -ce, America
amerikanism-us, -u, -u, American-
   ism
amerikanisovati (III, impf.), to
   Americanize
anděl, -a, -u; -é, -ů, angel
anebo, or
Angli-e, -e, -i (f.), England
ani, not even, nor; ani ... ani,
   neither ... nor
ano, yes
arcibiskup, -a, -u; -i, -ů,
   archbishop
arcibiskupský, archbishop's,
   archiepiscopal
armád-a, -y, -ě; -y, __, army

asi, probably, about, approxi-
   mately
aspoň, at least
ať, let, may; ať ... nebo, whether
   ... or
automobil, -u, -u; -y, -ů, auto-
   mobile; aut-o, -a, -u; -a, __,
   auto, car
automobilem (autem), by car
autonomi-e, -e, -i (f.), autonomy
auto-r, -ra, -ru; -ři, -rů, au-
   thor
autorit-a, -y, -ě, authority
avšak, however
až, until, when (with future
   tense)

bab-a, -y, -ě; -y, __, old woman
babič-ka, -ky, -ce; -ky, -ek,
   grandmother
báječný (-ně), marvelous, wonder-
   ful

básní-k, -ka, -ku; -ci (-kové),
-ků, poet
báti se (see Appendix B, impf.),
to fear (koho, čeho)
baviti (II), pobaviti, to amuse,
entertain; baviti se, to have
a good time
bezduchý (-še), lifeless
běda, alas! woe!
běžeti (II, 3rd pl.: -í), běhati
(I, iter.), to run
bílý (-le, -lo), white
biograf, -u, -u; -y, -ů (bi-o,
-a, -u), movies, motion pic-
ture theater
bíti (III, impf., biji; past:
bil), to strike, beat
blízko, near, close by
boháč, -e, -i; -i, -ů, rich man
bohatnouti (III), zbohatnouti,
to grow wealthy
bohatý (-tě), rich, wealthy
bohužel, unfortunately
bok, -u, -u; -y, -ů, side (of a
person; po boku, at one's side)
boleti (II, impf., 3rd pl.:
-ejí/-í), to pain, hurt
bolno, painful
bouř-e, -e, -i; -e, -í (f.),
storm
boží, God's, of God
brán-a, -y, -ě; -y, bran, gate
bráti (III, impf., beru, ber(te),
bral, brani), to take (for
perfective, see vzíti)
brat-r, -ra, -ru; -ři, -rů,
brother
brzo, brzy, soon
buď ... anebo, either ... or
buditi (II, p.p.p.: buzen),
probuditi, to awaken; buditi
se, to wake up (intr.)
budoucnost, -i, -i, future
buffet, -u, -u; -y, -ů, buffet,
lunch room
bůh, boha, bohu; bozi (bohové),
bohů (voc. Bože!), god (capi-
talized when it refers to a
monotheistic God)
Bulha-r, -ra, -ru; -ři, -rů,
Bulgarian

bydliti (II, impf.), to dwell,
live
býlí, __, __, herbs (collective)
bylin-a, -y, -ě; -y, __, herb
býti (see Appendix B, impf.), to
be
bývati (I, frequentative of býti),
to be (often, usually)

celý (-le), whole, entire
ceniti (II, impf.), to value, esti-
mate; ceniti se, to be valued
cenný (-ně), valuable
cest-a, -y, -ě; -y, __, way, road
cestovati (III, impf.), to travel
cibul-e, -e, -i; -e, -í (f.),
onion
císař, -e, -i; -i, -ů, emperor
císařov-na, -ny, -ně; -ny, -en,
empress
cítiti (II, impf., imp.: ciť(te)),
to feel, sense, smell
cizí (-ze), foreign, strange
cizin-ec, -ce, -ci; -ci, -ců, for-
eigner, stranger
co, what, why

čáp, -a, -u; -i, -ů, stork
čas, -u, -e; -y, -ů, time
časný (-ně), early
častý (-to), often, frequent
Če-ch, -cha, -chu; -ši (-chové),
-chů, Czech
Čech-y, __, (f. pl.), Bohemia
čekati (I), počkati (I), to wait
(na koho, na co)
čepic-e, -e, -i; -e, __, (f.),
cap
černý (-ně), black
čerstvý (-vě, -vo), fresh
červenobílý, red and white
česati se (III, impf., češu se),
to comb one's hair
Československ-o, -a, -u, Czecho-
slovakia
československý (-sky), Czechoslo-
vak
český (-sky), Czech
česky, in Czech
čeština-a, -y, -ě, Czech language
čí, whose

čím ... tím, the ... the (čím víc,
tím líp, the more the better)
čísti (III, impf., see Appendix
B), to read
čistiti (II, p.p.p., čištěn),
vyčistiti, to clean
číšní-k, -ka, -ku; -ci, -ků,
waiter
člen, -a, -u; -ové, -ů, member
člověk, -a, -u (plural: lidé),
person, man, human being
člun-ek, -ku, -ku; -ky, -ků,
shuttle
čtvrt-ek, -ka, -ku, Thursday
(ve čtvrtek, on Thursday)
čtyřletý, four-year-old

dále, further, in addition;
a tak dále (atd.), etc.
daleko, far, far away (od čeho)
dál-ka, -ky, -ce; -ky, -ek,
far-off expanse, distance
dám-a, -y, -ě; -y, dam, lady
daň, dan-ě, -i; -ě, -í, tax,
tribute (potravní daň, cus-
toms duty)
dár-ek, -ku, -ku; -ky, -ků,
gift
darmo, in vain
dařiti se (II, podařiti se, to
succeed (to se mi daří, I suc-
ceed in that)
dávati (I), dáti, to give, put
dávno, long ago
dbáti (I, impf.), to heed, pay
attention to
den, dne, dni (dnu, ve dne);
dni (dny), dní (dnů) (m.),
day
denár, -u, -u; -y, -ů, denier
denně, per day, every day
desert, -u, -u; -y, -ů, dessert
desetkrát, ten times
deš-ť, -tě, -ti; -tě, -ťů (m.),
rain
děd, -a, -u; -i, -ů ((dědeček,
-ka, -ku; -ci, -ků), grand-
father (dědoušek, diminutive)
děkovati (III), poděkovati, to
thank (komu za co)
dělati (I), udělati, to make, do

dělní-k, -ka, -ku; -ci, -ků,
worker, workman
dět-i, -í (f. pl.), plural of
dítě, child
dětinský (-sky), childlike,
childish
děvč-e, -ete, -eti; -ata, -at
(n.), girl
díl-na, -ny, -ně; -ny, -en, work-
shop, studio
díl-o, -a, -u; -a, děl, work (of
art, etc.), creation
diplomatický (-cky), diplomatic
diškrec-e, -e, -i; -e, -í (f.),
tip (colloquial)
dítě, -te, -ti; dět-i, -í (n.
in sing., f. in pl.), child
díti se (III, impf., děje se,
_____, dělo se, dění), to hap-
pen, occur (perf.: státi se)
divad-lo, -la, -le; -la, -el,
theater
dív-ka, -ky, -ce; -ky, -ek, girl
divný (-ně), strange, curious
divoký (-ko, -ce), wild, unculti-
vated
dlouhý (-ho), long (adj.);
dlouho, long, a long time (adv.)
dnes, today
dn-o, -a, -ě; -a, den, bottom
do (gen.), to, into; until, up to
dob-a, -y, -ě; -y, _____, time
dobrořečiti (II, perf.), to praise,
bless
dobrý (-ře), good
dobře, well
docela, quite, entirely, very
dočkati se (I, perf.), to wait to
see, wait until (with gen.)
dohotovovati (III), dohotoviti
(II), to prepare, finish
doj-em, -mu, -mu; -my, -mů, im-
pression
dokazovati (III), dokázati (III,
dokáži, imp.: dokaž(te)), to
prove, demonstrate
dokonce, even
dokto-r, -ra, -ru; -ři, -rů, doc-
tor
dokud, so long as
dolar, -u, -u; -y, -ů, dollar

dole, downstairs, below

dolů, down, downstairs (place to which)

doma, at home

domov, -a, -ě; -y, -ů, home, native land

domů, (to) home, homewards

dopis, -u, -e; -y, -ů, letter

doporučovati (III), doporučiti (II), to recommend (komu co)

dopraviti (II, perf.), to transport

doprovázeti (II, 3rd pl.: -ejí), doprovoditi (II, p.p.p.: doprovozen), to accompany

dort, -u, -u; -y, -ů, cake

dorůsti (III, perf., like růsti), to grow up

dosahovati (III), dosáhnouti (III, p.p.p.:'dosažen), to reach, attain, win (čeho)

dosavadní, temporary, existing

dospělý (-le), adult, grown-up

dost(i), enough, sufficient(ly) (with gen.)

dostávati (I); dostati (III, dostanu, dostaň(te), dostal, dostání), to receive, obtain, get

dosud, until now, so far

doufati (I, impf.), to hope

dovésti (III, perf., dovedu, doveď(te), dovedl, doveden), to carry out, execute; to be able to

dovídati se (I), dověděti se (like věděti), to learn, find out

dovolovati (III), dovoliti (II), to allow (komu co)

drahý (-ho, -ze), dear, expensive

dra-k, -ka, -ku; -ci, -ků, dragon

drtiti (II, p.p.p.: drcen), zdrtiti, to crush

druh, -u, -u; -y, -ů, kind, type

druhý, second, other

držeti (II, impf.), 3rd pl.: -í), to hold

dřímati (I, impf.), to doze, sleep, nod

dříví, ___, ___, wood (collective)

duch, -a, -u; -ové, -ů, spirit

důkaz, -u, -u; -y, -ů, proof

dům, dom-u, -ě; -y, -ů, house

důsled-ek, -ku, -ku; -ky, -ků, consequence, result

duš-e, -e, -i; -e, -í (f.), soul

dveř-e, -í (f. pl., ins. pl.: dveřmi), door

dvůr, dvo-ra, -ře; -ry, -rů, yard, court

dýchati (I or III, impf.; dýchám or dýši), to breathe

džbán, -u, -u; -y, -ů, pitcher, jug

elektri-ka, -ky, -ce; -ky, -k, streetcar

energický (-cky), energetic

Evrop-a, -y, -ě, Europe

evropeisovati (III, impf.), to Europeanize

fazol-e, -e, -i; -e, -í (f.), bean

film, -u, -u; -y, -ů, film

financ, -e, -i; -i, -ů, tax official

flirtovati (III, impf.), to flirt

Franci-e, -e, -i (f.), France

fysický (-cky), physical

geniální (-ně), of genius

gymnasist-a, -y, -ovi; -é, -ů, high school student

gymnasi-um, -a, -u; -a, -í, high school

had, -a, -u; -i, -ů, snake

hádati se (I, impf.), to quarrel (s kým)

hadr, -u, -u; -y, -ů, rag

házeti (II, impf., 3rd pl.: -ejí), to throw, cast

hezký (-ky), pretty, fine, nice

histori-e, -e, -i; -e, -í (f.), incident, history

hlad, -u, -u; -y, -ů, hunger

hladový (-vě), hungry

hlas, -u, -e; -y, -ů, voice
(hlasem, aloud, out loud)
hlásiti (II, impf., p.p.p.:
hlášen), to announce, report
hlasitý (-tě), loud
hlav-a, -y, -ě; -y, __, head
hlavní (-ně), main, chief
hle! look!
hledati (I, impf.), to look for
(koho, co)
hleděti (II, 3rd pl.: -í),
pohleděti, to look (na koho,
na co)
hlídati (I, impf.), to watch, guard
hloupý (-pě), stupid, foolish
hluboko, depth
hnáti (III, impf., ženu, žeň(te),
hnal, hnaní), to drive, urge,
chase
hned, at once, immediately
hnědý (-dě), brown
hníti (III, impf.), to rot
hnouti se (III, perf.), to move,
stir (intr.)
hodin-a, -y, -ě; -y, __, hour,
lesson
hodně, very, considerably
hodný (-ně), good, worthy
ho-ch, -cha, -chu; -ši, -chů,
boy
holčič-ka, -ky, -ce; -ky, -ek,
little girl
hol-ka, -ky, -ce; -ky, -ek,
girl
hon, -u, -ě; -y, -ů (hon-ba,
-by, -bě; -by, -eb), hunt,
chase
honem, at once, immediately
honiti (II, iter. of hnáti), to
hunt, chase, pursue
ho-ra, -ry, -ře, -ry, -r, moun-
tain
horký (-ko, -ce), hot (je
horko, the weather is hot)
hořký (-ko, -ce), bitter
hospod-a, -y, -ě; -y, __, inn,
tavern
hostinský (adj. used as noun),
innkeeper
hotel, -u, -u; -y, -ů, hotel

hotový (-vo), ready, finished
housl-e, -í (f. pl.), violin
hověti (II, impf., 3rd pl.: -ějí),
to suit, agree (komu)
hovězí (adj., often used as noun),
beef
hovor, -u, -u; -y, -ů, conversa-
tion
hra, hry, hře; hry, her, play,
game
hrad, -u, -ě; -y, -ů, castle,
fortress
hráti (III, impf., hraji, hraj(te),
hrál, hrán), to play (a game),
act; hráti si, to play
hrdin-a, -y, -ovi; -ové, -ů (m.),
hero
hrdinství, __, __, heroism
hrn-ec, -ce, -ci; -ce, -ců, pot
hrneč-ek, -ku, -ku; -ky, -ků, lit-
tle pot
hrnouti se (III, impf.), to rush,
flock, stream
hroziti (II, p.p.p.: hrožen),
pohroziti, to threaten (komu)
hřích, -u, -u; -y, -ů, sin
hřiš-tě, -tě, -ti; -tě, -ť (n.),
playground
humanit-a, -y, -ě, humanity
hus-a, -y, -e; -y, __, goose
hvězd-a, -y, -ě; -y, __, star
hybný (-ně), agile, flexible

chalup-a, -y, -ě; -y, __, cottage,
hut
chladný (-no, -ně), cool (je
chladno, the weather is cool)
chlap-ec, -ce, - ci; -ci, -ců, boy,
fellow
chléb, chleb-a, -ě; -y, -ů, bread
chod, -u, -u; -y, -ů, course (of
a meal)
choditi (II, iter. of jíti; v.n.
chození), to go, walk
Chorvát, -a, -u; -i, -ů, Croatian
chovati (I, impf.), to keep, have,
conceal, bring up
chrám, -u, -ě; -y, -ů, cathedral,
temple
chrániti (II, impf.), to protect, guard

chtíti (impf., see Appendix B), to want (with inf.)
chudnouti (III), zchudnouti, to grow poor
chudob-a, -y, -ě, poverty
chudý (-dě), poor
chu-ť, -ti, -ti (f.), appetite, taste
chutnati (I, impf.), to taste (good, bad, etc.) (with adv.)
chváliti (II, imp.: chval(te)), pochváliti, to praise (koho za co)
chvíl-e, -e, -i; -e, chvil, while, time
chvil-ka, -ky, -ce; -ky, -ek, short while
chyb-a, -y, -ě; -y, ___, error, mistake
chytati (I), chytiti (II, p.p.p.: chycen), to seize, catch

i, and, also, even, as well; i ... i, both ... and
ihned, at once, immediately
industrialisac-e, -e, -i (f.), industrialization
inkoust, -u, -u; -y, -ů, ink
inserát, -u, -ě; -y, -ů, advertisement
Itali-e, -e, -i (f.), Italy
italský (-sky), Italian

jahod-a, -y, -ě; -y, ___, berry
jak, as, like, how
jako, as, like
jaksi, somehow
jaký, what, what kind of
Japonsk-o, -a, -u, Japan
ja-ro, -ra, -ře; -ra, -r, spring (na jaře, in spring)
jasný (-ně, -no), clear, bright
jazy-k, -ka, -ce; -ky, -ků, language, tongue
jeden, jedna, jedno, one, a certain
jednak ... jednak, both ... and; partly ... partly
jednoduchý (-še), simple
jednotlivý (-vě), individual, separate

jednotný (-ně), united, uniform
jednou, once, at one time
jeho, his, its
její, her, hers
jejich, their, theirs
jen, jenom, only
ješitný (-ně), vain, conceited
ještě, still, yet
jeti (III, impf., see Appendix B), to ride, go in a vehicle
jídelní lístek, menu
jíd-lo, -la, -lu; -la, -el, food, meal
jinak, otherwise, differently
jísti (irreg., impf., see Appendix B), to eat
jistý (-tě), sure, certain
jíti (III, impf., see Appendix B), to go (on foot), to walk
jízd-a, -y, -ě; trip, ride
jmén-o, -a, -ě; -a, jmen, name
jmenovati (III, impf.), to name; jmenovati se, to be called
Jugoslavi-e, -e, -i (f.), Yugoslavia

k (ke, ku) (dat.), to, toward
kabát, -u, -ě; -y, -ů, coat
kach-na, -ny; -ny, -en, duck
kalíšek, diminutive of kalich, chalice
kam, (to) where, whither
kamarád, -a, -u; -i, -ů, comrade
kamenný, made of stone
kancelář, -e, -i; -e, -í (f.), office
kapitalism-us, -u, -u, capitalism
kapl-e, -e, -i; -e, -í (f.), chapel
kapust-a, -y, -ě; -y, ___, kale
kaš-e, -e, -i (f.), porridge
kašlati (III, impf., kašlu), to cough
káv-a, -y, -ě, coffee
kaziti (II, p.p.p.: kažen), pokaziti, to spoil
každý, each (one), every (one)
kde, where
kdo, who
kdy, when

když, when, whenever, while, if

klasický (-cky), classic

klečeti (II, 3rd pl.: -í), klek-
nouti (III), to kneel

klobouk, -u, -u; -y, -ů, hat
(klobouček, little hat)

klub, -u, -u; -y, -ů, club

kněz, -e, -i; plural: kněž-í,
-í, -ím, etc. (except kněze,
acc. pl.), priest

kni-ha, -hy, -ze; -hy, -h, book

kobli-ha, -hy, -ze; -hy, -h,
doughnut

kocou-r, -ra, -ru; -ři, -rů,
male cat

koč-ka, -ky, -ce; -ky, -ek, cat

koket-a, -y, -ě; -y, ___, coquette

kolébati (I, impf.), to rock

koléb-ka, -ky, -ce; -ky, -ek,
cradle

kolem (gen.), around, about

kolen-o, -a, -ě; -a, -ou (gen.-
pr. dual), knee

kolik, how much, how many

komo-ra, -ry, -ře; -ry, -r,
pantry, storeroom

komposic-e, -e, -i; -e, ___ (f.),
composition, theme

konati (I), vykonati, to perform,
do, carry out

končiti (II), skončiti, to fin-
ish, end (končiti se, to be
finished, to end)

kon-ec, -ce, -ci; -ce, -ců (m.),
end, finish

konečně, at last, finally

konferenc-e, -e, -i; -e, -í
(f.), conference, meeting

konversovati (III, impf.), to
converse

kop-ec, -ce, -ci; -ce, -ců (m.),
hill

kořen, -u (-e), -u (-i); -y, -ů,
root

kos-a, -y, -e; -y, ___, scythe

kost, -i, -i; -i, -í, bone

kostel, -a, -e; -y, -ů, church

koupati (se)(III, koupu se),
vykoupati (se), to bathe (one-
self)

koupel-na, -ny, -ně; -ny, -en,
bathroom

koupiti, perf. of kupovati

kous-ek, -ku, -ku; -ky, -ků, small
piece

koz-a, -y, -e; -y, ___, goat

kráčeti (II, impf., 3rd pl.: -ejí),
to walk, stride

kraj, -e, -i; -e, -ů (m.), land,
country; edge, border

krajan, -a, -u; -é, -ů, fellow
countryman

krajin-a, -y, -ě; -y, ___, country-
side, region

král, -e, -i; -ové, -ů, king

krásný (-ně), beautiful, handsome

-krát, times (how often: dvakrát,
twice, etc.)

krátký (-ce, -ko), short, brief

kráv-a, -y, -ě; -y, krav, cow

krb, -u, -u; -y, -ů, fireplace,
hearth

kredenc, -e, -i; -e, -ů (-í) (m.
or f.), buffet, serving table

krejcar, -u, -u; -y, -ů, kreutzer

Krist-us, -a, -u, Christ

kriti-ka, -ky, -ce, criticism

krk, -u, -u; -y, -ů, neck

krmiti (II, impf.), to feed
(koho čím)

kromě (gen.), besides, except

krutý (-tě), cruel, harsh

krýti (III, impf., see Appendix
B), to cover

křesťan, -a, -u; -é, -ů, Christian

křik, -u, -u; -y, -ů, cry, shout,
shouting

křičeti (II, 3rd pl.: -í), křik-
nouti (III), to cry out, explain

kříž, -e, -i; -e, -ů (m.), cross

kterak, how, by what means

který, which, which one (interroga-
tive); who, which, that (relative)

kuchař, -e, -i; -i, -ů, cook

kuchy-ně, -ně, -ni; -ně, -ň (-ní)
(f.), kitchen

kudy, by what route

kulturní (-ně), cultural

kůň, ko-ně, -ni; plural (inan.):
ko-ně, -ní (-ňů), horse

kupovati (III), koupiti (II, imp.:
kup(te)), to buy

kurs, -u, -u; -y, -ů, course (in
school)

kus, -u, -e; -y, -ů, piece
kvalit-a, -y, -ě, quality
kvantit-a, -y, -ě, quantity
květ, -u, -u; -y, -ů, flower
kvítek, diminutive of květ,
    flower
kynouti (III, impf.), to beckon
    (komu)
kývati (I, impf.), to nod (with
    ins.)

lakom-ec, -ce, -ci; -ci, -ců,
    miser
lakomý (-mě), miserly
lás-ka, -ky, -ce; -ky, -ek, love
lavic-e, -e, -i; -e, ___, bench
láv-ka, -ky, -ce; -ky, -ek,
    bench
leckterý, more than one, quite a
    few
ledacos, something
lednič-ka, -ky, -ce; -ky, -ek,
    icebox
lehnouti (si) (III, perf.), to
    lie down
lék, -u, -u; -y, -ů, remedy,
    medicine
len, ln-u, -u, flax
les, -a, -e; -y, -ů, woods, for-
    est
létati (I, iter. of letěti), to
    fly
lét-o, -a, -ě; -a, let, summer
    (v létě, in summer)
letos, this year
lev, lv-a, -u; -i, -ů, lion
levný (-ně), cheap, inexpensive
ležá-k, -ka, -ku; -ci, -ků,
    loafer
ležeti (II, impf., 3rd pl.: -í),
    to lie, be lying
lhář, -e, -i; -i, -ů, liar
-li, if, whether (enclitic fol-
    lowing verbs)
líbiti se (II, impf.), to please
    (komu) (to se mi líbí, I like
    that)
lid-é, -í, -em, -i, -ech, -mi
    (m. pl. of člověk), people
lidový (-vě), folk, of the peo-
    ple

líný (-no, -ně), lazy
list -u, -u; -y, -ů, leaf, sheet
    (of paper)
líst-ek, -ku, -ku; -ky, -ků, tic-
    ket, note, sheet (jídelní
    lístek, menu)
liš-ka, -ky, -ce; -ky, -ek, fox
literatu-ra, -ry, -ře; -ry, -r,
    literature
líto, sorry (with dat. and gen.:
    je mi vás líto, I am sorry for
    you)
lítý (-tě), cruel, fierce
lo-ď, -di, -di; -di, -dí, ship,
    boat
loni, last year
loučiti se (II), rozloučiti se,
    to part with (s kým)
lož-e, -e, -i; -e, -í (n.), couch,
    bed

majet-ek, -ku, -ku; -ky, -ků,
    property, fortune
mák, -u, -u, poppy
mal-ba, -by, -bě; -by, -eb,
    painting
maličký (-ko), tiny, infant
malíř, -e, -i; -i, -ů, painter
málo, little, few
malovati (III), vymalovati, to
    paint, portray
malý (málo), small, little
manžel-ka, -ky, -ce; -ky, -ek,
    wife
mas-o, -a, -e, meat, flesh
mazati (III, impf., maži), to
    grease, spread
mezi (ins. and acc.), between,
    among
mezitím, meanwhile
měniti (II, impf.), to change,
    alter
měřiti (II, impf.), to measure
měřít-ko, -ka, -ku; -ka, -ek,
    scale, ruler
měsíc, -e, -i; -e, -ů (m.), month,
    moon
městeč-ko, -ka, -ku; -ka, -ek,
    small town
měst-o, -a, -ě; -a, ___, city,
    town

městský (-ský), city (adj.)
míč, -e, -i; -e, -ů (m.), ball
miliardář, -e, -i; -i, -ů, bil-
    lionaire
milionář, -e, -i; -i, -ů, mil-
    lionaire
milovati (III, impf.), to love
mimin-ko, -ka, -ku; -ka, -ek,
    infant, baby (colloq.)
mimo (acc.), by, past; besides,
    except
ministerský (-ský), ministerial
míniti (II, impf.), to think,
    mean
mis-ka, -ky, -ce; -ky, -ek, dish,
    plate
míst-o, -a, -ě; -a, ___, place
mistrovský (-ský), masterly
míti (impf., see Appendix B), to
    have (míti hlad, to be hungry;
    míti pravdu, to be right
mláden-ec, -ce, -ci; -ci, -ců,
    youth, fine young man
mladý (-dě), young
mlčeti (II, impf., 3rd pl.: -í),
    to be silent
mlék-o, -a, -u, milk
mni-ch, -cha, -chu; -ši, -chů,
    monk
mnoho, much, many
mnohokrát, many times
mnohý, many, much, many a
moc, -i, -i; -i, -í, power,
    might
moci (III, impf., see Appendix
    B), to be able (with inf.)
mocný (-ně), powerful
Morav-a, -y, -ě, Moravia
Moravan, -a, -u; -é, -ů, Mora-
    vian
most, -u, -ě; -y, -ů, bridge
moučník, -u, -u; -y, -ů, pastry
moudrý (-ře), wise
moz-ek, -ku, -ku; -ky, -ků,
    brain
možný (-ně), possible
mrač-no, -na, -nu; -na, -en,
    dark cloud, storm cloud
mrak, -u, -u; -y, -ů, cloud
mrtvý (-vě), dead
můj, má, mé, my, mine

musiti, museti (II, impf., 3rd
    pl.: -í/-ejí), to have to, must
    (with inf.)
my, we
mýdl-o, -a, -e, soap
mysliti (II, p.p.p.: myšlen),
    pomysliti (si), to think (na
    koho, co)
myšlen-ka, -ky, -ce; -ky, -ek,
    thought, idea
mýti (se) (III, myji; past: myl),
    umýti (se), to wash (oneself)

na (acc. and pr.), on, onto, to,
    at, for
náboženství, ___, ___; ___, ___,
    religion
načež, to which
nad (ins. and acc.), over, above
nadarmo, in vain
nádobí, ___, ___, dishes (collec-
    tive)
ňad-ra, -er (n. pl.), breast
náhle, suddenly, unexpectedly
nacházeti (II, 3rd pl.: -ejí),
    najíti (III, like jíti), to
    find
najednou, at once, suddenly
najísti se (like jísti, perf.), to
    eat one's fill
nálad-a, -y, -ě, mood, spirits
nalévati (I), nalíti (III, naliji;
    past: nalil), to pour
nalézati (I), nalézti (III, na-
    leznu, nalezni (-něte), nalezl,
    nalezen), to find
náležeti (II, impf., 3rd pl.: -í),
    to belong to (komu)
nápoj, -e, -i; -e, -ů (m.), drink,
    beverage
napořád, continuously, all the
    time
naproti (dat.), across from, oppo-
    site; by contrast with
národ, -a, -u; -y, -ů, nation,
    people
nařezati (III, perf., nařeži), to
    cut (much)
nasekati (I, perf.), to chop (much)
následovati (III, impf.), to follow
nastokrát, a hundred times

nastupovati (III), nastoupiti (II), to walk onto, board

náš, naše, our, ours

natrvalo, for a long time, permanently

naučiti (se), perf. of učiti (se)

navrátiti (II, perf., p.p.p.: navrácen), to restore, return

návštěv-a, -y, -ě; -y, __, visit

navštěvovati (III), navštíviti (II, imp.: navštiv(te)), to visit

nazpátek, back, in return

ne, no, not

neb-e, -e, -i; -esa, -es (n.), sky, heaven

nebo, or

neboť, for (conj.)

neděl-e, -e, -i (f.), Sunday (v neděli, on Sunday)

nech, let, may

nechávati (I), nechati (I, imp.: nech(te), nechej(te)), to leave, let, let alone

nejdřív(e), first, earliest

nemoc, -i, -í; -i, -í, sickness, illness

nemocný (-ně), sick, ill

nepokoj, -e, -i; -e, -ů (m.), worry, concern

neslýchaný (-ně), unheard of

nésti (III, impf., nesu, nes(te), nesl, nesen), to carry, take, bring

nešťastný (-ně), unlucky, unhappy

neustále, constantly, unceasingly

nevěst-a, -y, -ě; -y, __, bride

nezávislost, -i, -i, independence

než, nežli, than

nějak, somehow, in some way

nějaký, some sort of, some

někam, somewhere

několik, some, several, a few

některý, a certain, some

němčin-a, -y, -ě, German language

německy, in German

nic, nothing

nijak, not at all, in no way

nikam, nowhere, (to) no place

nikde, nowhere

nikdo, no one

nit, -i, -i; -i, -í, thread

nízký (-ko), low

no, well, all right

no-ha, -hy, -ze; -hy, -hou (gen. and pr. dual), leg, foot

nositi (II, iter. of nésti, p.p.p.: nošen), to carry, wear

novinář, -e, -i; -i, -ů, journalist, newspaper man

novin-y, __ (f. pl.), newspaper

nový (-vě), new

nýbrž, but, but rather (after negatives)

nyní, now, at present

O (pr.), about, concerning, during; (acc.), against, about, towards

oba, obě, both

oběd, -a, -ě; -y, -ů, dinner

obědvati (I), poobědvati, to dine

obhajovati (III), obhájiti (II), to defend (in court)

obchod, -u, -ě; -y, -ů, store, shop

obilí, __, __, grain

objednávati (si) (I), objednati (si) (I), to order

objevovati (III), objeviti (II), to discover; objevovati se, to appear

oblib-a, -y, -ě, favor, popularity

oblíbený (-ně), favorite

obličej, -e, -i; -e, -ů (m.), face

oblo-ha, -hy, -ze, sky

obo-ra, -ry, -ře; -ry, -r, game preserve

obraz, -u, -e; -y, -ů, picture

obsluhovati (III), obsloužiti (II), imp.: obsluž(te)), to serve, wait on

obyčejný (-ně), common, usual

očichati (I, perf.), to sniff over

od (gen.), from, away from

odcházeti (II, 3rd pl.: -ejí), odejíti (III, like jíti), to go away, depart (on foot)

odjížděti (II, 3rd pl.: -ějí), odjeti (III, like jeti), to ride away, depart (in a vehicle) odmítati (I), odmítnouti (III), to refuse (with inf.)

odnášeti (II, 3rd pl.: -ejí), odnésti (III), like nésti), to carry off, bring away

odněkud, from somewhere

odporovati (III, impf.), to contradict (komu)

odpouštěti (II, 3rd pl.: -ějí), odpustiti (II, p.p.p.: odpuštěn), to forgive (komu co)

odpovídati (I), odpověděti (like věděti), to answer

odtamtud, odtud, from there, thence

odva-ha, -hy, -ze, courage, daring

odvázati (III, perf., odváži, imp.: odvaž(te)), to untie, unfasten

odvažovati se (III), odvážiti se (II, imp.: odvaž(te) se), to dare (with inf. or gen.)

oh-eň, -ně, -ni; -ně, -ňů (m.), fire

ohled, -u, -u; -y, -ů, consideration, regard, respect

ohlédati se (I, impf.), to look over one's shoulder

ohnis-ko, -ka, -ku; -ka, -ek, hearth

ohrad-a, -y, -ě; -y, —, pen, enclosure; fence

ochotný (-ně), willing

okamžení, —, —; —, —, instant, moment

ok-no, -na, -ně; -na, -en, window

ok-o, -a, -u; oči, očí (dual), eye

okoušeti (II, 3rd pl.: -ejí), okusiti (II, p.p.p.: okušen), to taste, sample

oktaván, -a, -u; -i, -ů, senior, student in the eighth class

oltář, -e, -i; -e, -ů (m.), altar

omáč-ka, -ky, -ce; -ky, -ek, sauce, gravy

omráčený (-ě), amazed, dumfounded

omýliti (II, perf.), to fail, err

onen, ona, ono, that, that one

opravdu, indeed, actually

opuštěný (-ně), deserted, lonely

oráč, -e, -i; -i, -ů, plowman

orati (III, impf., oři), to plow

osekati (I, perf.), to cut off

otázati se, perf. of tázati se

ot-ec, -ce, -ci; -ci (-cové), -ců, voc. sing.: otče! father

otevřenost, -i, -i, openness, sincerity

otevřený (-ně), open, sincere, frank

otírati (I, impf.), to wipe off

otvírati (I), otevříti (III, otevřu, otevři (-řete), otevřel, otevřen), to open

ovc-e, -e, -i; -e, -í (ovec) (f.), sheep

ovoc-e, -e, -i (n.), fruit

ovšem, of course

ozývati se (I), ozvati se (III, like zváti), to resound

padati (I), padnouti (III), to fall

pak, then, next

pakli, (but) if

palác, -e, -i; -e, -ů (m.), palace

páliti (II, imp.: pal(te)), spáliti, to burn

pán, -a, -u; -i (-ové), -ů, voc. sing.: pane! gentleman, lord, master (pan, Mr.)

panen-ka, -ky, -ce; -ky, -ek, maiden, doll

paní, —, —, —, — (f.), Mrs., lady, mistress

papír, -u, -u; -y, -ů, paper

park, -u, -u; -y, -ů, park

pas, -u, -u; -y, -ů, pass, passport

pás, pas-u, -e; -y, -ů, belt; waist

pat-a, -y, -ě; -y, —, heel

pát-ek, -ku, -ku, Friday (v pátek, on Friday)

páž-e, -ete, -eti; -ata, -at (n.), page

péci (III, impf.), peku, pec(te), pekl, pečen, to bake, roast

pečen-ě, -ě, -i (f.), roast meat

pečiv-o, -a, -ě, pastry

peníze, peněz (m. pl.), money
per-o, -a, -u; -a, ___, pen
pes, ps-a, -u; -i, -ů, dog
pěkný (-ně), fine, pretty
pěšky, on foot
pěti (III, impf.), to sing
pionýrský (-sky), pioneer
pionýrství, ___, ___, pioneering
pís-eň, -ně, -ni; -ně, -ní (f.),
    song
píšťal-ka, -ky, -ce; -ky, -ek,
    whistle, pipe
píti (III, impf., piji, past:
    pil), to drink
piv-o, -a, -u, beer
pláč, -e, -i (m.), weeping
plakati (III, impf., pláči, imp.:
    plač(te)), to weep
planý (-ně), vain, useless
platiti (II, p.p.p.: placen),
    zaplatiti, to pay (komu za co)
plát-no, -na, -ně; -na, -en, can-
    vas, linen
plésti (III, impf., pletu,
    pleť(te), plel, pletení), to
    knit, plait; confuse
plný (-no, -ně), full (čeho)
pluh, -u, -u; -y, -ů, plow
po (pr.), after, around, through,
    across, at, toward; (acc.),
    for, during, up to
po každé, each time
po prvé, for the first time
pobaviti, perf. of baviti
počát-ek, -ku, -ku; -ky, -ků, be-
    ginning, start
počínati (I), počíti (III, počnu,
    počni (-ěte), počal, počat,
    v.n.: početí), to start,
    begin, do
počkati, perf. of čekati
pod (ins. and acc.), beneath,
    under
podařiti se, perf. of dařiti se
podávati (I), podati (I), to
    hand, pass
poděkovati, perf. of děkovati
podiv, -u, -u, admiration
podla-ha, -hy, -ze; -hy, -h, floor
podle (gen.), beside, alongside;
    according to

podnikavý (-vě), enterprising
podzim, -u, -u, autumn (na podzim,
    in autumn)
poevropšťovati se (III, impf.),
    to become Europeanized
pohled, -u, -u; -y, -ů, view,
    sight
pohleděti, perf. of hleděti
pohroziti, perf. of hroziti
pochopiti (II, perf.), to under-
    stand, grasp
pochovávati (I), pochovati (I), to
    bury
pochutnati si (I, perf.), to eat
    with enjoyment (na čem)
pochváliti, perf. of chváliti
pochybný (-ně), doubtful
pojednou, all at once, suddenly
pokaziti, perf. of kaziti
pokud, as far as, as long as;
    pokud ... ne, until
pokut-a, -y, -ě; -y, ___, fine (mon-
    etary)
Polá-k, -ka, -ku; -ci, -ků, Pole
pol-e, -e, -i; -e, -í (n.), field
poledn-e, -e, -i (n.), noon
polév-ka, -ky, -ce; -ky, -ek, soup
Polsk-o, -a, -u, Poland
polsky, in Polish
pomáhati (I), pomoci (III, like
    moci), to help (komu čím)
pomalu, slowly
pomník, -u, -u; -y, -ů, monument,
    memorial
pomoci, perf. of pomáhati
pomysliti (si), perf. of mysliti
pondělí, ___, ___, Monday (v pondělí,
    on Monday)
poněvadž, since, because
ponížený (-ně), humble
poobědvati, perf. of obědvati
popularit-a, -y, -ě, popularity
porad-a, -y, -ě; -y, ___, council,
    conference
poraziti (II, perf., p.p.p.: po-
    ražen), to slaughter
porozuměti, perf. of rozuměti
poručiti (II, perf.), to trust
    (komu co)
pořád, continuously, all the time,
    still

poskytovati (III), poskytnouti (III), to give, provide (komu co)

poslední, last

poslouchati (I, impf.), to listen to, obey (koho, co)

posnídati, perf. of snídati

pospíchati (I, impf.), to hurry, hasten

postaviti (II, perf.), to stand (trans.), to put, place

pošt-a, -y, -ě, mail, post office

potěšiti (II, perf.), to comfort, console

potkávati (I), potkati (I), to meet, pass

potok, -a, -u; -y, -ů, stream, brook

potom, then, next, later

potřebovati (III, impf.), to need

poučovati (III), poučiti (II), to instruct, inform, explain (koho o čem)

považovati (III, impf.), to consider as (za co)

pověst, -i, -i; -i, -í, legend, rumor

povídati (I), pověděti (like věděti), to tell, relate, say

povíd-ka, -ky, -ce; -ky, -ek, tale, short story

pozdrav, -u, -u; -y, -ů, greeting(s)

pozdraviti, perf. of zdraviti

poznávati (I), poznati (I), to recognize, learn to know

pozor, -u, -u, attention

pozorovati (III), zpozorovati, to observe, notice

požádati, perf. of žádati

požehnati, perf. of žehnati

prác-e, -e, -i; -e, prací, work

pracovati (III, impf.), to work

pracovní (-ně), work, of work

práh, prah-u, -u; -y, -ů, threshold

Pra-ha, -hy, -ze, Prague

prapor, -u, -u; -y, -ů, banner, flag

pravd-a, -y, -ě, truth (míti pravdu, to be right)

pravdivý (-vě), reliable, truthful, realistic

právě, just, just now

praviti (II, impf.), to say

práv-o, -a, -u; -a, ___, right, law

prázdnin-y, ___ (f. pl.), holidays, vacation

prázdný (-ně), empty

pražský (-sky), Prague

president, -a, -u; -i, -ů, president

prkén-ko, -ka, -ku; -ka, -ek, board

pro (acc.), for, because of

probíjeti (II, 3rd pl.: -ejí), probíti (III, like bíti), to beat through, pierce

probuditi, perf. of buditi

proč, why

prodávati (I), prodati (I) to sell

prodej, -e, -i; -e, -ů (m.), sale (na prodej, for sale)

profeso-r, -ra, -ru; -ři, -rů, professor

prohlašovati (III), prohlásiti (II, p.p.p.: prohlášen), to announce, proclaim

prohlížeti (II, impf., 3rd pl.: -í), to look over, through

procház-ka, -ky, -ce; -ky, -ek, walk, stroll (jíti na procházku, to go for a walk)

pronikati (I), proniknouti (III), to penetrate

prostraný, spacious, wide

prostý (-tě), simple, plain

proti (dat.), opposite, against; by comparison with

proto, therefore, for that reason, thus

protože, because

proud, -u, -u; -y, -ů, current

prout-ek, -ku, -ku; -ky, -ků, twig, rod

proutí, ___, ___, twigs (collective), brush

provésti (III, perf., like vésti), to carry out, effect

prožívati (I), prožíti (III, like žíti), to live through, experience

pršeti (II, impf.), to rain (prší, it is raining)

průběh, -u, -u, course, progress
prudký (-ce), violent, rapid
prve, first
první, the first
prý, they say, it is said
pryč, away, gone
přáti (si) (III, impf., přeji,
  past: přál), to wish
přece, nevertheless, still
přeceňovati (III), předceniti
  (II), to overrate, overesti-
  mate
před (ins. and acc.), before,
  in front of
předkrm, -u, -u; -y, -ů, hors
  d'oeuvres, appetizer
přednášeti (II, impf., 3rd pl.:
  -ejí), to lecture
předsed-a, -y, -ovi; -ové, -ů
  (m.), chairman, prime minister
předtím, previously, formerly
překládati (I), přeložiti (II),
  to translate, transfer
překusovati (III), překousnouti
  (III), to bite through
překvapovati (III), překvapiti
  (II), to surprise
přeložiti, perf. of překládati
přemýšleti (II, impf., 3rd pl.:
  -ejí), to think over, ponder,
  reflect
přenášeti (II, 3rd pl.: -ejí),
  přenésti (III, like nésti), to
  transfer, move
přepínati (I, impf.), to exag-
  gerate
přes (acc.), across, over; in
  spite of
přesný (-ně), exact, precise
přestávati (I), přestati (III,
  přestanu, přestaň(te), přestal,
  přestání), to stop, cease
  (with inf.)
přestrojovati (III), přestrojiti
  (II), to redress, disguise;
  přestrojiti se, to change
  clothes, disguise oneself
převésti (III, perf., like
  vésti), to take over, across;
  to transfer
při (pr.), in the presence of,
  with

příběh, -u, -u; -y, -ů, narrative,
  event
přibíhati (I), přiběhnouti (III),
  to run up
přibývati (I), přibýti (III), like
  býti in future), to arrive; to
  grow, increase
přiházeti se (II, 3rd pl.: - jí),
  přihoditi se (II, v.n.: přiho-
  zení), to hařen, occur
přicházeti (II, 3rd pl.: -ejí),
  přijíti (III, like jíti), to
  come, arrive (on fṛṭt)
příjemný (-ně), pleasant
příjezd, -u, -u; -y, -ů, arrival
  (in a vehicle)
přijížděti (II, 3rd pl.: -ějí),
  přijeti (III, like jeti), to
  come, arrive (in a vehicle)
příklad, -u, -u; -y, -ů, example
  (na příklad, for example)
přikrývati (I), přikrýti (III,
  přikryji, past: přikryl), to
  cover
příliš, too, to an excessive de-
  gree
přímo, straight, directly
přinášeti (II, 3rd pl.: -ejí),
  přinésti (III, like nésti), to
  bring
přírod-a, -y, -ě, nature, country,
  open air
přiskočiti (II, perf.), to jump
  up to
přísný (-ně), strict
přístup, -u, -u, entry
příští (-tě), future, next
přítel, -e, -i; přátel-é, ___,
  friend
přivázati (III, perf., přiváži,
  imp.: přivaž(te)), to tie to
přiznávati (I), přiznati (I), to
  admit, confess; přiznávati se,
  to confess one's guilt
psáti (III, píši, piš(te), psal,
  psán), napsati, to write
ptá-k, -ka, -ku; -ci, -ků, bird
ptáti se (I), zeptati se, to ask,
  interrogate (koho na co)
pudr, -u, -u; -y, -ů, powder
pudrovati (III), napudrovati, to
  powder

půl, half (with gen.)
působiti (II, impf.), to affect,
  influence, have effect on (na
  co, na koho)
pyt-el, -le, -li; -le, -lů (m.),
  bag, sack

rád, ráda, rádo, glad, gladl,
rad-a, -y, -ě; -y, ___ (f.), ad-
  vice, counsel; council
rad-a, -y, -ovi, -ové, -ů (m.),
  counsellor
radost, -i, -i; -i, -í, joy,
  gladness
rakouský (-sky), Austrian
ramen-o, -a, -ě; -a, -ou (gen.-
  pr. dual)
rán-o, -a, -u; -a, ___, early
  morn'ng (noun); early in the
  morning (adv.)
republi-ka, -ky, -ce; -ky, -k,
  republic
restaurac-e, -e, -i; -e, -í
  (f.), restaurant
robot-a, -y, -ě, obligatory la-
  bor; hard work
rodič-e, -ů (m. pl.), parents
rodin-a, -y, -ě; -y, ___, family
roditi se (II, p.p.p.: rozen),
  naroditi se, to be born
ro-k, -ku, -ku (-ce) (in plural
  léta is used), year
román, -u, -ě; -y, -ů, novel
ros-a, -y, -e, dew
rozdíl, -u, -u; -y, -ů, differ-
  ence
rozhled, -u, -u; -y, -ů, view
rozjímati (I, impf.), to consid-
  er, meditate, reflect
rozkazovati (III), rozkázati
  (III), rozkáži, imp.:
  rozkaž(te)), to command, or-
  der (komu co)
rozloučiti se, perf. of loučiti
  se
rozměr, -u, -u; -y, -ů, dimen-
  sion
rozmluv-a, -y, -ě; -y, ___, con-
  versation
rozmyšlení, ___, ___; ___, ___, re-
  flection

rozprávěti (II, impf., 3rd pl.:
  -ějí), to converse
rozuměti (II, 3rd pl.: -ějí),
  porozuměti, to understand (komu,
  čemu)
rozzlobiti, perf. of zlobiti
ruch, -u, -u; -y, -ů, bustle, dis-
  turbance
ru-ka, -ky, -ce; -ce, -kou (dual),
  hand
Rus, -a, -u; -ové (-i), -ů, Rus-
  sian
Rusk-o, -a, -u, Russia
rusky, in Russian
růsti (III, impf., rostu, rosť(te),
  rostl), to grow
různý (-ně, -no), various, dif-
  ferent
růž-e, -e, -i; -e, -í (f.), rose
ryb-a, -y, -ě; -y, ___, fish
rybí, fish (adj.)
rychlý (-le), fast, quick

řad-a, -y, -ě; -y, ___, row, line
řeč, -i, -i; -i, -í, speech
ře-ka, -ky, -ce; -ky, -k, river
řezati (III, impf., řeži), to cut
říkati (I), říci (III, see Appen-
  dix B), to say, tell
říkávati (I, frequentative of
  říci), to say, tell (often)

s (se) (gen.), off, down from;
  (ins.), with
salát, -u, -ě; -y, -ů, lettuce,
  salad
sám, sama, samo, alone, oneself
samostatnost, -i, -i, independ-
  ence
samou-k, -ka, -ku; -ci, -ků, self-
  taught person
samý, nothing but, only; very,
  same
sbírati (I), sebrati (III, like
  bráti), to collect, gather
sedati si (I), sednouti si (III),
  to sit down
seděti (II, impf., 3rd pl.: -í),
  to sit, be sitting
sedlá-k, -ka, -ku; -ci, -ků,
  peasant

sednouti si, perf. of sedati si

sejíti se, perf. of scházeti se

seke-ra, -ry, -ře; -ry, -r, ax

sem, (to) here, hither

sen, sn-u, -u; -y, -ů, sleep, dream

sest-ra, -ry, -ře; -ry, -er, sister

sežrati (III, perf., like žráti), to eat up, consume (of animals)

shon, -u, -u; -y, -ů, bustle, crowd

shromáždění, __, __; __, __, assembly

scházeti se (II, 3rd pl.: -ejí), sejíti se (III, like jíti), to come together, assemble, meet

schod-y, -ů (m. pl.), stairs

Sibiř, -e, -i (f.), Siberia

síl-a, -y, -e; -y, sil, strength, power

silnic-e, -e, -i; -e, __, highway

silný (-ně), strong

sí-ň, -ně, -ni; -ně, -ní, hall, corridor

sirotin-a, -y, -ě; -y, __, orphan

skáceti se (II, perf.), to topple over

skákati (I, iter. of skočiti, skáči), to jump

skál-a, -y, -e; -y, skal, cliff

skladatel, -e, -i; -é, -ů, composer

sklízeti (II, 3rd pl.: -ejí), skliditi (II, p.p.p.: sklizen), to gather, harvest

skonávati (I), skonati (I), to die

skončiti, perf. of končiti

skoro, almost, nearly

skrz(e) (acc.), through

skří-ně, -ně, -ni; -ně, -ň (f.), cupboard, wardrobe

skutečný (-ně), actual, real

slábnouti (III), zeslábnouti, to become weak

sladký (-ce, -ko), sweet

slám-a, -y, -ě, straw

sláv-a, -y, -ě, glory, fame; ceremony

slepic-e, -e, -i; -e, __ (f.), hen

Slezan, -a, -u; -é, -ů, Silesian

Slezsk-o, -a, -u, Silesia

slib, -u, -u; -y, -ů, promise

slibovati (III), slíbiti (II, imp.: slib(te)), to promise

sloužiti (II, impf., imp.: služ(te)), to serve (komu, u koho)

Slová-k, -ka, -ku; -ci, -ků, Slovak

slovanský (-sky), Slavic

Slovensk-o, -a, -u, Slovakia

slovenský (-sky), Slovak

slovenštin-a, -y, -ě, Slovak language

slov-o, -a, -ě; -a, __, word

sluh-a, -y, -ovi; -ové, -ů (m.), servant

sluch, -u, -u, hearing, sound

slunc-e, -e, -i (n.), sun

služ-ka, -ky, -ce; -ky, -ek, maid, female servant

smáti se (III, impf., směji se, past: smál se), to laugh at (komu)

směti (II, impf., 3rd pl.: -ějí), to be allowed to (with inf.)

smlouv-a, -y, -ě; -y, smluv, agreement, contract, treaty

smrt, -i, -i (f.), death

smrtný, of death

smutný (-ně, -no), sad

smysl, -u, -u; -y, -ů, sense, meaning, purpose

snad, perhaps, possibly

snažiti se (II, impf.), to try, attempt (with inf.)

sněmov-na, -ny, -ně; -ny, -en, parliament

snídan-ě, -ě, -i; -ě, -í (f.) or snídaní, __, __; __, __ (n.), breakfast

snídati (I), posnídati, to breakfast

sníh, sněh-u, -u, snow

sobot-a, -y, -ě, Saturday (v sobotu, on Saturday)

socialism-us, -u, -u (m.), socialism

sotva, scarcely, hardly

soudc-e, -e, -i; -i (-ové), -ů (m.), judge

souditi (II, impf., imp.: suď(te)), to judge

souhlasiti (II, impf.), to agree (s kým v čem)

spadnouti (III, perf.), to fall (down, off)

spáliti, perf. of páliti

spáti (irreg., see Appendix B, impf.), to sleep

spis-ek, -ku, -ku; -ky, -ků, writing

spíš(e), rather

spojen-ec, -ce, -ci; -ci, -ců, ally

spojenecký (-cky), allied

spojovati (III), spojiti (II), to unite, join

spokojený (-ně), satisfied, content (s čím)

společnost, -i, -i; -i, -í, society

společný (-ně), mutual, in common

spolu, together

správný (-ně), right, correct

srbsky, in Serb

srdc-e, -e, -i; -e, -í (n.), heart

stálý (-le), continual, constant

stárnouti (III), zestárnouti, to grow old, age

starý (-ře), old

stařeč-ek, -ka, -ku; -ci, -ků, old man

stát, -u, -ě; -y, -ů, state

státi (irreg., see Appendix B, impf.), to stand; be worth, cost

státi se (III, see Appendix B, perf.), to become (perf. of stávati se); to happen (perf. of díti se)

s´tatý, mowed down

stav, -u, -u; -y, -ů, condition

stávati se (I), státi se (III, see Appendix B), to become (with ins.)

stavěti (II, 3rd pl.: -ějí), vystavěti, to build

staviti se (II), zastaviti se, to stop, visit, pay a call

stejně, likewise, anyway

stejný (-ně), equal, of the same kind

stěn-a, -y, -ě; -y, ___, wall

stín, -u, -u; -y, -ů, shade, shadow

strach, -u, -u; -y, -ů, fear

stran-a, -y, -ě; -y, ___, side; political party

strhnouti (III, perf.), to pull down, tear down

strom, -u, -ě; -y, -ů, tree

strýc, -e, -i; -i (-ové), -ů, uncle

strýč-ek, -ka, -ku; -kové (-ci), -ků, uncle (dimin.)

střed-a, -y, -ě, Wednesday (ve středu, on Wednesday)

student, -a, -u; -i, -ů, student

student-ka, -ky, -ce; -ky, -ek, girl student

studentský (-sky), student

studený (-no, -ně), cold, chilly

studi-um, -a, -u (n.), study

studovati (III, impf.), to study

stůl, stol-u, -u; -y, -ů, table, desk

sud, -u, -ě; -y, -ů, barrel

svát-ek, -ku, -ku; -ky, -ků, holiday, saint's day

svatý (-to, -tě), holy, saint

svázati (III, perf.), sváži, imp.: svaž(te)), to bind

svěřovati (III), svěřiti (II), to confide (komu co)

svět, -a, -ě; -y, -ů, world

světiti (II, impf., p.p.p.: svěcen), to sanctify, make holy

světlý (-le), light, bright

svěží (-že), fresh, vigorous

svítiti (II, impf., imp.: sviť(te)), to shine

svůj, svá, své, one's own

syn, -a, -u; -ové (-i), -ů, voc. sing.: synu! son

synov-ec, -ce; -ci; -ci, -ců, nephew

sýr, -a, -u, cheese

syrový (-vo, -vě), raw

sytý (-tě), sated, full (of food)

šál-ek, -ku, -ku; -ky, -ků, cup

šát-ek, -ku, -ku; -ky, -ků, kerchief, handkerchief

šikovný (-ně), skilled, skillful

šílený (-ně), mad, insane

škod-a, -y, -ě, harm, damage (to je škoda! that's too bad!)

škoditi (II, impf.), to harm, injure (komu, čemu)

škol-a, -y, -e; -y, __, school

školský (-sky), school, of school

špatný (-ně), bad

špenát, -u, -ě, spinach

špinavý (-vě), dirty

šraňk, -u, -u; -y, -ů, tollgate

šťastný (-ně), lucky, happy

šuměti (II, impf.), to rustle, murmur

šun-ka, -ky, -ce, ham

švec, ševc-e, -i; -i, -ů, shoemaker

švihnouti (III, perf.), to lash, whip

tady, here (colloq.)

táhnouti (III, impf., p.p.p.: tažen), to pull

tak, so, thus; tak... jako, as ... as

také, taky, also, too

takový, such, such a

tam, there

tát-a, -y, -ovi; -ové, -ů (m.), dad (affectionate)

tatín-ek, -ka, -ku; -ci, -ků, father, daddy (affectionate)

tázati se (III, táži se, imp.: taž(te) se), otázati se, to ask, question (koho na co)

tažení, __, __; __, __, campaign

téci (III, impf., teku (tečeš ... tekou), tec(te), tekl, tečení), to flow

tedy, so, therefore

tehdy, then, at that time

telecí, veal (adj., often used as a noun)

telefon, -u, -u; -y, -ů, telephone

telefonicky, by telephone

téměř, almost, nearly

temp-o, -a, -u; -a, __, tempo

ten, ta, to, this (one), that (one); tento, etc., this (one)

tentýž, the same

teskný (-ně, -no), depressed, lonely

tet-a, -y, -ě; -y, __, aunt

též, also

těžký (-ko, -ce), heavy, difficult

tich-o, -a, -u, quiet, silence

tisíciletý, of a thousand years

tisk, -u, -u, print

tisknouti (III, impf.), to print, press

tkáti (I), utkati, to weave

tolik, so much, so many; tolik ... kolik, as much ... as

totéž, the same thing

totiž, that is, i.e.

toužiti (II), zatoužiti, to long for, be homesick for, yearn (po kom, po čem)

tratiti (II, p.p.p.: tracen), ztratiti, to lose; ztratiti se, to get lost

trefovati (III), trefiti (II), to hit (not to miss)

trhati (I, impf.), to tear, pull, pluck

trochu, a little, a few

trpělivost, -i, -i, patience

trvati (I, impf.), to last, endure, take (time)

třeba, perhaps, if you wish, even; je třeba, it is necessary

tříd-a, -y, -ě; -y, __, avenue, boulevard; class, classroom

třídní, class (adj.)

tu, here, now

tudy, by this (that) route

Tur-ek, -ka, -ku; -ci, -ků, Turk

tuze, too, very

tuž-ka, -ky, -ce; -ky, -ek, pencil

tvář, -e, -i; -e, -í (f.), cheek, face

tvrdý (-dě, -do), hard, stiff

tvůj, tvá, tvé, thy, thine

ty, thou, you (intimate)

týd-en, -ne, -ni (-nu); -ny, -nů, week

týž, the same

u (gen.), by, near, at the house of

ubožát-ko, -ka, -ku; -ka, -ek, poor child

účastniti se (II), zúčastniti se, to take part in (čeho, při čem)

úč-et, -tu, -tě; -ty, -tů, bill, account

učitel, -e, -i; -é, -ů, teacher

učitel-ka, -ky, -ce; -ky, -ek, woman teacher

učiti (II), naučiti, to teach (koho čemu); učiti se, to study, learn (čemu)

udělati, perf. of dělati

úděs, -u, -u, horror

udobřiti (II, perf.), to reconcile

uch-o, -a, -u; uši, uší (dual), ear

ukazovati (III), ukázati (III, ukáži, imp.: ukaž(te)), to show, point out (komu co)

úkol -u, -u; -y, -ů, lesson, task, role

ukřižovati (III, perf.), to crucify

uměti (II, impf., 3rd pl.: -ějí), to know how to (with inf.)

umírati (I), umříti (III, umru, umři (-řete), umřel), to die

umlknouti (III, perf.), to stop speaking, become silent

úmysl, -u, -u; -y, -ů, intention

umýti, perf. of mýti and umývati

umývati (I), umýti (III, like mýti), to wash (clean); umýti se, to wash oneself

unavený (-ně), tired, weary

universit-a, -y, -ě; -y, __, university

úplně, completely

upřímný (-ně), sincere, frank

úřad, -u, -ě; -y, -ů, office, agency

úterý (n.), Tuesday (v úterý, on Tuesday)

utíkati (I), utéci (III, like téci), to run away, escape

utírati (I), utříti (III, utřu, utři (-řete), utřel, utřen), to wipe, wipe off

utíti (III, perf., utnu, utni (-něte), uťal, uťat), to cut down

utkati, perf. of tkáti

uvadnouti, perf. of vadnouti

uvařiti, perf. of vařiti

uvnitř, inside, within (adv. or prep. with gen.)

uznávati (I), uznati (I), to recognize, admit

užívati (I), užíti (III, like žíti), to use, make use of; enjoy (čeho)

v (ve) (pr.), in, within; (acc.), into

vaditi (II, impf.), to matter, make a difference

vadnouti (III), uvadnouti, to wither, fade

válečný (-ně), military, pertaining to war

valiti (II, impf.), to push over; valiti se, to roll, pour

vál-ka, -ky, -ce; -ky, -ek, war

vařiti (II), uvařiti, to boil, cook

váš, vaše, your, yours

vážný (-ně), serious

vbíhati (I), vběhnouti (III), to run in

včera, yesterday

vdov-a, -y, -ě; -y, __, widow

večer, -a, -u; -y, -ů, evening; večer (adv.), in the evening

vedle (gen.), beside, alongside

vedlejší, next, neighboring

vejc-e, -e, -i; -e, vajec (n.), egg

veliký (-ce), tall, high, great

velký, big, great, large

velmi, very

ven, out, to the country

venkov, -a, -ě, countryside, country

venkovský (-ský), country
venku, outside, in the country
veřejný (-ně), public
ves, vs-i, -i; -i, -í (f.) or
 vesnic-e, -e, -i; -e, ___ (f.),
 village
veselý (-le), gay, merry, funny
vésti (III, impf., vedu, veď(te),
 vedl, veden), to lead, conduct
věc, -i, -i; -i, -í, thing, af-
 fair, matter
věděti (irreg., see Appendix B,
 impf.), to know
věřiti (II, impf.), to believe
 (komu, čemu)
víc(e), more
viděti (II, impf.), 3rd pl.: -í),
 to see
ví-ra, -ry, -ře; -ry, věr, faith,
 belief
vítěz, -e, -i; -i, -ů, victor
vjížděti (II, 3rd pl.: -ějí),
 vjeti (III, like jeti), to go
 in, enter (in a vehicle)
vkrádati se (I), vkrásti se
 (III), to steal in
vlád-a, -y, -ě; -y, ___, govern-
 ment
vlak, -u, -u; -y, -ů, train
vláti (III, impf., vlaji, past:
 vlál), to flutter, fly (of a
 flag)
vlevo, on the left
vlhký (-ko, -ce), damp, humid
 (je vlhko, the weather is
 damp)
vložiti (II, perf.), to put in
vnitřnost-i, -í (f. pl.), en-
 trails
vod-a, -y, -ě, water
voditi (II, iter. of vésti), to
 lead
vojá-k, -ka, --ku; -ci, -ků, sol-
 dier
voj-na, -ny, -ně; -ny, -en, war
vojsk-o, -a, -u; -a, ___, army,
 troops
volati (I, impf.), to call, cry
 out, summon
voliti (II), zvoliti, to elect,
 select, chose (koho čím)

volný (-no, -ně), free, independ-
 ent
vraceti (II, 3rd pl.: -ejí),
 vrátiti (II, imp.: vrať(te),
 p.p.p.: vrácen), to give back,
 return; vraceti se, to return
 (intr.)
vrán-a, -y, -ě; -y, vran, crow
vraný, coal-black
vrat-a, ___ (n. pl.), gate
vrb-a, -y, -ě; -y, ___, willow
vrchní, upper, chief; (used as
 noun), headwaiter
vrš-ek, -ku, -ku; -ky, -ků, hill
vsaditi se (II, perf.), to bet,
 wager
vstávati (I), vstáti (III, vstanu,
 vstaň(te), vstal, vstání), to
 get up, arise
vstříc, in welcome
vstupovati (III), vstoupiti (II),
 to enter
však, but, however; then
všechen, všechna, všechno, all,
 every, whole; vše, všechno,
 všecko, everything
všude, everywhere
vůbec, in general, on the whole;
 vůbec ... ne, not at all
vůdc-e, -e, -i; -i (-ové), -ů
 (m.), leader
vůz, voz-u, -e; -y, -ů, wagon,
 cart, car
vy, you
vybíhati (I), vyběhnouti (III),
 to run out
výborný (-ně), excellent, fine
vyčistiti, perf. of čistiti
vydávati (I), vydati (I), to is-
 sue, publish; spend
vydělávati (I), vydělati (I), to
 earn
vyhazovati (III), vyhoditi (II,
 p.p.p.: vyhozen), to throw
 away, out
vyhrávati (I), vyhráti (III,
 like hráti), to win (a game,
 bet, etc.)
vyhýbati se (I), vyhnouti se
 (III), to avoid (komu, čemu)
vycházeti (II, 3rd pl.: -ejí),

vyjíti (III, like jíti), to go out, leave (on foot)

vyjadřovati (III), vyjádřiti (II), to express

vykládati (I), vyložiti (II), to explain, narrate

vykoupati (se), perf. of koupati (se)

vykřikovati (III), vykřiknouti (III), to cry out

výlet, -u, -ě; -y, -ů, outing, picnic, trip

vymalovati, perf. of malovati

výňat-ek, -ku, -ku; -ky, -ků, excerpt

vynechávati (I), vynechati (I), to omit, leave out

vypadati (I, impf.), to look like, have the appearance of

vypověděti (like věděti, perf.), to dismiss

vyptávati se (I), vyptati se (I), to inquire (na koho, na co)

vypravovati (III, impf.), to narrate, tell

výraz, -u, -e; -y, -ů, expression

výrazný (-ně), expressive, emphatic

vyrovnávati se (I), vyrovnati se (I), to become equal to (komu)

vyskočiti (II, perf.), to jump out, up

vystavěti, perf. of stavěti

vytáhnouti (III, perf.), to pull out

vyvolati (I, perf.), to call out, single out

vyžádati (I, perf.), to demand

vzdálený (-ně), distant, far-off

vzdělání, __, __, culture

vzduch, -u, -u, air

vzhůru, upward, up the hill

vzcházeti (II, 3rd pl.: -ejí), vzejíti (III, like jíti), to go up, ascend

vzíti (III, perf. of bráti, vezmu, vezmi (-ěte), vzal, vzat, v.n.: vzetí), to take

vzor, -u, -u; -y, -ů, model

vzpomínati (si) (I), vzpomenouti (si) (III), to remember, recall (na co, na koho)

vztah, -u, -u; -y, -ů, relation, connection

vždy, vždycky, always

vždyť, why, you know, surely (expresses surprise or incredulity)

z (ze) (gen.), out of, from

za (ins. and acc.), behind, beyond; (acc.), for, in exchange for; during, within, as

zábav-a, -y, -ě; -y, __, amusement, entertainment, fun

zabíjeti (II, 3rd pl.: -ejí), zabíti (III, like bíti), to kill

začínati (I), začíti (III, začnu, začni (-ěte), začal, začat, v.n. začetí), to begin (with inf.)

záda, zad (n. pl.), back (of a person)

zahlédnouti (III, perf.), to catch sight of

zahrad-a, -y, -ě; -y, __, garden

zajíc, -e, -i; -i, -ů, hare

zajímavý (-vě), interesting

zakrývati (I), zakrýti (III, like krýti), to cover

zamračený (-ně), gloomy

zanedlouho, before long

zapírati (I), zapříti (III, zapřu, zapři (-ete), zapřel, zapřen), to deny

zapisovati (III), zapsati (III, like psáti), to write down, note down

zaplatiti, perf. of platiti

zapomínati (I), zapomenouti (III, past: zapomněl), to forget (z. co, to leave something behind, at home; z. na co, na koho, to forget about something or someone)

zarmoucený (-ně), grieved, sad

zarmoutiti (II, perf.), to grieve

zároveň, at the same time

zas(e), again

zasaditi (II, perf., p.p.p.: zasazen), to plant

zásobovati (III), zásobiti (II), to supply (koho čím)

zastaviti se, perf. of staviti se

zástupc-e, -e, -i; -i (-ové), -ů (m.), representative, agent

zašuměti (II, perf.), to rustle

závad-a, -y, -ě; -y, __, defect, fault

závažný (-ně), important, essential

zavírati (I), zavříti (III, zavřu, zavři (-ete), zavřel, zavřen), to close, shut

závod, -u, -ě; -y, -ů, firm, factory; contest, race

zavzdychati (I, perf.), to sigh, groan

zazpívati, perf. of zpívati

zázrak, -u, -u; -y, -ů, miracle

zběsilý (-le), frantic, mad

zbohatnouti, perf. of bohatnouti

zboží, __, __, goods, merchandise

zbra-ň, -ně, -ni; -ně, -ní (f.), weapon

zbývati (I), zbýti (III, like the future of býti), to be left, remain

zdaleka, from afar

zdali, if, whether (may introduce a question)

zdání, __, __; __, __, semblance

zdáti se (I, impf.), to seem, appear (čím)

zde, here

zdraviti (II), pozdraviti, to greet

zdrtiti, perf. of drtiti

zelenin-a, -y, -ě, vegetables (collective)

zelený (-no, -ně), green

zem-ě, -ě, -i; -ě, -í (f.), land, country, region; ground, floor (also nom. and acc. sing. zem in the latter sense)

zemědíl, -u, -u; -y, -ů, continent

zeslábnouti, perf. of slábnouti

zestárnouti, perf. of stárnouti

zhojiti (II, perf.), to heal

zchudnouti, perf. of chudnouti

zim-a, -y, -ě, winter, cold (je mi zima, I feel cold)

zítra, tomorrow

zjeviti se (II, perf.), to appear

zjevně, openly

zkrátka, in short

zlatý (-tě), gold, golden

zlobiti (II), rozzlobiti, to tease, annoy, anger; zlobiti se, to get angry (na koho)

zloděj, -e, -i; -i (-ové), -ů, thief

zlost, -i, -i, anger

zlý (zle), bad, wicked

zmeškati (I, perf.), to miss, be late for

změněný (-ně), changed

změřiti, perf. of měřiti

znamenitý (-tě), famous, remarkable

známý (-mo, -mě), known, famous; (adj. used as a noun) acquaintance

znáti (I, impf.), to know, be acquainted with

zníti (II, impf.), to sound, ring, peal

znova, again, anew

zoologický (-cky), zoological

zpět, back (adv.)

zpěv, -u, -u; -y, -ů, song

zpívati (I), zazpívati, to sing

zpozorovati, perf. of pozorovati

zpráchnivěti (II, perf., 3rd pl.: -ějí), to decay, rot

zprvu, at first

způsob, -u, -u; -y, -ů, means, method; form

zralý (-le), ripe

zroditi se (II, perf., p.p.p.: zrozen), to be born

zrození, birth

zúčastniti se, perf. of účastniti se

zůstávati (I), zůstati (III, zůstanu, zůstaň (te), zůstal, zůstání), to remain, stay; (imperfective only) to dwell

zváti (III, impf., zvu, zvi (zvěte), zval, zván, v.n.: zvaní), to call, name

zvoliti, perf. of voliti
zvykati (si) (I), zvyknouti (si)
(III), to get used to (čemu)

žádati (I), požádati, to ask, de-
mand (koho o co)
žádný, no, not any (adj.)
žá-k, -ka, -ku; -ci, -ků, pupil
žalostný (-ně), sorrowful, plain-
tive
žárlivý (-vě), jealous
že, that (conj.)
žebrá-k, -ka, -ku; -ci, -ků,
beggar
žehnati (I), požehnati, to bless
železný (-ně), iron

žen-a, -y, -ě; -y, ___, woman, wife
žertovný (-ně), joking
žid, -a, -u, -é, -ů, Jew (not
capitalized when it designates
a member of a religious faith)
žíti (III, žiji, past: žil) to live
živiti (II, impf.), to feed, sup-
port; živiti se, to make one's
living
živobytí, ___, ___, life, existence;
livelihood
život, -a, -ě, life
žlutý (-to, -tě), yellow
žráti (III, impf., žeru, žer(te),
žral, žrán, v.n.: žraní), to
eat (of animals only)

ENGLISH-CZECH VOCABULARY

Grammatical information not given here can be found by consulting the Czech-English Vocabulary and the references given in the Index. Numerals have not been included in this vocabulary. The student is referred to Chapter XXVII.

able, to be, moci; uměti
about, o (pr., acc.); asi (approximately); kolem (around); po (pr.) (through, up and down)
above, nad (ins. and acc.)
acquaintance, známý
across, přes (acc.); across from, naproti (dat.)
to admit, přiznávati, přiznati; to admit one's guilt, přiznávati se
to affect, působiti
after, po (pr.)
again, zase, opět
ago, před (ins.); long ago, dávno; not long ago, nedávno
alive, živý
all, všechen; not at all, vůbec ...ne
allied, spojenecký
to allow, dovolovati, dovoliti
almost, skoro, téměř
alms, almužna
alone, sám
along, podle (gen.)
already, už, již
also, také, i
altar, oltář
although, ač, ačkoli(v)
always, vždy(cky), pořád
America, Amerika
American, americký (adj.); Američan (noun)
and, a, i
to announce, hlásiti; prohlašovati, prohlásiti
another, jiný; at another time, jindy
to answer, odpovídati, odpověděti

any (not), žádný
anyone (not), nikdo
anything, něco, cosi; not anything, nic
April, duben
to arise, vstávati, vstáti
around, kolem (gen.); asi (approximately)
to arrive, přicházeti, přijíti; přijížděti, přijeti
as, jak, jako; as if, jako bych (bys, by, etc.); as far as, pokud; as soon as, jakmile
to ask, ptáti se, zeptati se; to ask for, prositi, poprositi
at, v (pr.), na (pr.), u (gen.); at the house of, u (gen.); at last, konečně; at least, aspoň, alespoň
attention, pozor
August, srpen
aunt, teta
author, spisovatel, autor
authority, autorita
automobile, automobil, auto
avenue, třída, ulice
to avoid, vyhýbati se, vyhnouti se
away, pryč
ax, sekera

back, zpět, nazpátek; to go back, vraceti se, vrátiti se
bad, špatný, zlý; that's too bad! to je škoda!
ball, míč
banner, prapor
to bathe (oneself), koupati se, vykoupati se
bathroom, koupelna
to be, býti

bean, fazole
beast, zvíře
beautiful, krásný
because, protože, poněvadž
to become, stávati se, státi se;
 to become feeble, slábnouti,
 zeslábnouti; to become old,
 stárnouti, zestárnouti
beef, hovězí (maso)
beer, pivo
before, před (ins. and acc.)
to beg, prositi, poprositi;
 žebrati
beggar, žebrák (m.), žebračka
 (f.)
to begin, začínati, začíti;
 počínati, počíti
beginning, počátek, začátek
behind, za (ins. and acc.)
to believe, věřiti
below, pod (ins. and acc.)
best, nejlepší, nejlépe
to bet, vsaditi se
better, lepší, lépe
between, mezi (ins. and acc.)
beyond, za (ins. and acc.)
big, velký
bird, pták; young bird, ptáče
black, černý
Bohemia, Čechy
book, kniha
both, oba, obě
boy, chlapec, hoch, kluk
bread, chléb
breakfast, snídaně, snídaní
to breakfast, snídati
to breathe, dýchati
bridge, most
bright, světlý
brother, bratr
bud, poupě
buffet, buffet
to build, stavěti, vystavěti
but, ale, však; (after nega-
 tives) nýbrž
to buy, kupovati, koupiti
by, instrumental case; u (gen.),
 vedle (gen.); (written) by
 od (gen.)

calf, tele

can (to be able to), moci
capital, hlavní město
capitalism, kapitalismus
car, automobil, auto, vůz
to carry, nésti; nositi
castle, hrad
cat, kočka
to catch sight of, uviděti;
 zahlédnouti
cathedral, chrám
center, to the, doprostřed (gen.)
chairman, předseda
chapel, kaple
cheap, levný, laciný
chicken, slepice; young chicken,
 kuře
child, dítě; children, děti
Christmas, vánoce
church, kostel
city, město; (adj.) městský
clean, čistý
to clean, čistiti, vyčistiti
clear, jasný
to close, zavírati, zavříti
closed, zavřený
club, klub
coat, kabát
coffee, káva
cold, chladný; it is cold, je
 zima; I am cold, je mi zima
to comb oneself, česati se
to come (on foot), jíti; přichá-
 zeti, přijíti; (in a vehicle),
 jeti; přijížděti, přijeti; to
 come back, vraceti se, vrátiti
 se; to come out, vycházeti,
 vyjíti; to come together,
 scházeti se, sejíti se
composer, skladatel
comrade, kamarád, přítel
conference, konference
to consider, považovati
continent, zemědíl
to contradict, odporovati
conversation, rozmluva, hovor
to converse, mluviti; konverso-
 vati; rozmlouvati
cook, kuchař
cool, chladný; it is cool, je chladno
country, venkov, kraj, krajina;
 (land) země

countryman, fellow, krajan
countryside, krajina
course, kurs; (of a meal) chod
Croat, Chorvát
cross, kříž
culture, kultura
cup, šálek
Czech, Čech (noun); český
(adj.); in Czech, česky;
Czech language, čeština
Czechoslovak, československý
Czechoslovakia, Československo

dad, tatínek
damp, vlhký; it is damp, je
vlhko
date, what is the, kolikátého
je dnes?
daughter, dcera
day, den; in the daytime, ve
dne
December, prosinec
desk, stůl, psací stůl
dew, rosa
to die, umírati, umříti
difference, rozdíl
difficult, těžký
to dine, obědvati, poobědvati
dinner, oběd; to have dinner,
obědvati
dirty, špinavý
to disguise oneself, přestrojo-
vati se, přestrojiti se
distance, dálka
distant, daleký, vzdálený
to do, dělati, udělati; počíti
doctor, doktor
dog, pes
doll, panenka
dollar, dolar
door, dveře
down, downstairs, dolů (place
to which); dole (place where)
downtown, to go, jíti dolů do
města
to doze, dřímati
to drink, píti, vypíti
to drive up, přijížděti,
přijeti

early, časně; early in the

morning, ráno; early morning,
ráno
to earn, vydělávati, vydělati
to eat, jísti; to eat one's fill,
najísti se
egg, vejce
either ... or, buď ... (a)nebo
to elect, voliti, zvoliti
emperor, císař
empress, císařovna
empty, prázdný
to end, be ended, končiti (se),
skončiti (se)
energetic, energický
England, Anglie
English, anglický; in English,
anglicky
Englishman, Angličan
to enter, vcházeti, vejíti; vstu-
povati, vstoupiti
enterprising, podnikavý
especially, zvláště
Europe, Evropa
even, i, dokonce; not even, ani
evening, večer; in the evening,
večer
event, příběh, děj
every, každý
everywhere, všude
expensive, drahý
to explain, vykládati, vyložiti
expression, výraz
extremely, velmi
eye, oko

face, obličej
fall, podzim; in the fall, na
podzim
to fall, padati, padnouti; to
fall off, spadnouti
family, rodina
famous, známý
far, far away, daleko (adv.),
daleký (adj.); far from, daleko
od; as far as, pokud
farther, dále
fast, rychlý, rychle
father, otec, tatínek
favorite, oblíbený
February, únor
to feed, krmiti

fellow countryman, krajan
few, málo; a few, několik
field, pole
finally, konečně
to find, nacházeti, najíti; nalézati, nalézti
fine, hodný; pěkný, hezký; it's a fine day, je hezky
fine (monetary), pokuta
first, první; at first, nejprve, zprvu, nejdříve; for the first time, po prvé
floor, podlaha; to the floor, na zem
flower, květ, kvítek
food, jídlo
foolish, hloupý
foot, noha; on foot, pěšky
for, pro (acc.); in exchange for, za (acc.); na (acc.); dative case
foreign, cizí
foreigner, cizinec
to forgive, odpouštěti, odpustiti
fortune, majetek
fourth, čtvrtý
France, Francie
frank, upřímný, otevřený
frantic, zběsilý
fresh, čerstvý, svěží
Friday, pátek
friend, přítel (m.), přítelkyně (f.)
from, od (gen.); z (gen.); s (gen.)
fruit, ovoce
full, plný
future, příští, budoucí (adj.); budoucnost (noun)

garden, zahrada
gate, vrata
genius, of, geniální
gentleman, pán
German, německý; in German, německy
to get, dostávati, dostati; to get up, vstávati, vstáti; to get used to, zvykati (si), zvyknouti (si)

girl, dívka, děvče, holka
to give, dávati, dáti
gladly, rád
gloomily, zamračeně
to go (on foot), jíti, choditi (iter.); (in a vehicle), jeti, jezditi (iter.); to go away (on foot), odcházeti, odejíti; (in a vehicle), odjížděti, odjeti; to go back, vraceti se, vrátiti se; to go in, vcházeti, vejíti; to go out, vycházeti, vyjíti
gold(en), zlatý
gone, pryč
good, dobrý
good-bye, na shledanou! sbohem!
government, vláda
grain, obilí
grandmother, babička
great, velký, veliký; a great deal, mnoho
to greet, zdraviti, pozdraviti
to grow, růsti; to grow rich, bohatnouti, zbohatnouti
to guard, hlídati
guilt, to admit one's, přiznávati se, přiznati se

hand, ruka
to happen, díti se, státi se
hard, těžký
hare, zajíc
to harvest, sklízeti, skliditi
hat, klobouk
to have, míti; to have to, musiti (museti), míti; to have something done, dáti (with inf.); to have a good time, baviti se, pobaviti se
head, hlava
heed, to pay, dbáti
to help, pomáhati, pomoci
here, zde, tu; (to) here, sem
hero, hrdina
hill, vršek, kopec
holidays, prázdniny
home, domov; at home, doma; (to) home, domů
homesick, to be toužiti, zatoužiti

to hope, doufati
horror, úděs
horse, kůň
hotel, hotel
hour, hodina
house, dům; at the house of, u
  (gen.); to the house of, k
  (dat.)
how, jak; (by what route) kudy
hundred, sto
hungry, hladový; to be hungry,
  míti hlad
to hurry, pospíchati

if, -li (verbal suffix),
  jestli(že), zdali; když;
  kdybych, kdybys, etc. (with
  subjunctive)
ill, nemocný
illness, nemoc
important, důležitý, závažný
impression, dojem
in, inside, v (pr.); (within,
  by the end of), za (acc.); in
  order to (that), abych, abys,
  etc. (with subjunctive); in
  spite of, přes (acc.)
independence, samostatnost
industrialization, industriali-
  sace
infant, maličký (adj.)
ink, inkoust
inn, hospoda
innkeeper, hostinský
intelligent, inteligentní,
  rozumný
intention, úmysl
interesting, zajímavý
into, do (gen.)
Italy, Italie

January, leden
journalist, novinář
just, právě

to kill, zabíjeti, zabíti
kind, milý
king, král
to know, znáti; věděti
known, známý

lady, paní, dáma
land, země, půda
language, jazyk
large, velký
last, poslední; last year, loni;
  at last, konečně
later, potom
to laugh, smáti se
lazy, líný
to lecture, přednášeti
to lead, vésti, voditi (iter.)
leader, vůdce
leaf, list
to learn, učiti se, naučiti se;
  (to find out), dovídati se,
  dověděti se
least, at, aspoň, alespoň
to leave (on foot), odcházeti,
  odejíti; (in a vehicle),
  odjížděti, odjeti; (to leave
  alone), nechávati, nechati
less, méně, míň
lesson, hodina, úloha
let, ať, nech
letter, dopis
to lie, ležeti; (to tell a lie),
  lháti; to lie down, lehnouti
  si
life, život
to like, míti rád; líbiti se
  (to se mi líbí, I like that)
literature, literatura
little, málo; a little, trochu
to live, žíti; bydliti; to live
  through, prožíti
long, dlouhý; a long time, dlouho;
  long ago, dávno; not long ago,
  nedávno
longer, déle; no longer, už ne-
to look, hleděti, pohleděti; (to
  appear), vypadati; to look for,
  hledati
to lose, tratiti, ztratiti

to make, dělati, udělati; to mak
  fun of, smáti se
man, muž; (human being), člověk
many, mnoho; many times, mnoho-
  krát
March, březen

masterly, mistrovský
to matter, vaditi
may, (is possible), moci; (is allowed to), směti
May, květen
to mean, míniti; chtíti říci
meanwhile, mezitím
meat, maso
to meet, potkávati (se), potkati (se)
merchandise, zboží
merry, veselý
middle, in the, uprostřed (gen.)
milk, mléko
mine, můj
miser, lakomec
to miss, zmeškati
Mr., pan
mistress, Mrs., paní
Monday, pondělí
money, peníze
Moravian, Moravan
more, víc(e); comparative degree
morning, dopoledne; ráno (early morning); in the morning, dopoledne; in the early morning, ráno
mother, matka, maminka
mountain, hora
movies, biograf
much, mnoho
must, musiti (museti)
mutual, společný
my, můj
myself, sám; se

name, jméno; to be named, jmenovati se
near, u (gen.), blízko (adv.)
to need, potřebovati
neither ... nor, ani ... ani
nephew, synovec
never, nikdy
new, nový
next, příští, další (future); vedlejší (adjoining)
night, noc
no, ne; žádný; no one, nikdo
to nod, kývati hlavou
none, žádný
noon, poledne

not, ne (prefixed to verbs); not at all, nijak ... ne-, vůbec ... ne-; not only ... but also, nejen ... nýbrž i
to note down, zapisovati, zapsati
nothing, nic
to notice, pozorovati, zpozorovati
novel, román
November, listopad
now, teď, nyní; up to now, dosud, posud

October, říjen
off, s (gen.)
office, kancelář, úřad
often, často
old, starý; to grow old, stárnouti, zestárnouti
on, na (pr. and acc.); v (ve) with days of the week)
once, jednou; at once, (i)hned; najednou
one, jeden; člověk
oneself, sám, se
onion, cibule
only, jen, jenom; (for the first time) teprve; not only ... but also, nejen ... nýbrž i
onto, na (acc.)
to open, otvírati, otevříti; open(ed), otevřený
or, (a)nebo
other, druhý (second); jiný (different)
otherwise, jinak
our, ours, náš
out, ven (motion); venku (place where)
outside, venku (adv.); vně (prep. with gen.)
own, one's, vlastní, svůj

to paint, malovati, vymalovati
painter, malíř
painting, malba
palace, palác
paper, papír
parents, rodiče
park, park
to part, rozcházeti se, rozejíti se; loučiti se, rozloučiti se

part, to take, účastniti se,
 zúčastniti se
to pay, platiti, zaplatiti; to
 pay attention to, dávati pozor;
 to pay heed to, dbáti
peasant, sedlák
pen, pero
pencil, tužka
people, národ (nation); lidé
 (persons)
perhaps, snad
person, člověk
physical, fysický
picture, obraz
piece, kus, kousek
to place, postaviti
play, hra
to play, hráti (si)
playground, hřiště
pleasant, příjemný
to please, líbiti se; please,
 prosím
to plow, orati
to point out, ukazovati, ukázati
Pole, Polák
Polish, polský; in Polish,
 polsky
poor, chudý, ubohý
poverty, chudoba
powerful, silný, mocný
powerless, bezmocný
Prague, Praha; pražský (adj.)
to praise, chváliti, pochváliti
present, dárek
president, president
pretty, hezký
priest, kněz
to print, tisknouti
to proclaim, prohlašovati,
 prohlásiti
professor, profesor
to promise, slibovati, slíbiti
property, majetek
to protect, chrániti
to provide, poskytovati, poskyt-
 nouti
to publish, vydávati, vydati
pupil, žák
to put, dávati, dáti; (in a
 standing position) postaviti

quality, kvalita, jakost
to quarrel, hádati se
to question, ptáti se, zeptati
 se; vyptávati se, vyptati se
quite, docela

rain, déšť
to rain, pršeti
rather, spíše; raději
to read, čísti, čítati (iter.)
ready, hotový
to receive, dostávati, dostati
recently, nedávno
recognition, uznání
to recognize, poznávati, poznati;
 (admit) přiznávati, přiznati;
 (acknowledge) uznávati, uznati
reflection, rozmyšlení
to refuse, odmítati, odmítnouti
remedy, lék
to remember, vzpomínati si,
 vzpomenouti si
representative, zástupce
republic, republika
restaurant, restaurace
result, důsledek
to return, vraceti (se), vrátiti
 (se)
rich, bohatý; rich man, boháč; to
 grow rich, bohatnouti, zbohat-
 nouti
to ride, jeti, jezditi (iter.);
 to ride away, odjížděti, odjeti
right, právo; pravý (adj.); to be
 right, míti pravdu
ripe, zralý
river, řeka
road, cesta, silnice
room, pokoj
to run, běžeti, běhati (iter.);
 to run away, utíkati, utéci;
 to run in, vbíhati, vběhnouti
 to run out, vybíhati, vyběhnouti
Russian, Rus; ruský (adj.); in
 Russian, rusky

sack, pytel
same, (ten)týž; (similar) stejný
satisfied, spokojený; (by food)
 sytý

to say, říkati, říci; povídati,
povědeti; praviti; to say of-
ten, říkávati (frequentative);
it is said, people say, prý
scale, měřítko
scarcely, sotva
school, škola
to search for, hledati
season, období
second, druhý
to see, viděti
to seem, zdáti se
to sell, prodávati, prodati
September, září
Serb, Srb; srbský (adj.)
serious, vážný
servant, sluha (m.); služka (f.)
to serve, sloužiti; (to wait
on) obsluhovati, obsloužiti;
(to hand, pass) podávati, podati
several, několik
to shine, svítiti
ship, loď
to shop, nakupovati
shoulder, rameno
shouting, křik
to show, ukazovati, ukázati
sick, nemocný; to fall sick,
rozstonati se
sickness, nemoc
side, strana
sight, to catch sight of,
zahlédnouti; uviděti
to sign, podpisovati se, pode-
psati se
silent, to be, mlčeti, to fall
silent, umlknouti
Silesian, Slezan
since, od (prep. with gen.);
poněvadž, protože (conj.)
sincere, otevřený, upřímný
to sing, zpívati, zazpívati
sister, sestra
to sit (be sitting), seděti,
sedati (iter.); to sit down,
sedati si, sednouti si
skilled, šikovný
Slavic, slovanský
to sleep, spáti
Slovak, Slovák; slovenský (adj.)
slowly, pomalu

small, malý
snow, sníh
so, tak, tedy, proto; so that,
takže, a tak; abych, abys, etc.
(with subj.)
socialism, socialismus
soldier, voják
some (a certain), některý; (some
sort of) nějaký; (a few) něko-
lik
someone, někdo
something, něco
sometimes, někdy
somewhere, někde; from somewhere,
odněkud
son, syn
song, píseň
soon, brzo, brzy; as soon as,
jakmile
sorry, to be, litovati; I am
sorry, je mi líto
to speak, mluviti
speech, řeč
spite, in spite of, přes (acc.)
spring, jaro
stairs, schody
to stand, státi
star, hvězda
state, stát
station, nádraží
to stay, zůstávati, zůstati
still, ještě; (nevertheless)
přece
stone, kamenný (adj.)
to stop, přestávati, přestati
store, obchod
story, příběh, povídka
straight, přímý; přímo (adv.)
strange, divný
stream, potok
street, ulice
streetcar, elektrika
strict, přísný
strong, silný
student, student (m.); studentka
(f.)
study, studium
to study, studovati; učiti se,
naučiti se
stupid, hloupý
to succeed, dařiti se, podař-

iti se; I succeed in that, to
se mi daří
such (a), takový
suddenly, najednou
summer, léto
sun, slunce
sure, jistý
surprise, překvapení
to surprise, překvapovati,
překvapiti; to be surprised,
překvapovati se

table, stůl
to take, bráti, vzíti; to take a
bath, koupati se; to take
part, účastniti se, zúčastniti
se
to talk, mluviti; konversovati;
rozprávěti
task, úkol
to taste, chutnati
teacher, učitel (m.), učitelka
(f.)
to telephone, volati, zavolati
to tell, říkati, říci; povídati,
pověděti; praviti; to tell
(stories), narrate, vypravo-
vati
terrified, to be, míti strach
to thank, děkovati, poděkovati;
thank you, děkuji vám
that, ten; onen; to; který (rel-
ative)
theater, divadlo
then (at that time), tehdy, tu;
(next) potom
there, tam
therefore, proto
thief, zloděj
to think, mysliti, pomysliti si
this, ten; tento; tenhle; to,
toto
thousand, tisíc
thread, nit
to threaten, hroziti
three, tři
through, přes (acc.); skrz(e)
(acc.); po (pr.)
to throw, házeti, hoditi; to
throw out, vyhazovati, vyho-
diti

Thursday, čtvrtek
till (prep.), (až) do (gen.);
(conj.) až, pokud ... ne
time, čas; doba; times, -krát
(pětkrát, five times, etc.);
what time is it? kolik je hodin?
at what time? v kolik hodin?;
a long time, dlouho; at another
time, jindy; to have a good
time, baviti se, pobaviti se
tired, unavený
to, do (gen.); k (dat.); na (acc.);
v (acc.); to the house of, k
(dat.)
today, dnes
together, spolu; to come together,
scházeti se, sejíti se
tomorrow, zítra
too (also), také, i; (excessively)
příliš
towards, k (dat.); to go towards
someone, jíti komu naproti
town, město
train, vlak
to translate, překládati, přelo-
žiti
to travel, cestovati; jezditi
to try, snažiti se
Tuesday, úterý
two, dva, dvě

uncle, strýc, strýček
uncultivated land, divoká půda
to understand, rozuměti, porozu-
měti; pochopiti
United States, Spojené státy
university, universita
until (prep.), (až) do (gen.);
(conj.) až, pokud ... ne
up, nahoru (adv.); up the hill,
nahoru, do vršku; up to now,
dosud, posud
used, to get, zvykati (si),
zvyknouti (si); used to, trans-
late with imperfective, itera-
tive or frequentative past

valuable, cenný
value, cena
to value, ceniti; to be valued,
ceniti se

vegetables, zelenina
very, velmi
view, pohled, rozhled
village, ves, vesnice
visit, návštěva
to visit, navštěvovati, navští-
viti; jíti na návštěvu k
(dat.)

to wait, čekati, počkati; to
wait on, obsluhovati, obslou-
žiti
waiter, číšník; headwaiter,
vrchní
to wake, buditi, probuditi
walk, procházka; to go for a
walk, jíti na procházku
to walk, jíti, choditi (iter.)
wall, stěna, zeď
to want, chtíti
war, válka
to wash, mýti, umýti; to wash
oneself, mýti se, umýti se
way, cesta; by what way, kudy;
by this (that) way, tudy
weak, slabý
wealthy, bohatý
to wear (often), nositi
weather, počasí; the weather is
fine, je hezky
Wednesday, středa
week, týden
weeping, pláč
well, dobře (adv.); no (inter-
jection)
what, co; jaký (adj.); what
sort of, jaký
when, kdy, když; až (with fu-
ture)
whenever, když
where, kde; kam (motion)
whether, -li, zdali, jestli(že)
which (one), který
while, když; (although) kdežto

while (time), chvíle; little
while, chvilka
white, bílý
who, kdo (interrogative);
který (relative)
whole, celý, všechen
whose, čí (interrogative); jehož,
jejíž, jejichž (relative)
why, proč
wife, žena, manželka
to win, dosahovati, dosáhnouti
window, okno
wine, víno
winter, zima
to wipe, utírati, utříti
wise, moudrý
to wish, přáti (si), chtíti
with, s (ins.); při (pr.)
within (by the end of), za (acc.)
without, bez (gen.)
wood(s), les
word, slovo
work, práce; (of art) dílo; to
set to work, dáti se do práce
to work, pracovati
worker, dělník
worse, horší; hůře (adv.)
worst, nejhorší; nejhůře (adv.)
to write, psáti, napsati
writer, spisovatel
wrong, to be, nemíti pravdu

yard, dvůr
year, rok; (pl.) léta; per year,
ročně; this year, letos; last
year, loni
yes, ano
yesterday, včera
yet, ještě
young, mladý
your, yours, váš; tvůj
Yugoslavia, Jugoslavie

zoological, zoologický

INDEX